一位资深注册会计师写给会计类专业在校大学生的倾情之作

修炼你的独到之处

——大学会计，应该怎样学

韦新安／著

XIULIANNIDE DUDAO ZHICHU

—DAXUE KUAIJI YINGGAI ZENYANG XUE

西南财经大学出版社

自序

“我的大学”应当怎样度过

这是一本专门写给会计类专业在校大学生的书。

写作本书的起因，缘于2009年深秋一次大学校园招聘会上与一位同学的对话。这是一位会计专业大四学生，单单纯纯的，还有点忐忐忑忑、懵懵懂懂的。当时她应聘的岗位是会计师事务所的审计助理。

我问她：“为什么应聘这一岗位?”

她说：“到事务所做审计工作。”（这个我知道。其实她完全可以说，我喜欢审计工作，做审计助理工作很有意义，它是将来做好审计工作和其他相关工作的基础。）

我又问：“知道这一岗位具体都该干些什么吗?”

她想了半天，情绪不高地回答道：“不知道，……不是做审计吗?”（其实，既然是做“助理”，当然是协助注册会计师做些资料查找、收集、整理、归档以及数据核对、打字、复印、制表、跑腿等适合助理人员做的工作了！当然，你也可以参与一些实质性审计工作。）

我提示她：“学过审计课程吗?”（我是明知故问的，因为她在求职登记表上“学过的主要课程”一栏赫然写着审计课程。）

她突然来了精神：“学过!”

我说：“那你再想想，做审计大致都做些什么?”

……仍然回答得支离破碎。（其实，将课本上核心章节的大小标题记下来，稍微组织一下，就能回答个八九不离十。）

我转换话题：“报考过注册会计师吗?”

她回答："没有。本来想报考，后来放弃了。因为听说太难考了。"（其实，完全可以有别的更恰当的回答方法。另外，为什么对考试这么没信心呢？）

我又转换话题："做过相关的实习吗？"

她说："没有。因为实习单位太难找。准备过了年再找单位去实习。"

我无语。

我突然有一种强烈地想说点什么、写点什么的感觉。这看起来是应聘面试时回答问题的技巧问题，其实是"大学会计应该怎样学、学什么"的问题，更是"我的大学应该怎样度过"的问题。我感觉像她这样的大学生大学四年已经失败了，可以说是惨败（当然，这只是个案，不可以偏概全。但是这种情况无疑具有代表性），不管她其他方面怎么样。

经过进一步多方了解和考查，我感觉这不是某一个学生、一个专业、一个学校的问题，而是具有相当的普遍性。于是我开始了断断续续的思考、资料准备、提纲拟写、专题调研、文字写作等工作。一年多过去了，经过多少个日夜的思索和键盘敲击，终于完成了这本"抛砖引玉"的拙作。

大学是一条宽宽的河，你将怎样渡过？大学是一座高高的山，你将怎样登攀？大学是一处美丽的风景，你将怎样欣赏和领略？大学是一片浩渺的沙漠，你将如何勇敢地穿过？大学是"一台生产相同规格型号人才产品的机器"，在这个生产流程里面，怎样打造你的核心竞争力，修炼你的"独到"之处？……真的，这都完全取决于你自己。

我的大学，你的大学，他的大学！

愿这本小书能为你渡河、登山、赏景、穿越沙漠、修炼功夫赞助一点工具和食粮，愿所有会计类专业在校大学生们都能不枉大学之行，收获更多一点果实和希望。

韦新安

2010 年 12 月 26 日

CONTENTS
目录

三、大学会计，怎样学

四、 把握方向，修炼你的独到之处

五、大学会计，考证怎样选择

六、学校“不响”，不必自惭形秽

七、会计实习：重要的就业演习

八、 胜利大逃亡： 考研与留学

九、 会计， 并非十全十美

一 读大学，为什么学会计

新学年伊始，各个大学校园里都迎来了一批批充满好奇、面带稚气的学子，他们充满着对大学生活的向往和新奇，满怀着对新知识的渴望和对未来人生的美好憧憬，开始了人生新的生活。

那么，作为“新科”大学生，你为什么要读大学？怎样进行大学学习？作为会计类相关专业的大学生，又该怎样学习？如何度过大学几年短暂而美好的时光？如何修炼你的独到之处？如何让你的大学愉快、精彩而硕果累累？如何让大学会计学习生活成为通向高级财会人才的红地毯？这些都是摆在每位新同学面前，不得不认真思考的问题。

1.1 为什么读大学

1.1.1 为什么读大学

(1) 读大学，是就业的需要

为什么读大学？读大学，不是为了读而读，也不是为了学而学。考上大学只是人生漫漫征程新的一步，而明确人生奋斗目标才会让“读大学”变得更有意义，使大学读得更加精彩。新生进入大学往往很迷茫，而迷茫的原因就是没有找到自己的努力目标，没有找到方向。

为什么要读大学？华东师范大学教育领导研究中心主任、博导戚业国教授认为：

一个人选择读大学，根本意义在于形成帮助自己发展的人力资本，或者说劳动能力，用这样的资本和能力谋取就业和持续进步。

我们应当怎样读大学？最要注重的，是个人的自我发展与完善。大学不仅能帮助学生“读书明理”，更帮助学生提升修养、品质、智慧。大学教育对于年轻人形成人生观、社会价值观，对于发现和理解生命的意义和人的社会价值有极大的作用，是人们的精神家园。

从一般意义上讲，今天的大学至少能为学习者提供以下服务：大学是探究未知世界的场所；大学是年轻人交往的地方；大学是实现学生身份到工作身份转化的必要预备；大学帮助年轻人获得安身立命的专业能力。所以，大学生要认真把握大学能提供什么和自己需要什么，在大学里努力提升综合素质和专业能力，给自己的未来加注尽可能多的“能源”。

大学是大学生走向社会的缓冲平台。达尔文说：“物竞天择，适者生存。”在这个平台上，你可以先体验校情、社情，了解社会，观察社会，观察人类，观察世界，学会适应社会的技能，努力尝试和取得一些走向社会所必需的本领，试着做一些走向社会后必然要做的事情，登一下台、亮一下相、出一下头、得一下奖，甚至碰一下壁、摔一下跤、栽一下跟头，然后总结出来，找到它的根由。还要学会正视成功、失败、困难、挫折和荣誉，正视理想和现实的差距，提高“适者生存”的能力。

因此，大学等于给你一个机会，一个舞台，一张“入场券”，给你一张走向社会的通行证。

读大学的目的是什么？现实一点，直白一点，那就是就业。第一，就业；第二，就业；第三，还是就业。即使读到博士毕业，也是要走上工作岗位的。就业可以说是读大学的唯一目的。当然，这个目的是直接的，间接目的可以列出许多，有高尚的，有低俗的，有伟大的，有渺小的，有宏观的，有具体的，有长远的，有现实的。而只有实现了直接目的——就业，才能谈得上种种间接目的，才能实现各种间接目的。

（2）读大学，是现实与理想的选择

就业、工作、赚钱——看起来，这是最低级的，但也是最高尚的；是最“眼前”的，也是最理想的；是最基本的，也是最崇高的。各种理想、激情、信念其实都是在就业、工作、赚钱中实现的。虽然它不是人生的终极目的，但它却是达到终极目的的必然手段，是实现宏伟人生目标的必由之路。

据华商网报道，2007 年 4 月初，西南大学在全校范围内开展了为期两个月的系列“反思教育”大讨论，讨论的核心内容是“我为什么上大学?”并引起了全国高校的广泛关注。他们在重庆 7 所大学展开的一项调查结果表明：“找一份适合自己的好工作”成为大学生上大学的首要理由，占调查人数的 30.5%。对家长的调查发现，32.5% 的父母为孩子选择上大学的首要理由也是“找一份适合的好工作”。调查还表明，年级越高，大学生

学生代表汇报“反思”过程

图片来自华商网—重庆时报，记者伊永军摄

上大学的理由取向就越趋于现实功利。

经过两个多月的“反思”活动，西南大学专门召开了汇报总结大会。会上，4 名学生代表汇报了反思后的心路历程，还有两名学生家长代表也谈了自己的感受。专程从东北赶来的一位学生家长李先生说：“我的孩子大一时喜欢超女，迷上了风光热闹的生活，我觉得那时的她没有对自己的理想进行规划……缺钱的时候就给我们 QQ 留言：‘钱，500，快！’”“这次‘反思’后，孩子变得懂事了许多，主动给家里写信，不但让我们照顾好自己，还与我们谈未来、谈理想。作为家长，我们也明白了应该怎样引导孩子树立正确的人生理想。”

西南大学党委书记黄蓉生说：“我们为什么上大学？30 年前，我上大学时，我似乎也没有思考过这个问题。但是始终有两个字一直伴随着我们，那就是‘追求’。转眼间，高考制度恢复30 年了，很多当代大学生却忽略了最本质的问题，丢掉了最初的梦想。我们重新反思这个最基础的话题，就是希望唤醒大学生重新审视上大学的初衷，在‘反思’中找到正确的人生航向。”

1.1.2 大学生应如何给自己定位

你是谁？你来做什么？我相信，你会毫不含糊地回答：“我是大学生！”“我来读大学！”细细想想，你到底是谁？到底来干什么？这直接涉及如何定位自己、如何确立学习方向、如何树立“大学观”的问题，直接涉及“就业”的根本问题。

据权威部门统计，2010 年等待就业的中国应届大学毕业生有 630 万，2009 年是 611 万，当年就业率为 68%，待业人数 196 万。如果加上前几年尚未就业的大学生，2010 年人才市场上大约有 1000 万大学生在寻找合适的就业岗位。然而在大学生为“毕业即失业”所苦恼时，企业也同样为“找不到合适的人”而困扰。《中国人才发展报告（2010）》披露，未来 3 年，大中型跨国公司在中国需要 70 万 ~ 80 万人才，如果算上所有外资企业和优秀的中国企业，需要 200 万 ~ 300 万人，然而能被这些跨国公司看上的人才，仅有不到 30 万，人才缺口高达 90%。一方面是苦苦求职的大学生，一方面是求贤若渴的企业，供给与需求的对接原本应当顺理成章，但现实却是如此艰涩：企业招不到人才，毕业生找不到工作。这就是目前中国就业市场的现状。

“就业难”早已成为一个全社会共同关注的问题。

因此，我认为，作为一个会计类专业的大学生，与你的专业相匹配，与将来的求职相匹配，与职业目标相匹配，你起码应当将自己作为以下三个对象去“修炼”，才能更加清晰、准确、到位地认识自己，进而明确自己的追求方向，成为一个合格的“准职业人”，成为毕业即顺畅就业的“人才”。

（1）将自己作为一件产品

一入校你就变成了“原材料”，并进入了“在产品”生产过程，经过三四年的“加工”、“锻造”之后，你变成了“产成品”。只是，此时的每件“产成品”是不一样的，虽然绝大部分都有“合格证”（毕业证、学位证），但是每个产成品的“销路”可能是不一样的：外观和功能符合消费者要求的，可能就“直销”（从学校直接招聘走）了；出了校门以后才找到工作的等于“转销”；而出了校门以后很长时间没有找到工作的，就是“滞销”。直销和转销都形成了“就业率”，滞销却提高了“失业率”。学校、社会、政府尤其是你本人，大学几年要做的是什么？唯一目的就是让你成为一个合格的“产成品”，受到“消费者”的欢迎。如此说来，你就是一件典型的“产品”！

因此，作为一件产品，你应努力使自己成为一件拥有核心技术含量的产品，一件合格产品、畅销产品，而应避免成为一件没有任何核心技术和特色的大众化产品，一件不合格产品、滞销产品。大学几年，你所要做的，目标就是这些。只有这样，在产品市场上，产品出厂以后，你才能以你的“性价比”得到一个好去处，卖出一个好价钱。

(2) 将自己作为一只股票

在校几年，你要努力把自己打造成一只众多投资者追捧的蓝筹股、绩优股，而应避免将自己置身于一只垃圾股的境地。你们都知道，蓝筹股的特征是什么？是业绩优良、成交活跃、红利优厚，是出类拔萃。而垃圾股的表现是什么？是股价持续走低、交投乏力、分红较差、萎靡不振。在证券市场上，你有信心成为一只蓝筹股吗？

(3) 将自己作为一个投资者

你将无比宝贵的几年青春时光投入到学校，将宝贵的金钱、精力投入到学校，你和你的家人不就是典型的投资者吗？作为投资者，追求回报天经地义。几年下来，你的投资回报是什么？仅仅是一纸毕业证、学位证么？不错，这是你的回报，但这只是“社会平均投资回报”，是每个毕业生一般都能取得的。难道你追求的投资回报仅仅是这些吗？作为投资者，本着“资本逐利而往”的天性，你是否应当追求一些超额的投资回报，千方百计多取得一些额外的投资收益呢？无疑，在资本市场上，这样的投资才是智者的投资、成功的投资，你有这个信心和打算吗？

现在大家都在谈职业规划，其实，职业规划就是投资规划，是一个人一生的投资规划。大学生在校几年的投资，只不过是人生最初投资的一部分（还有中学、小学甚至幼儿园的投资）。站在这个基本的角度，你本人就是一个投资品，是你父母的投资品，你的父母就是你的投资者，你现在的状况就是截至目前你父母对你投资决策和投资管理的结果（当然还有小学、中学、大学管理者等“职业经理人”的参与）。人生就是投资！

1.1.3 大学生活从适应开始

大学生活揭开了人生新的篇章。面对新的环境、新的学习模式、新的生活方式和新的人际关系，应当怎样适应，这是大学新生面对的新课题。香港中文大学前校长金耀基曾说过，学生在大学里，实际上是学四种东西：一是学怎样读书（learn to learn）；二是学怎样做事（learn to do）；三是学怎样与人相处（learn to together）；四是学怎样做人（learn to be）。大学新生要从尽快适应高校环境开始，规划“我的大学”，按照合乎现实和逻辑的模式长大成人，可以说是从真正的独立生活开始。成长，从独立生活开始。

从现在做起，从每件小事做起，主动适应环境，积极争取机会，自己多关心自己，学会给自己定目标、加压力，学会调适自己，对自己负责，为成为一名“大专、大德、大识、大为”的人而不懈努力！

（1）学会独立，主动适应环境

这个环境，既包括自然环境，也包括学习生活环境、人际环境、校园文化、学校管理风格和规章制度。不能适应这个环境，不能及时适应这个环境，不能适应这些风格和制度，就会产生“心理”问题，就会给自己带来被动。比如有的同学怀着无比美好的憧憬来到学校，却发现学校（新校区）地处偏僻的乡村，校园也不如想象中的神秘、悠久和美丽，幻想中的绿树如茵为一些半死不活的树苗所代替，悠久的校园文化底蕴不知道去了哪里，班主任变成了辅导员，自习课变成了“自由课”，挑灯夜战变成了群聚“瞎吹”，高中阶段步调一致、紧张有序的学习生活变成了现在无所适从的“自由天地”，部分经济条件较差者感到自惭形秽，性格孤僻者产生了一些这样那样的心理和交际问题，高中时期的老师朝夕相处、无微不至变成了现在的老师“下课就不见了踪影”，有的学校周边被那些乱七八糟的市场、商贩所包围……失落感、烦躁感等油然而生。对此，你的感受无论怎样，都要及时地调适过来，正确看待这个环境，尽快适应这个环境，融入这个环境中。因为，作为学生，你首先生活在校园，生活在你读书的区域，“适者生存”是再明白不过的哲理。积极主动地适应环境，适应校情，并在此基础上逐步适应社情、国情，这是第一位的，然后才是学习、专业、工作和职业的问题，任何专业和职业都离不开你生长的这块土地。

麦可思调查机构“2009 级大学新生月度跟踪调查”显示（调查时间为 2009 年 9 月 16 日至 2010 年 3 月 15 日），进入大学以来，仅 10% 的新生不存在适应问题，有一半新生遇到了学习、人际关系、经济或生活中某一方面的问题，40% 的新生存在两种及以上的问题。学习是 2009 级新生入学以来面临的首要问题，近六成新生“缺乏学习动力”，且比例呈上升趋势。调查显示，新生在人际关系、经济和生活三方面适应性不佳。存在人际关系问题的男生有一半“交异性朋友有困难”，而女生遇到最多的人际关系问题是“与室友相处不融洽”。调查还显示，存在经济问题的新生近一半由于家庭经济困难，但男生“交际投入过多”和女生“时尚型消费开支过大”问题也不可小觑。

除此之外，在2006年7月举办的第三届中外大学校长论坛上，清华大学校长顾秉林在接受媒体采访时说：“心理健康，是新生入学时最关键的问题。”针对目前中国大学生心理承受能力差的现象，他认为，培养心理健康、构建健全人格，是大学新生入学的第一堂“必修课”。顾校长说，有些学生即使内心有问题，也不会说出来，学校和老师不能直白地去“揭发”问题，而应该在细微处给学生以教育和培养。举贫困生为例，大多数贫困学生都不愿意透露自己的家庭状况，遇到每月花费低于100元的学生，如果悄悄地往卡里加钱，学生心里就感觉很温暖，内心也更容易放开。对于大学生心理和人格的培养，顾校长表示，大学里最有效的方法是参加集体活动。这样一来，既能培养团队精神，又能在同学间彼此学习，使成才比例大大提高。

关于上述问题，我认为，老师和家长们也许不必大惊小怪，站在新同学的角度上来看，他们从各地来到校园，突然换了一个方方面面都大不相同的环境，一时转不过弯来，一时回不过神来，也许可以理解。比如，对于“缺乏学习动力”的问题——刚刚经历过炼狱般的高考生活，指望到了大学暂时放松一下心情，“懒惰”一下思维，放纵一下爱好，麻痹一下神经，这些都是无可厚非的。文武之道，一张一弛，也是学习的规律。也许正是体会到新生们的心情，各校大一的学习难度安排都是不高的，学校给你们预留了“松懈”的空间，以充分发现和发挥你的潜能，施展你的爱好，尽情交流和交往，为大二、大三紧张的生活奠定一个良好的“心理”基础——所谓“先松后紧，越来越稳”。此时的你们，所有问题和困惑，都可以向老师、同学、家长尽情地诉说和发泄，可不要“闷着葫芦不开瓢”呦！

（2）积极争取机会

这个“机会”，既包括发挥才干、施展才华的机会，也包括服务大众、勤工俭学、体验工作的机会，还包括各种选拔和赛事，比如学业竞赛、文体竞争、入党、加入学生会、实习机会、考察机会，等等。应该说，这些机会和资源是有限的，任何时候、何种情况下都是有限的，对每个学生一般也都是机会均等的，就看你是否愿意、能不能够将愿望表达出来、能否积极抓住了。积极争取机会，勇于在各项活动中锤炼自己，也是热爱生活、推销自己、展现自我的一部分。因此，对这些机会，你要积极关注，认真把握，勇于尝试，好好准备，积累经验。不要害羞，不要难为情，不要怕失败，不要怕“丢人现眼”。每个“大为”之人都是经历过无数次“丢人现眼”的人。无论成功还是失败，都是你成长途中的宝贵财富。

积极争取机会，是积极主动的表现，是健康的人生态度。很多同学对大学里的活动和机会无动于衷，充耳不闻，视而不见，不能以积极主动的态度去参与，不敢大胆展示自己，或羞于启齿，感觉主动向老师、组织提要求是“非分之举”，或抱着顺其自然的态度，期望“天上掉馅饼”，幻想机会和好处自动落到自己的头上，这种想法或做法都不利于你在大学里面全面、健康成长。大胆展示自己、宣传自己，是再正当不过的表现，要不然，为什么全世界那么多的好企业、好单位、优秀人物还铺天盖地、不厌其烦地“广告”自己的服务和产品呢？有一句哲语说得好：“求别人，反而让你高尚。”《斯坦福的银色子弹》（作者王文华）一书中所讲的一个故事非常之经典，现摘录如下。

斯坦福大学教我的第一件事是：当你想要一样东西时，就一定要得到；如果你一定要得到，就要拼命去争取。你不能坐在家里等电话响，期待电影中的情节发生在你的身上。你必须做些什么，让你更接近你的目标。

在我收到斯坦福大学入学通知的前两天，我接到一个电话。我当时没有心理准备，拿起电话就用中文说：“喂，我是王文华。”没想到对方是斯坦福大学负责入学审核的主任。

她首先恭喜我，告诉我我已经被录取了。接着她把斯坦福大学大力推销了一番，希望我一定要去。

我完全没反应过来，好像突然被打了一拳，蒙了。我的沉默大概被她理解为犹豫，于是，她进一步问我有没有答应去别的学校。我摇摇头，好像她能透过电话看到我。她说："我们知道你有其他的选择，但我们要你知道，斯坦福要定你了，你一定得来！下个月我们要办一个参观校园的活动，你要不要来熟悉一下环境？"最后，她甚至留下家里的电话，要我有什么问题随时打电话给她。

等一下，是她在求我吗？斯坦福大学商学院在当年《美国新闻和世界报道》杂志票选中名列第一，照理说应该是全世界的学生去求她，她怎么会来求我呢？但这就是"求别人，反而让你高尚"的道理。没错，斯坦福大学是众人追求的对象，但她经过严格审核，一旦决定录取一名学生后，就一定要得到那名学生，不能被其他学校抢走！

原来"大丈夫能屈能伸"就是这个道理！从小在温文尔雅、欲拒还迎的东方文化里长大的我，第一次感受到什么是"行销"和"竞争"。如果连斯坦福大学这样强势的学校都这样积极地推销自己，那我们一般人在自我推销时还矜持什么？如果那个必须应付数千名申请者的主任都愿意留下家里的电话给我，那么我们一般人在自我推销时还保留什么？

同样的"积极"，同样的"主动"，往往表现在不同的方面。

财政部王军副部长在2009年10月13日全国会计领军人才（后备）联合培训班上的讲话中讲过一个其亲身经历的"事不同但理相通"的故事，对我们大学生应该有所启发。他说："最近，我陪一位领导同志在江西出差时，有一件小而经典的事震撼了我。事情是这样的，当领导同志视察一个工厂后转身上车时，一个小伙子冲上前来要和领导照个相，被警卫人员及时拦下了。领导同志听见了小伙子的喊叫，回头看见他还在争取，就示意让他过来。他不仅满足了小伙子的合影要求，而且还走进众多站在台阶上与欢送他的青年员工们一起照了张相。回到南昌吃午饭时，已是下午一点十五分了。饭桌上，同志们从各个角度谈起了这件事。一位部长这样说：'我参加工作后不久被评为先进工作者，后来有机会与当时的林业部长照了一张相。可以讲，这张相片激励我前半生努力工作，与我的成长进步密切相关。'”这个故事非常简单但含义深刻。一个小小的故事，教会人许许多多的大道理。

(3) 自己关心自己，自己对自己负责

这个关心，不仅包括生活、学习、安全、身体，还包括利用各种资源和平台，经常留意对自己、对集体有益的信息，比如考研、考证、考公务员、实习、招聘、学业竞赛等信息。自己多为自己操心，自己多向自己负责，而不是事事由老师、辅导员、家长耳提面命。学会计划和落实，学会管理时间和金钱，学会搜集并利用信息，学会与同学友好相处，学会与同学、老师和领导沟通心情，学会倾听和说服，学会宽容、理解、忍耐和自律，学会以公平的方式争取机会，学会将自己的生活、学习安排得井井有条，学会适当展现自己美丽的羽毛，这都是自己关心自己、自己向自己负责、自己决定自己前途的自信表现，是“大识”和“大为”的表现。当然，自己多关心自己，也应当关心别人，也应当乐意接受和感激别人的关心。

1.1.4 大学应学会的六种本领

(1) 自主学习的本领

在中国青年报社会调查中心近期对全国 1044 家用人单位的调查中，“缺少实习经验”以 51.7% 的比例成为用人单位拒绝招聘应届大学生的第一大原因，其次便是“学习能力不强或专业技能水平低”，占 43.3%。而在百分之八九十的用人单位的招聘中，“学习能力强”都是他们要求的重点条件之一。

因此，学习能力是你读大学首先要培养的能力之一。想想看，你是否还在沿用高中阶段的学习方式？是否还在一味地死啃书本、死记硬背、“死去活来”，是否还在等着老师“填”和“喂”？……要想成为“大专”之才，你就必须尽早掌握自主学习的本领。现在，企业、单位都在倡导建设学习型组织，国家在建设学习型社会，终身学习已经成为人们的共识和必需。财政部部长谢旭人在2010年6月29日给财政部机关党员上“迎七一”主题党课时强调：“财政干部要自觉做到爱学习、勤学习、善学习、乐学习。”我想，这个要求对我们会计类大学生来讲当是无比适用的。

（2）时间管理的本领

时间管理的本领是在任何时候、任何职业中都有用的本领。为数不少的同学在学校中从没有真正认识到时间的价值，眼看着一天天无比美好的时光悄悄溜走，更不用说来管理了，拖拖拉拉、浑浑噩噩的现象十分普遍。这种恶劣的习惯常常会带到你们将来的生活和工作中去，成为一个“尾大不掉”的包袱。

大家所学的课程里面有说到“资金的时间价值”，其实，“时间的时间价值”更加重要，你现在的时间比将来年纪大了以后的时间宝贵得多。因此，你要对时间有点概念，你要抓住时间，你要学着制作一张计划表或者列出一张清单，将一周或者一天的行踪计划进去，学会区分哪些事情需要优先做，哪些事情可以放一放，学会把一项任务分解到一个有效的时间段内，学会在每天、每时“做正确的事”，并且“正确做事”，学会最大限度利用时间的价值。

（3）有效沟通的本领

有效沟通是最容易被忽视的，也是一个人一生之中应当拥有的最有价值的本领之一。无论在生活中还是在工作中，无论在学习上还是在研究上，无论在讨论中还是在谈判桌上，沟通都是最最常用的方法。90%以上的单位在招聘会计、审计人员时都将沟通能力作为重要能力予以考察。有效沟通讲究时间、地点、对象、议题、技能、技巧、方式、方法。这一切都需要我们在大学里慢慢尝试，逐渐体会，逐渐培养。

(4) 社交与处事的本领

一般来讲，社交与处事的本领就是通过保持有效的交流和妥善处理问题来达到互通信息、增进感情、互利共赢的本领。无论是在当下的大学，还是在将来的工作中，这种本领都是无与伦比的。接近、亲善、尊重、倾听、说服、合群、礼仪、应酬、善解人意以及表现形式多样的“情商”等都能体现出社交的本领。

(5)“负责任”的本领

负责任是一个人从事任何工作都必须具备的本领，是必须修炼好的基本功。很多情况下，看一个人可不可以培养，有没有前途，并不全看你的知识、技能有多高，更看你有无责任心。浙江能源集团有限公司专职监事陈满娜说：“对一个人的评价，很多时候要看他是不是有责任心。能力有高有低，但责任心很重要。现在，一些人的责任心不够，不愿意多做一点点事情。让你做事情就是给你锻炼的机会，如果你是一个责任心很重、踏踏实实做人的人，那么，你的成长空间和机会还是很多的。”

会不会负责，能不能负责，敢不敢负责，很多情况下体现的是一种为对方、为团队、为集体着想的觉悟、习惯和意识，很多情况下是一句话、一投足、一举手的事情，就看你有没有这个觉悟、习惯和意识。应该说，这个意识与学历高低并无正向对应的关系。有一次，我应约到一所高校做讲座，具体事宜是由系主任安排给一名分配来不久的硕士研究生负责的。本来约好是周四下午 4 点举办。我如约赶到现场，发现没人，于是赶忙与他和系主任联系，原来由于学校临时有安排而将讲座调整到了第二天。那为什么不能及时通知我一声呢？后来这名同学受到系主任的严厉批评。

(6) 推销自己的本领

很显然这里所说的“推销”不是鼓动你去当一名推销员，而是去学习“推销”的艺术。如果你细细考量一下这个词语，你会发现我们每天都在做着“推销”的工作。推销想法，推销思路，推销计划，推销形象，推销“本领”，推销人品，推销服务，推销项目，等等，你随时随地都在推销自己、自己的项目或你的组织。不难看出，有效沟通和社交的本领是“推销”的前提和基础，或者说，推销是社交本领与有效沟通的完美结合。因此，推销也是仅有的几个在任何职业中都有用的本领之一，是你能够培养的最为有用的跨职业适用的本领之一。

1.2 为什么学会计

很多同学的高考志愿选择都是由家长、老师或其他人代劳的，或者遵从了他们的意愿。这是目前中国大多数学生的实际情况。这无可厚非。因为家长、老师们总是知道得更多一些，或者说更为现实一些。可是，拿到了大学的入学通知书以后，你是否想过，“我为什么学会计”？入校了，怀着一颗新奇的心情坐到了教室里以后，拿到厚厚的散发着油墨书香的教材以后，你是否深入想过，“我为什么学会计”？

1.2.1 会计是干什么的

(1) 会计职业特点

我国老一辈革命家李先念曾说过：“经济越发展，会计越重要。”一语中的。

财政部副部长王军同志在全国先进会计工作者经验交流暨纪念会计改革开放30周年优秀论文表彰大会上讲话时说：“30年来，会计百花园由会计制度一花独放变为百花争春，会计专业由边缘学科变为热门职业，会计形象由账房先生变为理财能手，会计话题由一般研讨变为高端议题，会计国际地位由跟从伙伴变为合作伙伴……奋斗，是会计行业的宣言书；汗水，是会计行业的播种机；吃苦，是会计行业的风景线；拼搏，是会计行业的主题曲。会计职业很辛苦，苦在使命艰巨、任务繁重；会计职业很快乐，乐在境由心生、事在人为。正是有一股敢争先、要争气，不怕输、不服输的精气神，会计行业才能赢得今天的大好局面。”意蕴深刻。

那么，会计作为一项工作、一个职业，它有哪些基本特点呢？

简单而论，我以为：第一，会计是一项管理工作，涉及核算、反映、控制、监督、预测和决策，因此，作用通常非同一般。第二，会计作为一项职业，社会对会计人才的需求量很大，但凡一个单位、一个组织、一个群体只要有“活动”就需要有会计。第三，会计工作的内容往往涉及单位的经济命脉，涉及核心管理活动，所以，越来越受到重视。第四，中国正处于发展、崛起阶段，新单位层出不穷，各行各业又都在扩充规模和实力，因此，职业前景广阔。第五，由于大单位越来越多，经济活动越来越复杂，所以，高级会计人才需要量增大。第六，由于高级会计人才需要量增大，所以会计人才成长压力加大，学历、证书、经验、能力“一个都不能少”。第七，由于高级会计人才需要量增大，供不应求，而初级会计人才基本饱和或绰绰有余，因此，会计职业收入差别很大，具有天壤之别。第八，会计人员每天与“数据”打交道，其中不乏一些“敏感”的“地带”，因此风险较大。第九，会计做久了，经验多了，职业自由度很大，可以在会计、审计、咨询、管理、教育等行业自由转换，一般收入较为可观，所谓“越老越值钱”。第十，核算、反映、监督、控制、预测、决策、筹划、公关，能力、压力非同一般，因此，会计做久了，也挺烦。

（2）会计人说：会计是一个可以不断超越自己的职业

德勤中国首席执行官卢伯卿先生在谈到会计、会计职业和公认会计师工作时，结合自己的亲身经历说：

高中毕业后，我本来想学国际贸易，但当时美国大学并没有这一科，在父亲的影响下，我选择了会计。父亲认为每一家企业都需要会计师，拿到一个执照就相当于学到一门手艺，世道不济也可以生存——父母总是希望孩子能生活平稳。不过，我很高兴做出这个选择。虽然传统的会计师被喻为账房先生，但随着我们经济和市场的发展，商业和跨境贸易的频繁，它不再限于会计、审计、税务，还为客户提供并购、财务管理、企业管理以及跨境投资和营运等咨询服务，除了要确保账目准确，公平反映营运绩效，还要做向管理层出谋献策的顾问，这份工作今天给了我们不断超越自己的机会。

而在这里，你能找到职业发展的潜力，很多首席财务官在企业担当重要角色，甚至成为 CEO，不少注册会计师们当选各级人大代表和政协委员，随着资本运营在国际发展中的角色日益重要，它逐渐成为热门、受人尊重的职业，我在其中的成功感自是不能言喻的。

想进入这个行业，你要注意到这个行业的一些趋势。比如法理变更带来的挑战，你需要不断调整自己的知识结构，参与培训课程，同时协助培训人才，比如全球审计行业愈来愈受到公众关注以及当局严格的监管，资本市场期望审计师能承担更多责任，包括揭发上市公司管理层的欺诈行为，所以你需要不断提升审计系统知识，加强专业技术上的支持，协助同事和客户了解、遵循新法规；进入中国的外企和走出国门的中国企业越来越多，业务的性质日益复杂和国际化，除了要熟悉中国会计准则以外，你还要熟悉海外主要融资市场的运作以及一些主要国家的会计准则和制度。

(3) 会计人说：会计是管理层的商业伙伴

关于为什么选择会计专业，除了前面我们已经涉及的理由以外，不同的人，一定还会有不同的答案。

玫琳凯中国财务副总裁、曾任欧莱雅中国大众化妆品财务控制总监的刘启梁先生在谈到会计工作和会计行业时说：

有人形容会计是“商业的语言”、“流动在企业身上的血”。对于我这个喜欢探求未知的人，在事业刚开始时进入这个行业，能深入接触企业内不同部门的人，了解生意和运营，学到很多财务以外的知识，对后来事业的发展有很大帮助。中国国内不但有1600家以上的上市公司，还有不断来华的跨国公司和正积极在海外扩张的本土企业，市场需要30万会计师人才，中国的注册会计师只有14万，我们的挑战就是多多吸引你选修会计专业并好好学习。

十多年来，我们从以往的“Bean Counter”——只见数字，不见其他，到今天扮演管理层的商业伙伴的角色——CFO成为企业掌舵者CEO的副驾；随着ERP系统的日渐成熟和商业流程外包，未来，我们将更走近主动业务支持（Active Business Support）、战略分析和决策层面，以往被认为缺乏生气和刻板的会计行业将有更活跃的面貌。

我们最重要的人才要具备战略性、前瞻性的思维，以及商业敏感度（Business Acumen）。当然，正确的道德观可以说是生命，在超速发展的新市场，只有这样做才能协助企业平衡在高速增长下的机会和风险。

众人都觉得这是个缺乏生气的、刻板的行业，所以你要有在平凡工作中挖掘出不平凡的兴致。对越野和考古学的兴趣就帮助了我。上学的时候，我曾带领一个10人组的团队穿越澳洲内陆。

(4) 会计论坛说：会计是公司治理的核心

2009年7月18日，2007年诺贝尔经济学奖得主、芝加哥大学教授罗杰·迈尔森在上海国家会计学院举办的第六届 SNAI—ASU 企业家高层论坛上指出："吸引投资的主要因素是良好的公司治理，而会计是公司治理的核心。"罗杰·迈尔森从历史角度对中国和西方的不同经济体系做了分析，说明了良好的公司治理是吸引投资的主要原因，而会计则是公司治理的核心。他认为，作为会计，应该致力于提供准确以及尽可能完整的信息数据，从而实现优良的公司治理。"这种专业的精神和结构模式是我们每一个人都要做到的。这样你才能够继续获得整个行业的尊重，继续在这个行业里面发展。"而通过 JP 摩根的成功模式，他证明了信心的重要，并指出："美国的危机是来自于银行的危机、监管的危机……现在第一要务就是关注如何来整修美国的监管体系，让那些好的东西继续下去，去修整一些有问题的地方。"

（5）咨询机构说：本科专业小类就业率会计学名列第 22 位

2009 年 6 月，2009 年度"麦可思大学生就业能力排行榜"发布，在"本科专业小类就业率 TOP 100"中，会计学排在第 22 位，毕业半年后就业率为 93%，毕业半年后的月平均收入为 2111 元，读研、留学比例为 3%，工作满意度为 92%，工作与专业对口率为 87%，平均求职成本为 1013 元。

在"本科毕业生就业最多职业的薪资 TOP 50"中，审计员名列第 9 位，毕业半年后平均月收入为 2579 元；出纳员排在第 11 位，平均月收入为 2567 元。

另外在"2006—2008 届毕业生人数最多的前 20 个本科专业小类大学薪资 TOP5"中，会计学专业薪资最高的前 5 所大学依次是北京大学、上海交通大学、复旦大学、上海外国语大学和对外经济贸易大学，毕业半年后平均月收入分别为 6250 元、5789 元、5740 元、5396 元、5020 元。

（6）英国网站说：相亲活动中会计独受青睐

英国最大的婚姻介绍网站 Parship 的一项研究表明，在寻找与其共度一生的理想伴侣时，英国人更倾向于那些有稳定工作的人，而非满脑子奇思怪想的人。研究还指出，富有责任心的会计师男友或女友是年轻人的理想伴侣。

Parship 网站共有 50 万名注册用户，他们中的大多数人都是职业青年，而其中最受青睐的 3 个职业分别是会计、教师和医生。调查显示，目前人们在择偶时最看重对方的工作能力、正直诚实的品性、决断力及承受压力的能力。Parship 公司的一名心理专家卢克斯指出："大多数人希望稳定的生活。周游世界、历经风险和奇遇听起来令人十分激动，但现实生活中的人们既要还贷款，又要做好工作。"会计师的职业稳定，并不代表他们就是古板的人。研究还表明，会计师通常拥有一种安静、专注的个性，但在其复杂的情绪下往往掩藏着一种温情和一颗友爱的心。

（7）会计专业学生说：就业门路宽

互联网上的一篇文章《为什么选择会计专业?》通过鲜活的事例回答了这个问题，我们不妨看看他的看法。

会计无处不在，就业门路宽广——会计是国际通用的"商业语言"，是所有商科课程的基础，财务会计知识是企业经营运作的基本知识和必备知识。无论国家经济发展处于上升或下降趋势，公司的运作处于盈利或亏损状态，会计及财务人才必不可少。会计行业中，注册会计师是中国最具吸引力的十大行业之一。会计师往往有很好的发展，容易成为商界领袖。

其实，大家都知道，报会计学的学生，一般都是为了今后的就业而打算的。因为无论高中学的是理科还是文科，大家都不会接触到会计这一个学科，所以自然没有兴趣可言了。很多学生在高中会发现，自己喜欢英语、喜欢化学、喜欢数学等等，但不会有人发现自己喜欢会计。但为何会计学专业热度居高不下？原因在于这个专业有源源不断的社会需求，因此就业形势良好。

源源不断的社会需求——需要会计的地方很多：首先，专业的会计师事务所；其次，各个企业；再次，政府及非盈利组织。会计掌握的是一个团体的财务资源和经济命脉，所以，每一个团体都需要他们。每年新增的企业数以万计。有企业产生，有企业扩张，就有对会计的增量需求。所以，会计是一个永不衰退的职业。

企业中的主导地位——会计部门在企业里绝对是一个核心部门，无论企业有什么收入或是奖金，都得经过会计的手。所以可想而知，企业的每一种奖金都会有你会计部门的一份，也不难保证：你在企业里永远不会被边缘化，所谓的那些裁员、待岗你永远不会担心。

一技在手，越老越吃香，走遍天下都不怕——会计学学的其实是一门技术，也可以说是一门手艺。时下高校里流行着一些新型管理学专业，譬如工程管理、工商管理、企业管理等。为什么有些专家会说这些专业很“虚”，首先这些专业学的东西都是一些皮毛，没有真正的内涵。如工商管理专业，工商管理专业的专业课设置有点类似于“万金油”，初级的经济学，初级的会计学，初级的财务管理学、管理学等等，每一门课都是浮在水面上的一层，深层次的东西没有。再退一万步讲，即使你学得很出色，走上社会后，哪一家企业会把他们辛辛苦苦打下的家业拿给你一个刚毕业的毛头小孩去管理？真正的管理与企业的整个环境密切结合，是要在多年与这个企业荣辱与共的历程中积累出来的，岂是书本上能够学到的东西？如果没有单位聘用你来管理，那么你在社会上怎么立足？但会计学与一般的管理类学科有本质上的区别，会计学培养人才的方式是纵向培养，从初级会计学到中级会计学再到高级财务会计，是浑然天成的一条线。从大学出来后，你就已经具备了这种技能，在任何单位去都能很快上手。

我的母亲是学计算机专业的，78 级的大学生。她坚决反对我学计算机，原因在于，学计算机的学生要活到老学到老。母亲说当她刚刚掌握好

BASIC 语言时，BASIC 就过时了，开始用 C 语言了，当她赶命似地学好了 C 语言时，又有了 C + + 语言……年轻的时候还好办，但随着年龄的增大，总会有力不从心的一天。那一天就是你被淘汰下这个社会舞台的一天。IT 业的更新很快，鼓励的是创新，毫无经验可谈。我们很难想象，一个只精通 386 计算机构造或是 WINDOS 32 的人现在还有什么用。而会计却是一门积累经验的学科。虽然企业会计制度也在变化，但那种变化好比是换汤不换药。所以，你永远不会害怕你的经验会过时。

就业不择性别——由于会计学历来都是女生占主导地位，或者说这就是一门女生的学科。所以在就业的过程中，女生不会像学工科的女生那样遭到很严重的性别歧视。

与此同时，男生学这个专业具有的便是性别优势，物以稀为贵，很多单位在招聘的时候，都是能要男生就要男生的。所以，如果男生选择这个专业，那么他的就业情况和机遇肯定好于很多学工科的男生。

在学习期间，可能男生会比女生稍感吃力，因为这是一门需要细致与耐心的学科，是一门强调“规则”的学科，但是话又说回来，一般学到最高端的都是男孩子，我们会计学院的书记、院长、副院长全是男的。所以，男生学这个专业具有的是一种社会偏爱的优势。

最后给个数据吧，我们学院的会计学专业学生除了考研、出国的以外，本科生毕业的就业率是 100%。

（作者单位：华南师范大学华澳国际会计学院，姓名不详）

1.2.2 我国会计、审计行业现状

（1）会计行业现状

①高级会计人才紧缺

据有关部门统计，截至 2009 年 10 月，我国会计从业人员达 1350 万，

分布在各行各业。其中基本现状是：初级会计人员（会计员、助理会计师）243 万人，约占 18%；中级会计人员（会计师）122 万人，约占 8.6%；高级会计人员（高级会计师）8 万人，仅占 0.59%。

由此可见，目前我国会计人员队伍虽然十分庞大，但高级会计人才所占比例不到 1%，可以用“奇缺”来形容，而中级会计人才供需一般，初级会计人员不缺，甚至供大于求。在近年举行的人才招聘会上，基础的财会类职位供大于求，最容易招到人，而上升到财务总监、总会计师级别，企业哪怕开出高薪也很难招到合适的人才。随着我国经济进一步发展，企业国际化程度提高，对高水平会计人才的需求也会越来越多。

②精通国际准则的会计人才缺口大

“目前，上海正在建设国际金融中心，但专业会计师人才缺口依然巨大。”2009 年 6 月，在上海陆家嘴举办的理念先导论坛上，特许公认会计师公会（ACCA）市场执行总监纪乐在接受记者采访时表示。

据她介绍，英国拥有 6000 万人口，其中专业会计师就有 34 万人，但英国政府和相关专家还是认为财会人才很少，并于近几年计划加强这方面人才的建设。而“中国拥有 13 亿人口，但目前真正精通国际会计准则的人员大约只有 2 万名，上海地区专业财会人员的密度虽然远大于中国其他地区，但上海要建设国际金融中心，财会人才的缺口依然巨大。”

2008 年 7 月，全球首家也是最大的专注于会计与财务的人事服务公司 Robert Half International 发布的《全球财务人员就业观察》报告显示，有经验的会计和财务专业人才短缺继续影响全球雇主。接受调查的财务和人力资源经理超过一半（56%）表示很难找到富有经验的岗位应征者，这已经是连续第二年出现这种情况了。该报告还发现，上年人才流失问题已显著增多，全球 58% 的受访者和美国 73% 的受访者表达了他们对优秀员工流向其他工作机会的担忧。

③管理会计人才奇缺

“目前我国会计人才中，95% 是财务会计，管理会计人才缺口 300 多万。”这是一位资深会计专家不久前给出的惊人论断。据《中国会计报》报道，企业大量需要管理会计人才，而企业高薪难求胜任者。比如，作为江西铜材有限公司的董事长，吕佩菲希望在金融危机的经济环境下，有人能够在如何降低成本、提高效益等方面为公司提出比较好的建议。她为此在不久前打算高薪聘请一批管理会计人才，但让她失望的是，很多应聘者财会业务拔尖，但是对公司业务不熟悉，很少有能够真正胜任管理会计工作的。

“一个懂得经营和企业管理流程、能够帮助企业主做出更好决策的管理会计人才，是我们非常需要的。”吕佩菲向记者表示。至于公司对管理会计的要求，吕佩菲简单举例说，比如公司刚刚拿到一个订单，管理会计人员应该能够立即核算出这单业务能不能够产生效益。正如她所说，企业对管理会计人才的素质要求非常高。财务会计比较注重记录、核算和报告，更注重为报表使用者服务；管理会计需要从商业的各个角度考虑问题，比较注重核算工作与单位的管理实际相融合，更注重为管理者服务。

“管理的内容更广泛一些，管理会计是企业管理的一项重要内容。企业需要既懂技术、又懂管理，最好还了解一些财务知识的人才，可在现实中，这一点我们很难做到。”在某企业工作的财务经理对此看得很清楚。

在金融危机及后金融危机的情况下，很多企业都“自然而然”地重视起管理会计的作用。“因为现在企业要生存和发展，就要在主动摆脱危机上想点办法。目前，很多企业开始注重成本和预算，想方设法开拓市场。”对于会计人来说，大家也不得不面对这样一个事实：财务会计开始饱和，管理会计却有较大缺口。如果会计类专业学生只会做账，今后发展将受限。“如果谁能把数据变成信息，形成预案，还能设计一个系统，为决策者提供帮助，这就是个高手。”懂管理会计的人才今后更能适应企业的需要。

显然，初级会计人员，包括很快会成为初级会计人员的会计类在校学生的你，必须认清这一现状，努力掌握企业需要的核心会计技能，同时努力考取中高级会计职称和相关资格，为成为受企业欢迎的高级会计人才打下扎实的基础。

（2）注册会计师行业现状

①人员现状

据财政部门统计，截至2009年10月，全国具有注册会计师资格（含已取得全科合格证但尚未取得执业资格者）的人员近20万人，仅占财会人员总数的1.7%，其中执业注册会计师（中国注册会计师协会执业会员）约8.5万人，非执业注册会计师（中国注册会计师协会非执业会员）11.5万人。

从注册会计师的来源来看，经过18次考试（1991年至2009年10月，1992年未举办）取得资格的约15万人，实行考试制度前（即1991年以前）各级财政、审计部门经考核评定的注册会计师、注册审计师（后转为注册会计师）约5万人。

另据统计，我国注册会计师数量与发达国家存在较大差距。发达国家每10万人中有15～30名注册会计师，我国每10万人只有5名注册会计师，这与我国资本市场发育程度很不匹配，远远不能适应经济发展的需要。经济越发展，资本市场越发达，越需要更多的注册会计师为之服务。无疑，我国资本市场、证券市场在未来有着很大的发展空间。

②会计师事务所的分类和数量现状

我国会计师事务所分为两类：一类是具备从事证券业务资格的会计师事务所（即经财政部和中国证券监督管理委员会审定，可以对公开发行和交易股票的企业、机构和场所进行财务审计、咨询及其他相关的专业服务的会计师事务所）；一类是不具备证券审计资格的会计师事务所。

截至2009年底，全国有约7600家会计师事务所，注册会计师行业从业人员近30万人。其中：证券审计资格会计师事务所为68家，占全国事务所总量不到1%；7600家会计师事务所共有执业注册会计师约8.5万人，其中68家证券所合计有1.28万名注册会计师，占全行业的17.3%。目前我国注册会计师人才全国分布很不平衡，主要集中于北京、上海、江苏、广东等经济发达地区，与这些地区的经济发展水平相呼应。

③会计师事务所的地域分布

根据中国注册会计师协会2010年4月30日发布的《2010年会计师事务所综合评价前百家信息》，2009年度全国前10强会计师事务所分别是普华永道中天、德勤华永、毕马威华振、安永华明、中瑞岳华、立信、信永中和、天健、国富浩华、大信。而全国前100强事务所的地域分布也主要集中于北京、上海、江苏、广东、浙江、山东等经济发达地区。

④会计师事务所收入现状

2009年度全国会计师事务所“百强”共实现收入206亿元，其中“四大”为91亿元，占“百强”总收入的44%。中瑞岳华以8.7亿的总收入蝉联国内所首位，立信、信永中和、天健等紧随其后。而总收入在3亿元以上的国内所达到12家。

但是，如前所述，中国的注册会计师事业发展极不平衡，贫富差距极大，而且有进一步加大的趋势。因此，北京、上海、江苏、广东等地的“百强所”成为大学生和注册会计师们的热门选择。

(3) 注册税务师行业现状

据《中国税务报》2009年8月3日报道，截至2008年年底，全国税务师事务所数量、人员、收入等情况如下：

①税务师事务所3545家，其中：有限责任制事务所2972个，占84%；合伙制事务所573个，占16%。税务师事务所主要集中在经济较为发达的地区。其中，税务师事务所数量超过100个的地区共11个，主要为广东、北京、山东、江苏、浙江、河南等。上述地区税务师事务所2140个，占全国总数的60.4%。

②税务师事务所从业人员7万多人，其中执业注册税务师25 226人，

占人员总数的36.1%。从业人员中，以具有大专学历的人员为最多，占人员总数的49.1%；具有本科以上学历的占人员总数的34.1%；中专及以下学历的占人员总数的16.8%。

③2008年度注税行业经营收入为49.9亿元。其中，年经营收入超过1000万元的事务所有66家，经营收入超过1亿元的地区共有14个，依次为北京、江苏、浙江、广东、上海、山东、宁波、四川、深圳、湖南、河南、河北、青岛、福建。上述地区税务师事务所的经营总收入占全国总收入的78.4%。

1.2.3 国家加快会计人才培养的举措

(1) 高级会计人才建设提速

2005年9月1日，财政部发布《财政部关于开展高级会计人才培训的通知》，正式启动会计领军人才培养工程。截至目前，会计领军人才培养工程已在全国范围内招收了650名学员，分为企业类、注册会计师类、行政事业类、学术类、会计知识大赛优胜者班五类。科学培养、开放教学、学用结合的培训方式，促进了学员综合素质的快速提升，一批学员走上了更重要的领导岗位，会计领军人才培养已成为中国会计行业内的一大品牌，吸引了越来越多会计人的广泛关注和踊跃报考。

(2) “响亮”会计在向你招手

财政部副部长王军在2008年5月全国会计工作座谈会上指出：“我国会计改革的方向是，让会计服务能够惠及亿万公众，会计人员能够成为企业资本运营和走向国际市场的重要参与者和行家里手，注册会计师能够在国际舞台打出自己响亮的品牌，会计理论能够走在国际会计理论的前沿，会计行业成为受人尊重、为人信赖、被人重视的行业之一，中国的会计行业在国际舞台更有创造力、更有影响力、更有话语权。”

有鉴于此，中国会计报已于2009年、2010年连续两年先后联手国际会计师联合会（IFAC）、国际专业会计师组织特许公认会计师公会（ACCA）共同举办“响亮·会计”系列活动，并邀请相关主流财经媒体，包括新华社、经济观察报、21世纪经济报道、第一财经日报、中国证券报、金融时报、新浪网、中国会计视野网等进行宣传报道。活动目的旨在通过政府官员、学者、业界名人与年轻学子的对话，借助传媒的力量，在全社会彰显会计师的价值，提高全社会对会计专业的认知度，提升整个会计行业的声誉与影响力。

（3）财会人才被列为经济社会发展重点领域的急需紧缺专门人才

财政部副部长王军曾指出：“从全国层面来看，越高端的人才，我们越紧缺。经济迅速发展离不开会算大账和细账的会计人员，会计人员要学会运用会计，替企业算出经济效益，更好地为企业服务。随着我国新会计准则实施和更多企业到海外上市，熟知新准则和国外法规的高级会计人才供不应求。”“财政部将与时俱进，审时度势，深入地开展调查研究，加强会计人才评价工作的系统性研究，拓宽人才评价工作视野，借鉴国内外科学实用的人才评价经验，既要包括理论研究成果，也要包括实用技术。力争在较短时间里，建立起具有中国特色的、科学实用的会计人才评价体系，满足市场多层次的需要。”

2010年6月，中共中央、国务院发布《国家中长期人才发展规划纲要(2010—2020)》，明确指出：“在未来的5~10年，培养2.5万名左右具有国际资质的注册会计师、大型企事业单位高级会计人才和具有国际影响力的会计学教授。”在我国会计界，新的会计人才培养的序幕正徐徐拉开。

1.2.4 学会计的出路

(1) 从事会计工作

——就业去向：

各类企业单位，如工业企业、农业企业、商业企业、房地产开发企业、施工企业、运输企业、邮政电信企业、文艺企业、出版企业、科研企业、旅游餐饮服务企业、银行、保险公司、证券公司、各类证券服务机构、期货公司、信托投资公司、产权交易所、商品交易所、租赁公司等；

——需要职称：从低到高依次为会计员、助理会计师、会计师、高级会计师、正高级会计师等。

——工作岗位：从低到高依次为初级会计人员、中级会计人员、主管会计、财务经理、CFO（财务总监、总会计师、主管财务工作的副总经理）等。

——进入渠道：大部分通过人才市场双向选择。

(2) 从事社会审计工作

——就业去向：会计师事务所。

——需要资格：主要是中国注册会计师（CPA）、加拿大注册会计师（CGA）、美国注册会计师（ACCPA）等。

——工作岗位：从低到高依次为助理审计人员、注册会计师、项目经理、部门经理、高级经理、副主任会计师、主任会计师、合伙人等。

——进入渠道：通过人才市场双向选择。

(3) 从事咨询工作

——工作内容：如财务咨询、税务咨询、管理咨询等。

——工作单位：各种类型的从财务、管理咨询机构，知名的如麦肯锡咨询、波士顿咨询、盖洛普咨询以及知名会计师事务所设立的咨询机构，如毕马威咨询、德勤咨询等。

——进入渠道：通过人才市场双向选择。

（4）从事内部审计工作

——就业去向：各类企业、事业、行政单位、社会团体等。

——工作岗位：从低到高依次为审计员、审计专员、审计主管、审计经理、审计总监、董事会审计委员会负责人、监事会监事等。

——需要资格（单位不同而要求有所不同）：助理会计师、会计师、高级会计师，助理审计师、审计师、高级审计师，注册会计师，国际注册内部审计师（CIA）等。

——进入渠道：除行政单位、事业单位、人民团体外，其他均通过人才市场双向选择。

（5）从事政府经济管理工作

——就业去向：乡（镇）以上各级政府财政、税务、发改委等部门。

——需要资格：参加国家公务员考试并被录取。

——工作岗位：科员、副主任科员、主任科员、副处、正处、副厅（司）、正厅（司）等。

——进入渠道：参加公务员考试。

（6）从事政府审计工作

——就业去向：乡（镇）以上各级政府审计部门，审计所、审计局、审计厅、国家审计署及其派出机构。

——需要资格：参加国家公务员考试并被录取。

——需要职称：从低到高依次为审计员、助理审计师、审计师、高级审计师（只是作为参考）。

——工作岗位：科员（一般审计人员）、副主任科员、主任科员、副处、正处、副厅、正厅等。

——进入渠道：参加公务员考试。

（7）从事会计类教学工作

——就业去向：各级各类公办、民办的大学、高职高专、中专、职业学校、职高，以及各种会计类培训班。

——需要学历：依学校不同而分别不同，从低到高依次为大专、本科、硕士等。

——需要职称或资格：依学校不同而分别不同，从低到高依次为助教、讲师、副教授、教授、海外归国留学人才、长江学者等。

——进入渠道：公办院校需通过较为严格的招录程序，其他通过人才市场双向选择。

（8）从事会计类科研工作

——就业去向：各级各类财经、审计科研机构或高校。

——需要学历：依单位不同而有所不同，从低到高依次为本科、硕士、博士。

——需要职称：依单位不同而有所不同，从低到高依次为助理研究员、副研究员、研究员等。

——进入渠道：一般需通过较为严格的招录程序。

（9）从事其他中介行业

——就业去向：税务师事务所、资产评估事务所、律师事务所等。

——需要资格（除助理人员外）：注册税务师，注册资产评估师，注册房地产估价师、注册土地估价师、注册珠宝估价师，律师等。

——工作内容：税务鉴证或代理服务、资产评估鉴证服务、律师服务等。

——进入渠道：通过人才市场双向选择。

(10) 从事其他工作

——就业去向：如企业、事业单位的董事长助理或秘书、总经理助理或秘书、董事会秘书、CEO（总经理、首席执行官），财经记者、编辑等。

——进入渠道：有的需通过较为严格的招录程序，其他则通过人才市场双向选择。

1.2.5 会计类专业——广受追捧的热门专业

多年来，由于会计、财管、审计等专业就业门路广，职业前景广阔，一直为广大考生所追捧，同时，各高校也瞅准这一时机，在“培养成本低、课程易开设、易管理”的优势吸引下，不管是否具备师资力量和能力，不管是否懂得会计类人才的培养规律，不管是否了解会计职业特点和就业要求，都仓促“上马”，搭台唱戏，广为开设这些专业。现在全国大概除医学、艺术、体育类院校以外，绝大部分理、工、农、师、文科类院校，从职高、中专到大专、本科、“211”高校、“985”高校，从成教、电大、函大、夜大、职大、远程教育到党校、干校，从后续教育、非学历教育到学历教育，从中专、大专、本科到硕士、博士、博士后，都开设有这些专业，一派欣欣向荣、百花盛开的景象，形成了极为严重的“多、杂、虚、乱”的无政府格局。规模扩大了，学生增多了，收入提高了，学校“升格”了——质量难说了！真不知是福也？祸也？

根据《中国会计报》的报道，下面的几个事例也充分说明了中外“学会计”的热潮。

（1）会计师受到香港预科生的普遍欢迎

“长大了要做什么?”几乎每个青少年都会遇到这样的问题。2009 年 7 月，香港发布的一个调查报告称，香港中七生（大学预科生）最尊重的职业是医生，但他们最想从事的职业依次是商业行政人员、政府行政人员和会计师。

值得注意的是，金融海啸似乎没有冲击香港青少年对金融业的喜好。比如会计师职业受欢迎的排名从 2005 年的第 4 位上升到 2008 年的第 3 位，而“金融从业人员”更是从第 9 位上升到第 4 位。

（2）非会计专业更热衷考会计证

2009 年 6 月，一项有关当年北京会计培训市场的最新调查显示，非会计职业的学员占了 55%，会计职业的学员占了 40%，为了兴趣的占了 5%。而非会计专业的人认为，会计人才社会需求大，同时在裁员危机到来的时候，该职位相对稳定。调查显示，非会计专业出身的学员中，有 65% 的人是在规划自己未来的职业生涯，这类学员大部分从事一些收入不高的职位，想通过考取会计证寻找新机会。

（3）北京成招热门专业发布，会计学跃升至首位

成人高校设置的招生专业中，哪些受考生的关注度更高？中国会计报记者 2009 年 7 月从北京教育考试院成招办获悉，2008 年北京成招会计学专业录取考生 5893 人，招生人数由 2007 年的第二位跃升为第一位。

近年来，会计学专业招生数量一直高居各专业前列，特别是一些热门高校的会计学专业，更是考生关注的重点。比如，去年中国人民大学成人高等教育本科层次会计学专业计划报名比达到 1 : 4。已经考取中国人民大学会计学专业的王荣说，自己原来在餐饮行业工作，为了能获得更好的工作环境，所以报考了这一专业，并最终被录取。

(4) 到国外留学，会计仍是热门专业

留学选择什么专业，关乎未来职业发展的方向。比如，英国许多院校纷纷推出新专业，如体育管理、会展管理、房地产管理、可持续性设计和金融数学等，以贴近社会的变化。但据调查分析，传统的强势专业仍然是众多中国留学生的首要选择，商科、金融、会计、法律等依然稳定发展。

二 大学会计，学什么

在弄清楚 “为什么学会计” 的问题之后， 你将坚定学习会计的信心， 心中竖起更加明确的学习方向。 然而， “学会计学什么”， 这又是一个不得不搞清楚的问题； 否则， 你将 “胡子眉毛一把抓”， 甚至 “捡了芝麻丢了西瓜”， 几年下来收获甚微。

学会计， 学什么？ 在高中时是纯粹地向书本学习， 学习的结果体现在试卷中， 只要试卷取得高分， 就意味着成功； 而在大学， 必须是全面学习， 围绕着你的中心， 向书本学， 向实践学， 向他人学， 向报刊学， 向网络学， 向成功学， 向失败学， 学知识， 学技能， 学素质， 学处世， 学为人， 学习工作中 “混得好” 的一切东西， 学习的结果最终体现到职场上。 只有在未来的职场上受到青睐， 受到欢迎， 受到器重， 那才叫成功。

2.1 会计类专业之课程分析

作为大学会计类专业学生，应当及早、全面地了解自己所学专业以及相关专业的全貌，比如培养目标、基本要求、专业特点、课程设置、课程特点、课程之间的关系、课程与招聘岗位之间的关系、课程与实际工作的关系、课程与各种“考证”之间的关系等，以便科学、合理、有效地安排自己的时间，科学规划，突出重点，抓住关键，在大学几年有限的时间里，取得较大的收获。

2.1.1 正确认识会计类本科专业

（1）专业不同，差别甚微

为了弄清楚问题，本人专门对会计学、财务管理、审计三个专业的课程进行过比较分析。经比较发现以下几个规律：

①专业不同，但公共基础课（包括毛邓三理论、大英、高数等10余门课程）、专业基础课（包括管理学、经济学、税法等10余门课程）、共同限选课（包括艺术教育、军事教育、就业辅导教育等）完全相同。

②专业不同，但核心主干课程基本相同，主要是基础会计、财务管理、税法、经济法、中级财务会计、审计、成本会计、管理会计、税务会计、金融企业会计等。如果说有差别的话，差别在于学时、学分的多少上。

③专业不同，但专业必修课基本相同。比如，从会计学与财务管理两个专业对比的结果看，差别主要在于两个方面，一是学时、学分的差别，二是选修课设置的差别。在其30余门选修课中，两个专业之间约有10门课程不同。再将会计与审计两个专业进行对比，结果与上述情况基本类似。

④专业不同，专业课有所侧重。比如，会计专业突出会计类课程，主要体现在成本会计学、管理会计学、高级会计学、财务报表案例分析上；财管专业突出财务管理类课程，主要体现在中级财务管理、高级财务管理、企业战略管理、风险管理、财务管理案例分析上；而审计专业则突出了审计类课程，主要体现在财务审计、绩效审计、基本建设项目审计和审计案例分析上。

由此可见，“专业”差别是非常有限的，作为这些专业的同学，不要作茧自缚，或者故步自封，如果在课程学习过程中不予特别在意的话，是难以体会出其中的区别的。

（2）专业不宜划分太清

实际工作中，没有人认为学习会计专业的只做会计工作而不需要涉及财务管理、审计、税务等工作；同样，也没有人认为学习财管专业的学生毕业后只从事财务管理工作，而不需要涉及会计、审计、税务等工作；又同样，假如你以“我学的专业是审计，所以我不做财务会计工作”的态度去求职的话，那就非让人笑掉大牙不可！我绝不是在说笑话，的的确确发现有些同学对“专业”存在着低级的认识错误。

从本质上讲，会计、财管、税务、审计是一个问题的几个方面，是作为一个“会计人”必须完整具备的知识和技能体系，缺一不可。在绝大多数情况下，在绝大多数企业，会计工作和财务管理工作是不分的，只在一些大型企业，出于管理的需要，可能将财务里面的融资、投资、资本经营等职能单独拿出来。我们的高校人为地、硬性地将完整的“财务会计类”划分为会计学、财务管理、审计、税务等专业，实在有种“瞎子摸象”的感觉。现实中，一个好会计，常常是一个好的财务管理、税务、审计能手。

再说审计专业。审计专业只需重点学好审计课程吗？否！审计专业同样要学好会计、财管、税务等课程，更要熟练掌握会计、财管、税务实务，因为这些都是做好审计的基础。审计完全不是仅靠记住那些个审计程序和技巧就能做好的。一个好会计，不难成为一个好审计；同样，一个好审计是一个好会计的自然过渡。以前咱们国家搞“财务税收大检查”的时候，基本都是从“好会计”里面抽的人。在职业生涯走到一定阶段，一个好会计、高级会计可以在会计、审计、税务、咨询、教育等职业之间自由选择。那时，你的职业修炼就达到了一个相当高的境界，那便是真正的所谓“自由职业者”。

因此，同学们不应该对专业概念划分太清，过于在意自己的“会计”、“财管”或“审计”身份，一踏入职场你就知道“原来如此”了。也就是说，不管学习的是会计类的什么专业，也不管专业名称叫什么，都应该系统、扎实地掌握那些核心课程的基本知识和技能，不能有轻重缓急之分。然后，在此基础上根据自己的情况选择选修课就可以了。

（3）选修课选择有讲究

经过课程比较可以看出，三个专业所提供的选修课绝大部分都相同，说明这些课程都是基本的选项，正如餐厅提供的几十种自助餐一样，到底哪些多吃一点，哪些少吃一点，哪些一点都不尝，完全要根据自己的胃口和健康来做决定。

那么，面对几十门选修课，应该如何进行选择呢？在这个问题上，同学们存在着不同程度的模糊认识，绝大部分都是抱着无所谓的态度，随大流，还有不少学校则是直接统一指定一些选修课，不给学生自由选择的余地，“自助餐”变成了“必用餐”。

选修课的选择直接涉及一个“选修课哪些重要、哪些不重要”的问题。那么，哪些重要哪些不重要呢？简单而论，就是对你自己最有用的课程最重要。主要根据以下两点进行选择：

第一，根据自己的职业方向进行选择。职业方向，就是你打算将来从事什么职业。是从事会计实务工作？还是从事审计实务工作？是从事会计教学、科研工作？还是立志从事公务员工作？进一步明确，是打算进实业企业从事会计工作？还是进金融企业或者行政单位或者事业单位从事会计工作？……这些都是选修课选择的根本依据。而职业方向又要根据自己的实际情况来确定，包括兴趣、爱好、性格、特长、职业资源（比如家庭、亲朋等社会关系提供的独特的就业优势）、职业理想等。

在这种情况下，与你的职业方向相匹配的课最重要，否则次重要或不重要。比如，如果你要去金融企业从事会计工作，那么，金融企业会计、国际金融、货币银行学、证券投资学等系列课程就相当重要；又如，如果你对资产评估这个工作特别有兴趣，打算将来考取相关评估资格，从事这个工作，那么，资产评估学、工程造价管理、机械制造工程等课程就是无比重要的，不仅如此，你可能还需要自修或旁听一些相关专业课程。再比如，你若想在政府机关或事业单位（又分为学校、医院等）、非营利组织中从事会计工作，或者有这方面很好的人脉资源，那么，政府与非营利组织会计、财政学、高等学校会计、医院会计以及学校课程表中没有列出的相关管理课程等无疑就是很重要的。因为那是你一上岗可能立马就要用到的。

第二，根据自己的学校层次进行选择。一般来讲，招聘单位性质不同，对求职者所毕业学校的层次要求和学历要求是不一样的。比如，大中型中央企业、上市公司、著名外资企业、著名民营企业、金融、证券、“四大”会计师事务所等，一般要求求职者毕业于“211”、“985”等一本、名牌大学，他们每年的“校园招聘”也都是热衷于在那些名牌高校搞；而占我国企业总数90%以上的一般中小企业对求职者的学校层次、学历要求则不那么在意。这就产生一个问题：无论是在招聘时，还是在工作中，前者对求职者知识水平要求更高，对有些“高精尖”课程如高级财务会计、高级财务管理、双语课程、英语等的掌握要求明显比后者突出得多，因为这些单位都是中国最好的单位，最牛的单位，可能有些业务确实开展得比较“高精尖”，所以对求职者、毕业生提出了更高的要求，无疑，这些学校的学生对有些“高精尖”课程不仅需要选择，而且需要更加重视。而对于一般学校的学生（特别是高职高专和三本）来讲，对上述“高”字头课程则不必花费太多的精力，掌握最基本的知识即可，作为选修课也可以不予选择。为什么？因为你工作的单位一般根本不会涉及那些“高精尖”的内容，那是给那些“牛人”、“牛企”准备的内容，你学得再好也“英雄无用武之地”。这就要求：前者同学必须突出你们的强项，在理论素养、见多识广、专业精良、外语优秀上做足文章，在“高精尖”上做足文章，“名牌”要有“名牌”的高度，出身于“大家”要有大家闺秀的样子！而后者同学则必须突出你们的强项，在基础扎实、训练有素、能力全面、操作技能熟练、工作心态优良、行为举止端庄上做足文章，在“好使、好用、好合作、好管理”上做足文章，“小家碧玉”不一定就会输给“大家闺秀”！——这就是各自追求各自的“差别优势”。

2.1.2 正确认识会计类专科专业

(1) 专业比较：怎一个“乱”字了得

可能是“从市场需要出发”的缘故吧，目前，很多高职高专院校会计类专业的设置五花八门，争奇斗艳，其中不乏一些奇奇怪怪、花里胡哨的专业。据不完全统计，会计相关专业有35个之多，主要是：

①会计电算化、会计电算化（财务会计方向）、会计电算化（会计师方向）、会计电算化（注册会计师方向）、会计电算化（计算机财务管理方向）、会计电算化（企事业单位会计电算化方向）；

②会计、会计（电算化方向）、会计（财务会计方向）、会计（注册会计师方向）、会计（涉外会计方向）、会计（法务会计方向）、会计（会计涉外实务方向）、会计（国际会计方向）、会计（英语国际会计方向）、会计（税务筹划方向）、会计（旅游会计方向）、会计（汽车企业财务管理方向）、会计（煤炭企业会计方向）；

③会计与审计、会计与审计（国际会计与金融方向）、会计与审计（投资理财方向）、会计与审计（财务审计与税务管理方向）、会计与审计

（纳税筹划方向）、会计与审计（注册会计师方向）；

④审计实务、审计实务（注册会计师方向）；

⑤税务（注册税务师方向）、税务（企业税务会计方向）、税务（税务代理方向）、税务（税收筹划方向）、税务（税务筹划与代理方向）；

⑥会计与统计核算、财务管理、财务信息管理。

还有一些带有明显地域性的专业，如会计电算化（茶产业方向）等。另外，与财务会计有关系的专科专业还有商务英语（会计方向）、电子商务（会计方向）、商务管理（会计方向）、国际金融（涉外会计方向）、投资与理财（财务管理方向）等。可见，会计专业家族之庞大，会计学科之"人丁兴旺"，虽说不是绝对，但大部分专业都只是换了个"马甲"而已。

（2）专业过于"精致"

对上述专业只需稍加分析，就可以看得出来，很多专业的专业方向过窄，过于赶时髦，过于"精致"，过于花哨，过于注重"包装"，出于对学校的尊重，这里我不专门举例。其实，搞这么多、这么窄的专业实在是没有必要，看起来是对学生好，结果可能害了学生。第一，可能使学生对专业及其培养方向产生误解，继而对职业和就业产生误解，这种误解又会反作用于平日的学习上，学生会自觉不自觉地将自己限定在一个框框里，自觉不自觉地自我降低学习的标准；第二，现实工作对知识的要求是全面的、系统的、深入的，企业的工作岗位不可能按照学校的专业方向去提供，学生毕业后一旦发现现实需求不是这样的，不能将知识与岗位顺利、有效"嫁接"，那么，他马上就会产生"从天上掉到地下"的感觉。现实当中这种例子太多太多了。因此，学校只能追寻和迎合现实岗位的"普遍需要"，而不应作茧自缚。同学们更要认识到这一点。

（3）专业方向"虚张声势"

有些专业方向过于"虚张声势"，比如，注册会计师方向、注册税务师方向、法务会计方向、国际会计与金融方向等。如果学生毕业后没有这些岗位提供，或者不能顺利进入这些岗位工作，那他们怎么办？不还得应聘普通会计岗位吗？这些“方向”看起来都非常“赏心悦目”，但实际就业情况怎么样呢？再者，像注册会计师、注册税务师都是需要参加全国大考的，而且报名需要达到较高的门槛，在校生不够条件或者大三才可以报考，而法务会计工作方向主要是检察院、法院这些司法机关，或者大型企业的法务部门，要进去不但要符合初审的条件（动不动就是重点本科、硕士以上），而且要参加全国公务员考试的。如果这些选项将来没有着落，学生会怎么想呢？学生会不会感觉受欺骗了呢？学生会不会抱怨他的母校呢？

这些“方向”到底是什么意思呢？当然，各个学校在招生简章上面都像“广告”一样，说得异常好听，却有意无意地隐瞒了这些基本前提。

看来看去，在学科设置上，倒是觉得还是人家西方人“实在”。比如，很多学校与西方大学合办的“中外合作办学”所开设的会计类专业，找来找去只有一个“财务会计类专业”，普普通通、稳稳当当、实实在在、明明白白，难道说这样的专业不好吗？

（4）与本科课程比较：少学的课程“不差钱”

让我们拿高职高专开设最多的“会计电算化专业”与本科会计学专业相比较：学制少一年，专业基础课一般少学1门，其实并没有少学，只是将本科的微观经济学和宏观经济学合并为西方经济学；再将专业课与专业选修课合并起来比较看，一般少学6门课程，包括高级财务会计、现代会计英语、资产评估、证券投资学、国际会计、金融学，但多学了3门课程，即ACCESS、数据库原理及应用、计算机网络原理与应用，而多学的3门课程则体现了会计电算化专业的特点，少学的6门课程除现代会计英语外，其他课程则是无关紧要的。比如，专科为什么未开设高级财务会计？如前所述，因为专科毕业生的主要去向是一般的中小企事业单位，在这些单位，高级财务会计的知识很少用得上。又如，为什么未开设资产评估？因为资产评估作为一项专门技能和职业，即使本科学习也只能是学到一点皮毛，不可能真正掌握的。真正从事资产评估工作，还要报考“注册资产评估师”等评估资格考试合格并注册执业才行。再如，为什么没开设证券投资学？因为作为中小企事业单位会计，实务中是极少涉及证券投资业务的，金融证券机构一般你又进不去，作为课程设置当然也就可有可无了。至于国际会计，现在会计准则都国际趋同、等效了，国际会计课程本身已无存在的必要。至于金融学，讲了一些理论上的东西，实用性和难度并不强，如果工作中需要了解的话，买本书看一看应该就解决问题了。

2.2 会计类各专业主要课程之特点分析

2.2.1 树立正确的“课程意识”

据观察，绝大多数会计类专业的大学生们没有一个正确、清晰的“课程意识”，主要表现在：对所学教材没感觉，对课堂听讲没兴趣，对知识感到无所谓，对多讲少讲没表情，不能与热火朝天的“考证”相联系，不能与生动、鲜活的企业现实相联系，不能与学习“最终归宿”的职业、岗位要求相联系，迷迷瞪瞪，晕晕乎乎。为了给同学们“抛砖引玉”的启示，树立学习“以终为始”的观念，下面将目前全国各高校会计类专业的主要课程略作分析，并结合用人单位的招聘岗位适当举例。

(1) 基础会计学

类似课程：会计学原理、会计学基础等。

本课程是会计学、财务管理、审计学、涉外会计学、注册会计师专门化等专业的专业基础课程，是上述专业主要专业课、专业选修课的基础，一般在大一下学期开设。它所介绍的都是十分重要的内容，都要认真扎实掌握。否则，以后学起专业课程将会感到“犯晕”和吃力。通常讲授这门课的老师是基本知识扎实、实务透彻、素养较高的老师，因为他是你的专业和职业的第一位老师，是“先导者”和领路人。万丈高楼平地起，本课程就是建设会计巨人大厦的根基。

本课程是会计类专业学生参加会计从业资格考试会计基础科目的主要知识基础，也是其他非会计类专业学生为拓展就业渠道而趋之若鹜、通过各种方式学习的课程。

（2）财务会计学

类似课程：中级财务会计、高级财务会计等。

本课程是会计学、财务管理、审计学、涉外会计学、注册会计师专门化等专业的专业主干课程，一般在学完基础会计学等先导课程之后的大二上学期开设，其理论性和实务性都很强。本课程是会计类专业重中之重的课程，务必重视和学好。但同时，该课程的教材对于经济业务及其会计分录的讲解过于概括，过于简单化，不能反映企业会计工作的实际。要求老师结合实际业务流程、会计逻辑关系、财务意义以及需要处理的事务充分展开讲解。

本课程与高级会计学等课程一起构成注册会计师考试会计科目的主要知识基础，也是注册税务师考试财务与会计科目的知识基础，还是现行注册资产评估师考试财务会计科目的知识基础，更是学生毕业时应聘企业“会计”岗位的主要知识基础之一。

为使同学们在每门课的学习中对照行业、企业、单位有关岗位“职责要求”有针对性地学习，明确学习重点和学习目标，初步找到职业和岗位的感觉，以用为学，以终为始，下面针对相关课程与相关招聘岗位的关系，每门课程略举真实招聘案例一二，以图抛砖引玉之效。

例2-1. 中国电力科学研究院计量研究所（国企）招聘“会计”的岗位职责要求是：①协助公司进行财务管理的日常工作，包括进行记账凭证的审核、账目核对与调整、日常费用预算分析及内部控制、固定资产管理等；②负责财务单据的审核、档案整理工作与发票的管理；③起草、传递、处理财务相关资料和文件；④统计、打印、呈送、登记、保管各类报表、报告；⑤协助上级主管开展与财务部内外的沟通与协调工作；⑥完成上级交给的其他日常事务性工作。

例2-2. 美巢集团股份公司（股份制企业）招聘“往来核算会计”的岗位职责要求是：①负责公司在途物资、应付账款、预付账款的会计核算，会同有关部门制定往来款项的核算办法；②负责公司在建工程的核算，按照工程项目和工程合同进行归集管理，及时准确统计工程的实际支出；③定期与内部统计及外部供应商进行往来款项的对账工作；④审核应付账款、预付账款资金支付的合理性和准确性；⑤审核采购发票和运输发票，对发票报账的及时性进行监督和管理；⑥负责编制相关的内部报表；⑦其他交办的工作。

（3）成本会计学

本课程是会计学专业的一门主干课程，是会计学科的一个重要分支，是工业（制造业）企业会计颇具技术含量的内容，一般在学完基础会计学、财务会计学等先导课程之后的大二下学期开设。它主要介绍工业企业成本核算的基本原理、成本计算、成本控制和成本管理的主要方法以及成本报表的编制与分析方法，以及随着计算机技术和网络技术发展而发展起来的成本会计的新发展——作业成本会计等内容。

本课程是注册会计师考试财务成本管理知识基础的构成部分，是学生毕业时应聘工业企业“成本会计”相关岗位的主要知识基础。可以说，成本核算和控制是一项比较专业、比较繁琐、比较辛苦的工作，做好这项工作不仅需要很好的专业知识和技能，还需要很好的耐力和定力，以及较全面的产品工艺设计、材料采购、产品生产、存储等方面的知识，因此，精通成本核算通常是成为一个好会计、好财务管理者的重要条件之一，特别是在工业制造企业。

例2-3. 中科晶电信息材料（北京）有限公司（合资企业）招聘“成本会计”的岗位职责要求是：①按照国家财会制度以及公司成本管理有关规定和流程，实行生产各环节成本控制；②主动会同有关人员对公司原材料采购、库存、坏品、产品生产等进行成本核算和生产成本分析；③根据全面成本核算管理的要求，跟踪、监督、核实各部门执行成本核算和生产成本计划情况，监控成本发生情况并及时上报，提出控制成本的合理化建议；④实时提供财务成本统计报告，做好相关成本资料的整理、归档、数据库建立、查询、更新等工作；⑤负责核对销售单据的完整性、有效性，负责销售金额的核算及相关账务处理；⑥负责与客户核对往来账目，确定往来账款的准确性并编制收款凭证；⑦负责编制销售类财务报表；⑧完成上级布置的其他各项工作。

（4）税务会计学

类似课程：税务会计、税务会计与纳税筹划等。

本课程是会计学专业的一门专业主干课，是财务管理专业、审计学专业的主要选修课，一般应在学完基础会计学、财务会计学、成本会计学等先导课程之后的大二下学期或大三上学期开设。本课程既介绍税务中的会计问题，又介绍会计中的税务问题，是一门融税收法规制度和会计核算准则于一体的边缘性学科，是与我国现行税收法规政策和会计实务结合非常紧密、非常实用的重要学科。

本课程主要学习三部分内容：一是税务会计的基本理论；二是纳税基本知识，包括税制构成要素、纳税人权利与义务、税收征纳制度、税收法律责任等；三是各主要税种的计算、申报及会计处理等。有的还包括纳税筹划的基本知识。在学习中，要结合财务会计、税法等课程进行探讨，做到融会贯通。

本课程既是报考注册会计师考试会计、税法科目以及注册税务师考试财务与会计、税务代理实务科目的主要知识基础，也是学生毕业时应聘企事业单位“税务会计”或者“会计”岗位，应聘会计师事务所或者税务师事务所“税务咨询”等相关岗位的主要知识基础，更是从事纳税筹划工作的基础。

例2－4. 报喜鸟集团上海宝鸟服饰有限公司（上市公司）招聘“外贸税务会计”的工作职责是：①负责进出口业务核算、外汇收付及核销工作；②负责外贸项目的收入、成本核算，按成本项目合理分配相关费用；③编制相关报表，并进行分析；④负责免税证明开具及核销、免抵退和纳税申报等涉税事务；⑤熟悉国家财经法律法规、会计制度和税收政策及相关账务的处理方法，熟悉上海进出口贸易财务流程和相关政策，熟悉一般贸易、进料加工、来料加工相关的财务处理；⑥能够独立完成进出口业务核算、收付汇核销、出口退税工作，能熟练处理进出口各种单证；⑦完成领导交办的其他事宜。

例2－5. 松下集团（外商独资）招聘“税务专员”岗位的职责要求是：①对松下在华企业开展税务风险评估，税务自查对应；②对松下在华企业转让定价文档工作的推进；③对松下在华企业日常税务咨询，收集税收法规；④税务培训、税务会议的组织。

（5）财务管理学

类似课程：财务管理原理、中级财务管理、高级财务管理等。

本课程是会计学、财务管理、审计学专业的一门主要专业基础课，一般在学完基础会计学、财务会计学、成本会计学、财务管理原理等先导课程之后的大二下学期或大三上学期开设。

本课程与管理会计学课程内容非常相近，联系紧密，有时二者互相穿插和融合，与成本会计学课程一起构成注册会计师考试财务成本管理科目的主要知识基础。有的高校直接以注册会计师考试教材财务成本管理为教材讲授。本课程与管理会计学一起，也是学生毕业时应聘企事业单位“财务管理”相关岗位的主要知识基础。

例 2-6. 衣恋集团 2010 年面向应届毕业生招聘“财务管理”岗位的职位说明：①现金收入及支出管理；②成本管理；③应收、应付款管理；④卖场资金管理。

职位要求：①大学本科财务相关专业毕业，会计基础知识扎实；②计算机操作熟练，精通 EXCEL 等办公软件；③诚实正直，具有强烈的敬业精神；④具有良好的沟通和协调能力；⑤耐心、细致，具有较强的应变能力和抗压能力；⑥积极主动，具有开拓创新精神。

例 2-7. 中国科学院昆明动物研究所招聘“财务管理”岗位的应聘条件：①财会专业本科及以上学历，具有会计师及以上资格者优先；②熟悉国家财务政策和制度，了解相关法律法规，精通财会专业知识和相关业务知识，熟练操作会计和办公软件，具有事业单位财务工作经历者优先；③具有独立思考和处理财务工作的能力，较强的计划、组织、协调及管理能力，良好的语言、文字表达能力及人际沟通能力；④具有较强的团队合作精神和服务意识，爱岗敬业，责任心强，吃苦耐劳，作风正派，身体健康；⑤年龄在 27 岁以下。

（6）管理会计学

本课程是会计学专业的一门主干课程，一般在学完基础会计学、财务会计学、成本会计学等先导课程之后的大二下学期或大三上学期开设。在注册会计师考试中，将管理会计的内容融入了“财务成本管理”科目，因此，管理会计也是财务成本管理科目的重要知识基础。

管理会计将“会计”与“管理”相结合，是为适应企业内部管理的需要，从传统的会计中分离出来，与财务会计并列的一门独立学科。但是，管理会计并不进行会计核算，不编制会计凭证，不登记账簿，也不编制会计报表，其核心是拓展会计的基本职能，使会计的作用不仅仅局限于反映和监督，单纯地提供会计信息，而是进一步利用会计信息来预测前景，参与决策，规划未来，并对日常经济活动按照预定目标进行控制和考核，以图用较少的耗费来取得最大的收益。

正因为管理会计突出的是“管理”的性质，是立足现在着眼未来，是采用预测、决策、计划、控制、分析、考核的手段为企业内部经营管理“出谋划策”的，所以，管理会计人才更为企业所需要、器重。因此，这门课程需要同学们结合实际、结合案例认真地学习和掌握。如果你真正掌握好了，毕业后到了企业岗位上，你会真正地“英雄有用武之地”。当然这些企业往往是重视管理、运作规范的大中型企业、外商投资、上市公司性质的制造业企业，一般企业对管理会计并不看重。这些企业招聘的相关岗位有“管理会计”、“财务内控”、“预算管理”等。

需要同学们注意的是，管理会计绝不是与财务会计一个层次或水平的会计，这一点大概从课程的学习和考试难度上就能感觉出来。在实务上，在会计素质上，财务会计人员一般具有会计的基本知识，能领会有关的规定和政策，具有较高的相关素质，能独立记账、算账、报账即可。而管理会计则要求不仅具备财务会计的基本知识和技能，而且要懂经营、会管理，有丰富的经营管理知识，还要长于调研和数据分析处理工作，具有良好的思维和分析判断能力，善于发现问题、解决问题。

例 2－8. 中科晶电信息材料（北京）有限公司（合资）招聘“管理会计”岗位的职责要求是：①研究并建立公司管理会计报告、财务 KPI、投入产出比、产品盈亏分析等信息管理体系；②及时分析产品盈亏状况及项目财务分析支持；③监督实际经营情况，调查不合理或不正常的差异，跟踪控制运营资金以确保资源有效运用；④组织实施公司财务预算、决算工作；⑤对下属子公司财务人员及财务账进行监管和审核；⑥完成上级布置的其他各项工作。

（7）审计学

本课程是会计学、审计学专业的一门主干课程，也是财务管理专业的主要选修课程。本课程是注册会计师考试审计科目的主要知识基础，近年来不少高校直接以注册会计师考试统一辅导教材《审计》为教材，对促进学生考取注册会计师资格起到了一定的作用。

通过本课程的学习，特别是通过参加注册会计师考试审计科目的复习，学生能够掌握较扎实的审计知识和方法技能，对毕业时应聘“审计员”、“审计专员”、“审计助理”等会计师事务所岗位和企业内部审计岗位大有裨益。

例2－9. 海信集团有限公司（国企）招聘“审计专员/主管”岗位的职责要求是：①组织实施内部审计工作。根据集团工作重点制订年度审计计划，通过实施财务收支真实性、年度经济效益、经营管理效率及内部控制制度等各类专项审计，为集团领导提供各直属公司真实的财务收支和经营管理情况，为集团对各公司及其经营者作出公正的评价提供依据；根据已批准的审计计划，确定审计目标和审计范围，制订审计方案，组织审计专员开展审计，出具审计报告并提交给集团领导和被审计单位管理层。②发挥审计监控、咨询与评价作用。根据审计结果提出管理建议，与被审计单位进行沟通，接受直属公司就会计核算、经营管理和内部控制等方面的咨询，督促直属公司对审计发现问题进行整改；根据直属公司提出的整改对策，跟踪审计建议的执行，实施后续审计工作，监督被审计单位按照审计意见和建议进行整改的情况。③制定集团内部审计制度和内部审计工作规范，完善集团内部控制体系。根据国家内部审计规定并结合企业实际情况，制定本集团的内部审计制度、准则和工作规范，形成指导审计实践工作的制度体系。④指导审计专员和子公司审计部门开展工作。根据审计工作目标，对审计专员的工作进行合理分工与督导，对审计专员的工作底稿进行复核，确保审计工作按时按质完成。

例2－10. 亚洲情报开发日本株式会社（外商独资）招聘“内审专员”岗位的职责要求是：①负责公司账务审计、采购审计、供应商审核、项目成本审计；②负责公司市场、客户、供应商监察工作；③全面建立公司内控系统，组织实施公司内部审计；④根据公司的战略计划及企业发展阶段重点，制订重点内审计划；⑤独立执行内部审计工作，提交审计建议和审计报告，跟踪审计整改意见执行情况；⑥协助企业设定预防性及检查性控制系统；⑦通过内审报告，预测并明示企业各部存在问题，提出预防建议和整改方向。

（8）经济法

本课程是会计、审计、财务管理、税务等专业的一门主要专业基础课程，一般在大一上学期或大二下学期独立开设。

本课程是注册会计师考试经济法科目的主要知识基础，同时，该课程的主要内容也是注册税务师考试税收相关法律科目以及注册资产评估师考试经济法的主要知识基础。

另外，必须引起同学们重视的是，经济法是一门具有法律“通识”性质的课程，其中的《公司法》《合伙企业法》《个人独资企业法》《证券法》《合同法》《物权法》《担保法》《税收征收管理法》《民法》等都与我国市场经济运行与管理“热点”结合极为紧密，也是在实务中经常涉及和运用到的法律，与每个企业以及我们每个人都息息相关，从“学以致用”的角度出发，深入学好这些法律对于毕业后从事会计、财务管理、审计、税务、管理咨询、经济管理、新闻传媒等各项职业和实务工作都非常必要，是从事教学、科研等工作的重要基础，也是人们投资创业的常识性知识基础，是所有复合型人才的法律素质、素养的基础。

例2－11. 上海明昊信息技术有限公司（民营企业）招聘“合同管理专员”岗位的要求是：①负责合同的保管、整理；②负责各种资料的收集、整理、归档工作；③熟悉合同的拟定及管理，善于进行各种资料的收集、整理、归档工作；④对数字敏感，理解力强，具备基本的财务知识；能熟练运用办公软件，精通 OFFICE 办公软件（Excel、Word、PowerPoint、PPT 等）的操作及应用；⑤工作细心认真、勤奋、务实，有良好的沟通能力，能承受压力，能向公司提交预警及建议，不断优化服务合同评审的流程和制度；⑥有良好的协作与团队精神，为人诚恳，有责任心，执行力强，有较好的服务及保密意识；⑦协助财务人员做好整体财务工作。

（9）税法

本课程是会计、审计、税务、财务管理等专业的一门主要专业基础课程或专业主干课程，一般在学完基础会计学、财务会计学、经济法等先导课程之后的大二下学期或大三上学期开设。学生要通过学习掌握我国现行的税收法律制度及税收征管体系、各主要税种的税制要素，学会利用税收法律知识独立分析和正确处理税收征缴问题，其中最主要的就是能够正确识别、理解、分析、解决企事业单位实际运作中的税收问题。

本课程是注册会计师考试税法科目的主要知识基础，同时，学好这门课程，对于参加注册税务师考试税法Ⅰ、税法Ⅱ、税务代理实务科目的考试非常有益。

通过本课程的学习，特别是通过参加注册会计师考试税法科目的复习，学生能够掌握较扎实的税务知识和方法技能，对毕业时应聘企事业单位“税务会计”、“税务专员”、“纳税筹划”以及会计师事务所或者税务师事务所“税务咨询”等相关岗位大有裨益。

当然，要想学好、学透本课程的内容决非一件容易的事，必须有良好的会计基础，必须与财务会计、税务会计、纳税筹划等课程结合学习，融会贯通，必须突出“学以致用”的思想，必须与企事业单位发生的实际业务相结合，记忆一些法律条文或干巴巴的规定是没有什么用处的。

例 2－12. 神州数码（中国）有限公司招聘“税务管理”岗位的职责要求是：①负责部门相关税务管理工作；②参与 ITS 集团各项涉税管理制

度制定、税务筹划方案设计；③年度 ITS 各法人税收指标测算、下达；④月度、季度及年度各项税务指标的控制及数据跟踪统计；⑤年度、季度所得税税务筹划；⑥各项税收优惠政策、高新技术企业资格的办理；⑦营业税退税、软件产品即征即退办理；⑧税务关系维护；⑨外部税务稽查及统计检查应对；⑩业务部门税务政策咨询、解答；⑪部门其他工作。

(10) 财务报表分析

该课程是会计、财务管理、审计、税务等专业的主干课程或主要选修课之一，是在学完基础会计学、财务会计学、财务管理学、税务会计学等课程之后开设的重要课程，旨在提高学生财务报表的阅读分析能力。

需要强调的是，该课程内容往往是会计、财务管理课程的自然延伸或重要组成部分，学生毕业后无论从事会计、财务管理、审计、税务、管理咨询、经济管理、新闻媒体、法律工作，还是从事教学、科研工作，学好这门课程都非常必要。经常可以看到企事业单位招聘“财务分析”、“财务分析专员”等岗位，还有很多岗位强调“财务分析、财务控制、财务评价能力”。

另外，财务分析能力也是会计师、注册会计师、注册税务师以及众多国外的“洋证书”们所考察的重要方面。因此，即便学校将这门课定为某些专业的选修课，学生也应该将其视为必修课来学习。

例 2 -13. 中国房地产报社（事业单位）招聘“经营分析师”岗位的职责要求是：①搜集和汇总同公司业务管理相关的数据和信息，进行归纳、分析，做出综合分析报告；②对业务部门、职能部门进行业务评价和相关分析；③就公司的经营状况或相关政策与流程提出优化建议供管理层参考；④对统计方法的运用极为熟练清晰，数据分析能力极强；⑤具备管理、营销、财务、广告等方面的丰富知识；⑥具备较强的文字写作能力、逻辑思维能力及分析、解决问题能力和风险控制意识；⑦熟练使用 Excel 和数据库软件。

（11）金融企业会计

类似课程：金融会计学、银行会计、证券公司会计等。

本课程是会计、财务管理、审计、税务、注册会计师专门化等专业的选修课之一。该课程是会计学的一个分支，是运用会计学的基本原理和方法，结合金融企业业务特点和经营管理要求所形成的一门专业会计。

关于这门课程是否应该选修或者是否应该予以重视，因人而异。

如果对金融行业很感兴趣，或者拥有一定的行业资源，打算从事金融行业相关岗位的话，那么，就一定要学好这门课程，并与货币银行学、金融学、国际金融、金融企业财务管理等课程结合学习，做到融会贯通，而且还要考取“银行业从业资格证”、“证券业从业资格证”等入门证书，从而适应用人单位的招聘要求和岗位需要。

例 2－14. 平安信托投资有限责任公司 2010 年 4 月招聘的相关岗位有业务会计岗、财务复核岗、财务管理岗、税务管理岗、报告管理岗、资金管理岗、资金规划岗、投资管理岗（财务计划与分析方向）、尽职调查岗（财务）等，下面举两个岗位予以说明。

“业务会计岗”的岗位职责要求：①信托公司信托项目的会计核算工作；②信托项目往来款核算及清理工作；③信托项目资金余额核对及账户管理工作；④信托公司信托项目税务核算及计算、申报；⑤信托产品终止、清算时产品终止或清算报告的协助编制；⑥信托产品季度、半年度报告、年度报告的协助编制；⑦财务档案整理和保管。

“财务复核岗”的岗位职责要求：①信托业务会计核算凭证审核及账务全面审核；②信托项目估值审核及管理；③信托业务投资款支付审核；④信托业务收益分配、清算等支付审核；⑤信托业务收款管理；⑥信托产品收益分配、终止清算的财务审核；⑦信托产品季度、半年度报告、年度报告的审核。

（12）政府与事业单位会计

类似课程：非营利组织会计、预算会计、政府与非营利组织会计等。

本课程是会计、审计、财务管理等专业的选修课程之一，是在掌握基础会计学、财务会计学、成本会计学等先导课程的基础上设置的。

根据现代会计理论，本课程属于会计学两大分支之一（另一分支就是营利性组织会计，即企业会计）。事实上，除庞大的企业会计工作者外，在我国庞大的政府组织（包括立法、司法、行政三大政府体系和会计上可以视同政府组织的各党派、各人民团体、军队）和非营利组织（包括各事业单位和民间非营利组织）中，也活跃着一支地位非同寻常的会计工作者，而且他们的工作性质与关乎国家经济命脉的税收、财政、预算、经济管理等政府决策息息相关，与教育、医疗、新闻传媒、文化、体育、科学研究、环保、宗教、慈善基金等“社会主义精神文明建设”密不可分，因此，本课程的地位和作用可见一斑。

那么，既然这门课程如此重要，是否应该选学或者是否应该予以重视呢？这个问题与金融企业会计一样，仍然是因人而异。

该课程实际上讲了三大门类的会计，有的教材还介绍了西方政府会计。

先说事业单位会计。与就业相联系，事业单位进入目前基本上采用招聘制，进入有一定的程序，况且有些事业单位非常抢手（比如那些准行政单位性质的事业单位，学校、医院，广播、电视台、党报党刊机构等），进入程序采取的是公务员的模式，竞争激烈，再加上一定的“潜规则”，想进入是有一定难度的。所以，如果不是对事业单位很感兴趣，或者没有一定的人脉资源，不打算到事业单位工作的话，那就可以不选这门课程或者仅作一般了解即可。否则，要认真学好、掌握好这门课程，做好相关就业准备。

再说民间非营利组织会计。由于是民间投资，往往进入会容易很多，况且其中不乏一些好单位，如民办高校、民办医院、外资医院等。这些单位，同学们应该是可以考虑的。

然后，行政单位会计。与就业相联系，想进入行政单位（即政府机关）工作，不管是从事会计工作还是其他工作，一般来讲只有参加公务员考试这么一个渠道，竞争是十分激烈的。换句话说，这种可能微乎其微。因此，如果不是特别优秀，或者不是特别有资源，或者根本不感兴趣的话，那就可以不选这门课程或者仅作一般了解即可，免得“瞎子点灯白费蜡”。否则，就要认真学好、掌握好这门课程，做好相关准备。

最后，说说政府财政会计。如果说进事业单位有一定难度，进行政单位竞争十分激烈的话，那么，一般人想进入政府财政部门从事政府财政会计工作的话，那竞争将是十分惨烈的。第一，政府财政部门本身就少，一个国家只有一个财政部，一个省（自治区、直辖市）只有一个财政厅，一个市（州、地区）只有一个财政局，一个县（市、区）只有一个财政局，一个乡（镇、街道办事处）只有一个财政所，单位数量极少，用人自然极少。第二，在这些财政部、财政厅、财政局、财政所中，从事政府财政会计岗位工作的人又很少，用人自然很少。第三，在人们的意识里，在实际运作中，财政部门是各级政府机关里面的“实权单位”，掌握着财政（资金）大权，是政府机关里面的“香饽饽”，一旦有人事“空缺”，各方“神圣”还不挤破头地较量？因此，同学们要想从事政府财政会计工作的话，如果没有人脉资源，几乎是天方夜谭。既然没有希望，何必对这门学问苦苦掌握？

至于西方政府会计，离我们太遥远了，大概看一下吧。

所以，对待这门课程的态度，完全可以采取“实用主义”，选不选、学不学以及需要掌握的程度，现实一些，实事求是，具体情况具体分析，腾出时间学好那些更需要学习的课程。

例 2－15. 北京现代阳光医院管理有限公司招聘“会计”岗位的岗位职责：①专业人员职位，在上级的领导和监督下定期完成量化的工作要求，并能独立处理和解决所负责的任务；②协助财务预算、审核、监督工作，按照公司及政府有关部门要求及时编制各种财务报表并报送相关部门；③负责员工报销费用的审核、凭证的编制和登账；④对已审核的原始凭证及时填制记账；⑤准备、分析、核对税务相关问题；⑥审计合同，制作账目表格。

任职资格：①财务、会计专业中专以上学历，持有会计证；②有财务会计工作经历者优先；③熟悉会计报表的处理，会计法规和税法，熟练使用财务软件；④良好的学习能力、独立工作能力和财务分析能力；⑤工作细致，责任感强，良好的沟通能力、团队精神。

例2－16. 证券日报产经中心（北京）招聘“财经记者”岗位的要求是：①知名大学本科以上学历，财经类专业尤其具有会计专业背景者优先；②具有较强的创新、敬业、团队合作等职业素养；③有较强的文字驾驭能力。

（13）内部控制学

本课程是会计、审计、财务管理等专业的选修课程之一，是在掌握基础会计学、财务会计学、审计学、财务管理等先导课程的基础上设置的。该课程所讲内容是学生毕业后应聘“财务控制”、“财务管理”等岗位的部分知识基础，当然也是做好相关工作的基础。

需要强调的是，随着企业管理水平的提高，内部控制越来越受到政府主管部门和大中型企业的重视。继2008年5月财政部、证监会等五部委联合发布《企业内部控制基本规范》之后，2010年4月26日，财政部等五部委又联合发布了《企业内部控制配套指引》，由此完成了我国“内部控制规范体系”的建设，并要求先行在上市公司和相关大中型企业实施，内控教育、培训、实施将在全国如火如荼地展开。作为会计类专业的“科班”学生，对这一块内容如果不熟悉，将是很大欠缺。

例2－19. 上海通用汽车有限公司（合资企业）招聘“内控专员”岗

位的岗位职责：①实施对财务部及公司其他各部门的业务流程与风险检查；②参与内控规范的编写；③参与凭证抽查等各项内控检查。

素质要求：①性格开朗，沟通能力、理解能力、书面表达能力强；②最低学历：本科，2 年及以上财务或审计经验；③英语专业八级；④有 IT 审计经验或 SOX 审计经验优先；⑤有 CISA、CIA 资质优先；⑥可以出差。

（14）资产评估

本课程是一门专业性、独立性很强的学科。

本课程是注册资产评估师考试“资产评估学”以及注册房地产估价师、注册土地估价师考试的知识基础，当然也是从事这些评估工作的基础。因此，关于对待这门课程的态度，也因人而异。假如你对评估工作特感兴趣，职业指向就是评估工作，那么，你是必须要认真对待的了。

当然，有几点需要注意：①目前的资产评估工作基本上都集中在中介性质的资产评估机构，换句话说，资产评估是资产评估机构的法定业务，所以，要专业从事评估工作，那就要进入评估机构；②个人从事资产评估工作并能够发表专业意见的法定资质是取得评估师资格，因此，要专业从事评估工作，就必须考取评估师资格；③要想考取评估师资格，就必须扩展知识结构，因为拿目前我国注册资产评估师考试来讲，除了考资产评估、经济法、财务会计以外，还考机电设备评估基础和建筑工程评估基础两门与会计相关专业课程互不联系、专业性特别强的科目，再加上注册房地产估价师、土地估价师考试，你需要学习的东西更多。对这些内容要想学习透彻、考试通过且能在工作中运用自如的话，绝非一朝一夕的事情。我在本书的相关内容也讲到，即便你考试通过、拿到了评估师资格证书，也并不意味着你就可以在专业上没有障碍地从事评估工作了。

例 2－18. 深圳立信资产评估有限公司招聘“评估助理”的要求是：

专业要求：经济学、企业管理、机电设备、建筑、金融、应用软件工程师等专业知识背景。

其他要求：①年龄不超过26岁，具有上述专业背景的应届或者往届毕业生；或者通过资产评估师资格考试中的资产评估、建筑工程、机器设备三科合格者；或者在评估机构有一定工作经验，可以独立完成简单评估报告者；②提供高考成绩单和大学成绩单，并参加专业知识（含简单英语翻译）测试；③在言论和行动上，绝对遵守宪法和法律；④Office运用熟练；⑤身心健康、乐观、积极向上；⑥自由撰写对资产评估行业的认识。

例2－19. 河南兴华资产评估有限公司招聘“资产评估助理”的任职要求是：①资产评估、金融和建筑类或机械类本科毕业；②具有1年以上事务所从业经验优先考虑；③有相关工作经验或CPV考试一门以上合格者优先；④团队合作意识、持续学习意识强烈，工作认真负责严谨务实；⑤有较强的事业心及团队合作精神；⑥能熟练操作计算机；⑦能适应长期出差工作。

（15）公司战略管理

在注册会计师考试科目中，有一门公司战略与风险管理，其主要知识基础就是公司战略、财务管理学、内部控制学和审计学的部分内容。熟悉公司战略和风险管理，是会计类相关专业学生知识体系的重要组成部分，也是将来应聘有关岗位的重要知识基础。不过，因为涉及“战略”这一高级内容，企业需要的往往是硕士、博士等精英人才。

例2－19. 中国对外经济贸易信托有限公司招聘“战略管理”岗位的岗位职责：①公司战略规划编制；②信托业务研发服务。

任职资格：①学历：研究生及以上学历；②专业：MBA或经济类；③工作经验：3年以上；④年龄：35岁以下；⑤具备管理咨询、企业战略管理、战略规划编制实际工作经验者优先；⑥熟练掌握基本文字处理、电脑、计量经济分析工具技能。

例2－20. 福建省投资开发集团有限责任公司招聘“战略管理”岗位

的职位描述：①参与集团公司战略管理工作，为高层管理者决策提供支持；②参与推动实施公司战略规划；③参与管理变革研究；④参与投资决策管理等。

任职要求：①企业管理或与投资业务性质相关的专业；②应届硕士、博士研究生，英语六级，熟练掌握计算机办公及网络的使用技能；③具有较强战略、分析、研究能力，以及较强的文字及语言表达能力；④身体素质好，能吃苦，能适应经常性出差工作，责任心强；⑤配合导师做过相关项目的优先考虑。

2.2.2 学校未设置的课程更要重视

除上述纳入教学计划的课程外，还有很多各高校未纳入教学计划或者没有安排学习的课程。而从学生将来求职和就业的实际看，更为重要的偏偏是这些没有学习的课程，因为这些课程与各行各业及其大大小小的企业结合更为紧密。比如，你们已学的财务会计学课程虽然是一门十分重要的课程，但是它没有行业针对性，只是高度概括地讲了一些所有企业会计共性的东西，是“以不变应万变”，而你们毕业后所应聘的岗位是直接指向特定行业的，是有不容置疑的行业要求的，因此，要想从事某行业的会计，还必须详细了解该行业业务、经营及其会计、财务、税务工作的特点，“刀对刀，枪对枪”，才能适应工作需要，才能更好更快地“上手”。

因此，作为会计类专业的你们必须清楚，仅仅学习教学计划所安排的课程，是远远不能适应单位要求和工作需要的。书店里相应书籍很多，你可以采取多种形式加强学习感兴趣行业的业务、会计、财务、税务知识，不打无准备之仗。由于目前全国各财经高校和会计类专业都是这种状况，所以你这样做了，“你无我有”，“你有我好”，突出了“差别优势”，并将这种优势在求职、面试、就业的过程中进行到底，你就取得了“胜出”的砝码。下面仅仅从“会计”方面对商业企业会计等 8 个行业会计的特点简要分析如下，希望对你有所帮助，至于其财务管理、税务等方面的特点就需要你另外去学习了。

(1) 工业企业会计

工业企业又称为制造业企业，同学们按照学校的教学进度所学的会计基础、财务会计学、成本会计学、高级会计学、财务管理、审计学等课程主要就是针对工业企业来讲的。因此，此处不再赘述。

(2) 商品流通企业会计

商品流通企业属于从事商品购销活动的行业，包括商业、粮食、物资供销、对外贸易、医药、石油、化工、烟草、图书发行等各种所有制形式的批发、零售企业，这些企业都是求职者经常面对的。其主要业务是商品流转，涉及的主要业务环节是商品的购进、存储和销售，其会计核算除具有一般企业会计的特点外，还有另外一些自己的特点，如：核算对象分为批发和零售两种类型；核算内容以商品流转为核心；核算方法以进价核算和售价核算为主等。

由于商品流通企业数量多，门类多，规模差异很大，遍布城乡，比比皆是，是职场上经常出现的“选项”，对其财务、会计、税收等问题同学们应引起重视，细细品味。

例2－24. 特力屋（上海）商贸有限公司招聘“商贸会计”的岗位要求是：①熟悉公司的财务规章制度、零用金制度、报销付款操作流程、各项作业权限等；②熟练掌握 JDA 系统，进行相关内部课程培训；③熟悉 SAP 财务系统的查询及凭证制作功能；④配合完成店长交代的其他工作。

(3) 房地产开发企业会计

房地产开发，是按照城市建设总体规划和社会经济发展的需要，对土地和地上建筑物、构筑物进行开发建设和经营管理的一项综合性社会经济活动。房地产开发企业跨越生产和流通两个领域，其业务内容从规划设计、征地拆迁、土地开发、各类房屋建造、工程验收、经营销售、交付使用直至售后物业管理和维修服务等。其产品是地产或房产，产品开发周期长，生产经营方式多样，投资主体复杂，与一般企业的生产经营有着很大的不同。与此相对应，其会计工作有着独特的个性特征，比如：资金筹集渠道多种多样，资金占用形态多元化，结算业务频繁性以及由此引起的财务关系的复杂性，核算周期具有长期性。

房子问题是人人关心的问题，房地产话题是社会的热点话题，房地产开发企业是同学们求职的热门单位，由于房地产企业一般盈利较高，其会计人员收入和待遇自然一般不菲。

例2－22. 和昌地产集团（民营企业）招聘“现场会计”岗位的岗位职责：①负责收款票据的开具和管理；②审查已签约的销售合同；③登记销售台账，统计上报销售报表，做销售分析；④负责销售相关的账务处理；⑤与销售相关的其他工作。

任职要求：①国家统招本科及以上学历，会计学相关专业；②三年及以上相关行业工作经验，具备较高的财务分析能力，熟悉各项会计工作，掌握计算机的操作和财务软件的应用；③具有强烈的责任心、严谨认真的个人特质和较强的服务意识；④具备财务管理、会计、税法、经济法等方面的知识，并熟悉企业会计准则与行业会计制度；⑤具有会计从业资格证，有中级会计师职称或注册会计师证者优先。

例2－23. 恒大地产集团（上市公司）2010年校园招聘“财务会计类”岗位：

招聘面向：全国重点高等院校2010届高校毕业生。

招聘专业：财务管理、会计学、财税、税务、税收学等相关专业。

招聘条件：①踏实肯干、吃苦耐劳、严谨细致、诚笃质朴；②才思敏捷，求实创新，锐意进取，品学兼优；③良好的沟通表达能力、组织协调能力和团队协作精神；④本科及以上学历，学士及以上学位，党员、学生干部优先。

(4) 施工企业会计

施工企业又称为建筑安装企业，它是国民经济中一个重要的生产部门，是主要从事建筑工程、安装工程及其他专门工程的法人组织。与其他行业相比，施工企业业务、会计、财务管理有着不同的特点。其会计核算的特点主要有：核算周期较长；成本核算对象具有单件性；产成品和在产品的划分具有特殊性；工程价款的结算方式具有多样性。由于我国处于经济大发展、大建设时期，再加上受国家拉动经济举措的刺激，建设项目如春天的花草般遍地开花。同学们应用心学好这门知识，施工企业是一个长盛不衰的就业“选项”。

例2-24. 北京大龙建设集团有限公司第五建筑工程分公司招聘“材料会计”的岗位职责：①负责材料管理；②负责凭证录入审核；③负责应付账款管理；④上级领导交办的其他事务。

任职资格：①性别不限，年龄22周岁以上，品行端正，能吃苦耐劳；②中专以上学历，会计、财务管理相关专业；③有会计从业资格证书，中级以上会计师职称优先；④沟通、理解能力强，工作认真严谨；⑤熟练掌握会计和财务知识，熟悉建筑企业相关税收政策，熟练的计算机操作能力，有相关工作经验者优先。

例2-25. 北京住总第一开发建设有限公司（国企）招聘“资产管理”岗位的职责要求是：①负责信贷、出纳、资金管理工作；②检查现金、银行业务日清日结落实情况；③审核各种原始支付凭证，把好支出关；④审核现金、银行凭证，建立稽核记录；⑤编制现金流量表；⑥编制营运资金分析，提供分析资料；⑦负责工资总额管理工作，掌握支出范围；⑧负责发票的开具，登记使用情况，登记入账情况。

(5) 运输企业会计

运输企业是利用运输工具专门从事运输生产或直接为运输生产服务的

企业，其主要业务就是提供客货运输，使劳动对象发生空间位置上的转移，使旅客到达目的地，使货物到达经销商或消费者手中。运输企业属于第三产业，它能够将社会再生产过程中的生产、分配和消费过程有机地结合在一起，发挥着不可或缺的作用。与一般工商企业相比，其生产经营过程比较特殊，有着较强的个性。

按照运输方式的不同，常见的客货运输企业一般可以分为公路运输、水路运输、铁路运输、航空运输、管道运输企业等。尽管公路、水路、铁路、航空等运输企业各具特点，但与一般企业相比，其业务上的共同特征包括运输生产的过程特殊，运输生产的产品特殊，运输生产的形式特殊。与此相对应，其会计核算的特点主要反映在铁路运输和航空运输上，主要有：资产和负债的内容集中；营运成本与营运费用的归集和分配特殊；营运收入核算的特点突出等。社会上大大小小的运输企业为数众多，不少物流公司实际上也是运输企业，都是我们求职就业的选项。

（6）邮政电信企业会计

先说邮政企业。邮政企业是经营邮政业务的国有公用企业，在行业划分中属于第三产业。邮政企业提供的是信息流的传递服务，在一般情况下，其服务过程至少要涉及两个或两个以上的邮政企业才能完成，有着全程全网、联合作业的特征。其会计的特点主要体现在：①会计科目设置具有特殊性；②成本、费用计算具有专业性，就是将全部业务划分为函件、包裹、汇票、报刊发行、储蓄、集邮、机要通信、特快专递、物流、代办等10个专业业务，并以此为对象进行总成本和单位成本的核算；③业务收入具有全程、全网性，即每一个企业实现的收入都不能直接确认为自身的收入，而是属于全程全网的资费收入。由于邮政企业属于国有企业，属于旱涝保收的行业，因此，一般情况下一般学校的毕业生想进入恐怕不是容易的。

再说电信企业。电信企业的服务内容同学们都非常熟悉，尽管其在收入和成本的核算方面较为特殊，但在其他方面与一般企业大同小异。电信企业有国有和股份制之分，由于行业的稳定性和盈利性很好，一般招聘条件较为苛刻，在条件符合的情况下，需要经过“过五关斩六将”方可进入。

例2－26. 山东省邮政公司（国企）2010年校园招聘“财务会计”岗位的招聘范围：①全国部分高等院校中具有全日制大学本科或以上学历，且具有与学历相应学位的2010年统招统分应届毕业生。硕士研究生及以上学历优先招用。②各类独立学院（含独立二级学院、合作办学等形式）、成人高等学校、民办高校、自学考试以及其他非全国统招毕业生不在招聘范围，往届毕业生、专升本、高职教育对口生、实践生、各类体育生等毕业生不在招聘范围。

招聘条件：①具备良好的思想政治素质，遵纪守法，无违法违纪等不良记录。②有志于邮政事业，适应邮政基层工作，具有良好的奉献精神。③在校期间学习成绩优异，具有较高的综合素质及良好的团队协作精神，交流沟通能力和文字表达能力强。④身体健康，五官端正，形象气质佳。⑤担任过高校学院以上级别的学生会主要干部、多次获得校级以上奖学金的毕业生优先考虑。⑥具备招聘岗位所要求的其他相关条件。

（7）旅游餐饮服务企业会计

旅游、餐饮、服务实际上是指三个行业，它们均是以服务设施为条件，向消费者提供劳动服务的服务性行业，包括旅行社、饭店（宾馆、酒店）、度假村、游乐场、高尔夫球场、歌舞厅、餐馆、酒楼、旅店、美容美发、按摩、浴池、照相、影像制作、洗染、修理、咨询等各类服务企业。旅游、餐饮、服务企业是我国第三产业的重要组成部分。与其他行业相比，其业务运作、会计、财务管理、税务等具有鲜明的特点。与此相对应，其会计核算的特点主要有：①核算对象综合多样，如餐饮业除经营饮食业务外，还可能开展娱乐、售货、健身等业务，服务业可能同时经营文化娱乐、体育健身、美容美发、桑拿洗浴等业务。②成本核算具有特殊性，经营过程往往具有生产、销售、服务等多种职能。

旅游餐饮服务行业的企业数量众多，从业人员多，会计人员需要量也较大，是一个求职者经常“约会”也非常熟悉的行业。

例2-27. 汉庭星空（上海）酒店管理有限公司招聘“会计”岗位的岗位描述：①城区内门店财务内部控制管理检查及评价工作；②协助开展门店收入审核工作；③门店的银行基础工作，包括但不限于银行开户、POS机管理、支票管理等；④门店税务工作，主要包括税务年检、发票管理等；⑤门店工商年检工作；⑥财务专用章管理；⑦协助开展加盟店财务管理工作。

任职资格：①财务或相关专业大专以上学历，且至少具有二年以上的工作经验；②对酒店行业财务管理有一定的了解，具有会计、审计等专业技术知识；③较强的工作责任心和团队的合作精神；④熟悉财务系统软件（用友、金蝶）和酒店前台操作系统PMS，能熟练操作办公自动化软件；⑤较强的文件编写能力与良好的跨部门沟通协调能力；⑥持有初级会计师资格证书者优先。

（8）外贸会计

外贸会计是在进出口企业中从事会计工作的专门会计。除与一般企业相同的核算内容外，外贸会计在其他方面有一些独特的核算要求，如进口业务、进料加工和来料加工业务、出口业务（自营、代理）、外汇业务、国际贸易结算业务等。

打算从事外贸会计工作的同学，特别是那些经济发达地区、东南部沿海地区的同学，最好能够考取一个“外贸会计资格证书”，以应对毕业后的财务会计工作。

例2-28. 上海艾得蒙顿国际贸易有限公司（民企）招聘“外贸会计”岗位的要求是：①有二年以上外贸会计工作经验，中专以上学历。②有独立建账、做账的能力。③具有全套外贸会计、出口核销与出口退税经验；有外贸公司免、抵、退税工作经验 。④能熟练运用现行的财税网络进行网上报税、退税申报等操作。⑤熟悉国家、地方财税政策及相关法规。

例 2 -29. 河南国环中建咨询有限公司招聘“外贸会计”的岗位职责：①国际金融业务方面会计核算、财务管理工作；②熟悉国家及地方的各项财税政策法规；③处理进出口会计账务，退税资料报送，负责出口业务中跟踪、结汇、外汇账款结算等；④记录组织交易，并做好各种会计凭证的保存工作；⑤核实、整理、调整、各种应收、应付、工资、费用分类明细账目；⑥准备发票以及凭单，做好财务报告。

岗位要求：①女性，年龄 22 ~35 岁，国际贸易、涉外会计相关专业专科以上学历；②从事外贸会计工作 1 年以上，熟悉国际贸易方面会计账务处理，了解进出口业务流程及相关法规；③熟悉国家财务政策、会计准则；④熟悉行业以及公司经营范围、业务流程以及会计核算方法；⑤熟悉财务管理、财务分析、管理会计、网上报税等工作流程、工作业务；⑥能独立完成各行业小规模和一般纳税人账目，有职称者优先；⑦具有一定的外贸英语基础，为人踏实正直，做事勤恳，具有良好的道德观。

2.3 学会计学什么

2.3.1 学会计， 把握“两个导向”和“两个凡是”

学会计，首先需要明确的就是学习从事会计类相关工作或职业的能力，而不仅仅是传统观念认为的学习会计的知识。同学们在校需要把握

“两个导向”：一是就业导向；二是能力导向。“两个凡是”：凡是有利于求职的内容，有利于就业的内容，有利于职业发展的内容，不管书本上是否有，不管学校是否开设和讲授，都是应该加强学习的内容；凡是有利于求职的能力，有利于就业的能力，招聘单位要求的能力，有利于职业发展的能力，都是学习的重点。

你们不必受学校教学安排的束缚，在遵守和服从学校基本教学安排的前提下，一切根据自己的实际情况去学习，把握导向，把握重点，紧紧地扭住导向和重点这两个“牛鼻子”，集中精力，在重点方面取得突破。

2.3.2 至少完成“六个一工程”

(1) 争取取得一个过硬的专业资格证书

大学几年，一定要取得一个过硬的专业资格证书，比如中国注册会计师全科合格证书、ACCA（英国特许公认会计师）证书等。即使在大学期间不能取得全科通过，那也要取得尽可能多的合格科目。

为什么必须这样做？看一看这些年很多招聘单位的用人条件就知道了。要想进入那些好一点的单位，比如大中型国企，特别是垄断性强的国企，上市公司，外企，金融企业，特别是外资金融企业，“四大”，拥有一个过硬的专业资格证书，无疑取得了一个重要的成功砝码。再者，及早拥有一个过硬的专业资格证书，也为你的职业选择提供了一个更加宽广的平台，更为你的职业生涯发展奠定了一个非常好的“专业资质”基础。须知，这些过硬的专业资格证书，可是你以后求职和发展永不失效的“标签”！

进一步讲，要想取得一个过硬的证书，你就必须“自我加压”，因为如果你不自我加压，学校在这方面是没有人给你压力的。如果没有压力，没有紧张感，要想达到这个目标几乎是不可能的。成绩都是重压之下或高度觉悟下结出的美丽花朵。很多人认为美国大学生就没有压力，学习是在轻松愉快中度过的，我也曾经有过这样的偏见。其实这是片面的认识。最近我在《留学生》杂志2010年第1期“国外名校介绍”专栏读到一篇文章，题目是《精英学府——美国加州理工学院》（作者许来斌），给我留下了非常深刻的印象。

据该文介绍，美国加州理工学院创建于1891年，这所私立大学的宗旨是“为教育事业、政府及工业发展需要，培养富有创造力的科学家和工程师”。由于其“小而精”的办学理念，学校至今只培养了2万余名学生，但却有17名学生获得18项诺贝尔奖，除此之外，还有大批学生获得美国政府颁发的各种科学学术奖项。在2008年《美国新闻与世界报道》大学排名上名列第5，在《泰晤士日报》世界大学排名第5，被誉为“美国乃至世界顶尖的科技理工类学院”。

那么，它的这些成就是怎样得来的呢？——“压力”是加州理工的代名词。

2009年《普林斯顿评论》将其评为“学生最用功”的大学之首。这里的学生很多每天只睡两个小时，可见其压力之大。该校每年只招收800名左右本科生，但能拿到学士学位的不过600多人，平均每年都要淘汰200名左右的后位学生，其中不乏世界各国的优秀学子，硕士生、博士生也有类似的淘汰比例。多少年来，这所学校出来的都是尖子中的尖子，名校的声望就是这样确立的。

在这里上课是一件艰苦的事。这里的学业负担之重，学习节奏之紧、分量之多，很少有其他的大学能赶得上。为此，这里令不少为即将升学而前来观光的高中应届毕业生目瞪口呆，望而却步，也一度令每一年级20%的学生，因种种原因毕不了业——或是辍学，或是转走。能够在这里留下来的学生们，都是出了名的“工作狂”，他们平均每个星期学习50小时，每个人在毕业前都必须修满486学时的课程，也就是说，平均每个学期有5门课，1年3个学期共修15门课，大部分甚至比这更多。

另外，所有的学生都必须上5门物理课，2门化学，2门数学，1门生物，1门天文或地质，还要上2门实验课。在这里，几乎人人抱着一种“不管教授们给我们布置什么难题，都能完成”的豁出去了的态度。

在繁重的学习压力下，学校的学生们几乎没有时间想任何其他的事。在校园里开展的文化活动不多，周末大部分人都在宿舍里埋头苦读。“当你学得昏天黑地的时候，其他一切都不那么重要了。”

因此，我深深感到，其毕业生获得那么多“大奖”那不是虚的，不是吹的，不是玩的，如果有了这样的压力和学习氛围，什么顶尖成就不能创造啊！

（2）练就一口流利的外语

经过刻苦努力，很多同学都拿到了大学英语四六级证书，这是值得祝贺的事情。但是你的英语听说能力怎样？是不是尽如人意？这一点一定要引起你足够的注意。因为近些年很多单位对会计、审计相关人才招聘条件都明确要求“英语口语流利”，甚至在面试时采用英语对话，英语听说能力如果不过关，显然是要遭到淘汰的。从工作需要来讲，会计、审计人员如果具备良好的英语听说读写能力，能够在工作中自如地交流、讨论、分析相关专业问题，那无疑为你进入那些较好的外向型企业（外企、外企跨国公司、外贸企业、中国海外投资企业等）插上了翅膀。这些企业大多都分布在东南沿海发达地区，你有了一个过硬的专业资格证书，再讲得一口流利的英语（特别是会计英语、财经英语），那你就可以“孔雀东南飞”了！现在，很多院校都聘请了外教，还有很多院校的会计相关专业课程采用的是双语上课，这是多么好的学习条件啊！

（3）认认真真参加一个社团组织

据了解，身为大学生，我们很多同学在校仍然存在一个错误的“学习观”，以为只要学习好就是好学生，只要成绩好就是好学生，于是，一门心思扑在学习上。社团组织不参加，相关活动不参与，学生干部不竞选，辅导员、老师不接触，同学关系不在乎，“两耳不闻窗外事，一心只读圣贤书”。错了！为什么？因为不符合“两个导向”和“两个凡是”。后果是什么？后果将是出现将来求职的挫败和走上社会的不适应症。

另外还要注意，这里所说的是认认真真参加一个社团组织，关键在于“认认真真”。社团是个小社会，社团是个小单位，社团是个小舞台。只有“认认真真”，才能认认真真地思考，认认真真地投入，认认真真地做事，认认真真地体会，认认真真地负责，认认真真地收获。多观察，多体验，多总结，只有这样，才不枉参加一回社团。要知道，将来工作的很多技巧是可以从社团活动中总结和取得的。

(4) 踏踏实实参加一次会计实习

所谓踏踏实实，就是要在实习的时间段里严格按照实习单位的要求、制度和纪律，集中心智，发挥一切主观能动性，细细感受和品味实习单位的“职场”氛围，认认真真地做一回职场人。

我曾听到过很多实习过的学生反映，“单位不让亲自记账，不让亲手办理会计业务，甚至不让接触账目，怎么办?”其实这是一个事在人为的问题，是一个充分发挥主观能动性的问题，是一个实习态度的问题，是一个关于“悟性”的问题。难道实习单位的人对你十分敌视吗？难道一天 8 小时他们都在限制你的行动吗？难道他们蒙住了你的眼睛、捂住了你的耳朵、禁锢了你的思维吗？既然没有这样，那你的眼睛、耳朵、头脑在干什么呢？这完全是一个积极主动还是消极被动的问题。有句话说“师傅领进门，修行在个人”，只要你想学好，想学到东西，任何障碍都是不存在的！在同样的机会面前，是否积极主动，是否有悟性，人与人之间的表现是大不一样的。

关于会计实习的更多内容，请参阅本书第七部分：“会计实习：宝贵的就业演习”。

(5) 取得一次奖学金

对于取得奖学金，这是大学生最主流、最光荣、最正统的学习观。因为，奖学金意味着你学习优秀，因为很多招聘单位在招聘要求中将“取得过奖学金”作为一条重要的条件。很多同学大学几年没有拿过一次奖学金，这是这些同学的“损失”，应该下工夫补上去；然而，还有一部分同学走进了相反的误区，他们年年拿奖学金，拿了好多次奖学金。问题是，奖学金拿得再多不还是“奖学金”吗？它也不可能转化为半个资格证书！因此，取得一次奖学金足矣，因为年年拿奖学金，意味着年年、门门功课都要优秀，意味着必须平均花费精力去学习，那多累啊！那也没有必要啊！只要将来求职表上“获奖情况”一栏有“奖学金”在闪闪发光即可。

为了更清楚地说明这个问题，我举一个二本学校会计学专业“优秀学生”的例子来说明。这是位女同学，她在求职表上有几项是这样写的：①英语水平：大学英语四级通过、大学英语六级通过，全国公共英语等级考试四级口语通过，正在考剑桥商务英语；②获奖情况：2005—2006 学年，院三好学生、院优秀团员、院二等奖学金；2006—2007 学年，院优秀团员、院三好学生、院一等奖学金；2007—2008 学年，院优秀团员、院三好学生、院一等奖学金、院优秀学生干部、院优秀实习生；③校园活动：2005—2006 学年，管理学系“新生杯辩论赛”团体亚军、最佳辩手，管理学系“新生杯演讲比赛”一等奖，院首届广播体操比赛团体二等奖，“星空诗社杯”演讲比赛一等奖；2006—2007 学年，院宿舍文明月“我的宿舍情怀”演讲比赛一等奖，院“树立社会主义荣辱观，学习八荣八耻”演讲比赛二等奖，“诚信校园行”演讲比赛特等奖，并代表学校参加“某某省诚信校园行”演讲比赛获优秀奖；④技能水平：会计从业资格证书、会计电算化证书、全国计算机等级考试二级 VB。应该说这是一个非常可爱、非常单纯、非常上进的女孩，然而，她同时又是一个非常可怜、可悲、可叹的女孩。如此“优秀”的学生，工作找得也相当艰难。她的问题出在哪里？她乐此不疲地拿了一堆自认为荣耀无比然而十分“多余”的东西，到毕业了，还感到英语证书没有拿够，还感到优秀团员、三好学生、奖学金没有拿够，还感到演讲比赛的奖没有拿够，而代表“会计专业”学生最最“真金白银”的证书只拿了区区“会计从业资格证书、会计电算化证书”两个（其实是一个），而这两个证书是一个普通高中生经过社会上的几周培训就能够拿到的，你不觉得自己在最最需要突出的地方没有突出出来，反而深深地塌陷下去了么？辛勤的“园丁”同志为什么不能对她做一点点提醒呢？——普通企业的会计工作是不需要演讲和辩论人才的，普通企业也是不会接受一个严重“迷失方向”的“优秀学生”的。

（6）争取一个“优秀学生”或“优秀学生干部”奖励

这是你“德、智、体、美、能、劳”全面发展并表现优秀的“名片”，是你大学几年各方面付出的伟大结晶，是毕业时“大学”这一“过去时试题”得了高分的明证，如果你拿到了一个响当当的奖励证书，那就足以证明你的出类拔萃（当然职场上也有不少此类的假证书）。将来毕业求职时，这无疑是你在众多竞争者中胜出的又一砝码。因此，对这些证书，每个同学都应该予以重视，通过公平的学业、工作各方面竞争，得到你应该得到的肯定。当然，很多同学对各种奖励、荣誉称号等“名利”的东西看到的太多了，不以为然或嗤之以鼻，这本是无可指责的，甚至是社会主流观念（社会主义荣辱观）所提倡的，但是，你也应该看到，很多人所取得的奖励和荣誉是付出了相当的努力、取得了相当的成绩而当之无愧的，是众望所归、水到渠成的，同时，无论是企业还是政府、事业单位在人才招聘和选拔上，很多还是看重候选者过往的荣誉的。

因此，同学们对此要一分为二地看待。关键在于注重取得“证书”的过程，你是否付出了努力，是否经过刻苦学习掌握了知识和技能，是否通过参加相关活动提高了各方面的能力和素质，是否能为身边的同学、老师、领导、家长以至将来的招聘单位所肯定和接受，如果不是，那你即使取得多么高的荣誉都是“皇帝的新衣”，早晚都会被识别出来并被抛弃掉。另外一个现象也值得注意，那就是很多同学大学几年年年都当学生干部、团委干部，而且投入了相当大的精力。小心！不要犯上面提到的那个女同学所犯的“方向性错误”，也好给同窗好友们留出点当干部的机会和“空缺”不是？

总结一下：作为大学生，每门课程都拿优秀，甚至追求100分，没有必要；年年都争奖学金，没有必要；年年都争三好学生，没有必要；年年都当学生干部，没有必要；在每项活动中都争第一，没有必要；把所有的英语证书都拿下来，没有必要。突出你的“专业”水准，突出你的“独到”之处，突出你的核心“武器”，优秀其实是由看得见、摸得着、能够当面“评估”的若干个“亮点”组成的，比如上面提到的“六个一工程”。

从高中到大学，看的是成绩，你只要抓住了成绩就抓住了一切。但从大学到社会，看的是综合素质和能力，其基本标志是“六个一工程”。求职面试时，能够拿到台面上的甚至能够展开给HR“讲故事”的，就是这“六个一工程”。

当然，“六个一工程”仅仅是基本目标，不是高级目标，更不是最高目标。海阔凭鱼跃，天高任鸟飞。同学们，朝着自己设定的正确目标奋勇前进吧！

2.3.3 学会计必须重视的五个方面

(1) 学会计，学方法

很多同学对知识的追求是孜孜不倦的。这是因为从小到大，前辈们无数次地谆谆告诫我们：“知识改变命运。”于是乎，从小学，到中学，从大专、本科，到硕士，再到博士，以至博士后，对知识的追求无休无止。从培养会计领域高精尖人才的角度看问题，这是必须要走的道路，不然，不可能到达一定的专业高度和深度。然而，从会计、审计等应用型、管理型人才的学习角度来看，再孜孜以求地探索那么高深的东西，就无关紧要甚至小题大做了。其实，会计、审计等相关工作上岗以后，没人关注你掌握多少丰富的知识，他们首先关注的就是，你会不会工作，操作是否规范，包括单据粘贴、凭证编制、凭证审核、记账、对账、结账、编制会计报表、编制纳税申报表、起草简单的会计文案、利用 EXCEL 工具处理数据以及与供产销、税务、银行等内外部部门的沟通与交往能力等，关注你做事的方式方法是否可取，一言一行是否合乎常规，你能否与他们准确、娴熟、顺利地沟通，能否轻松地领会他们的意图，是否“内行”，像不像个会计、审计专业人士等。因此，学方法已经变成了最最重要的问题。

（2）学会计，学理念

书本所传达的，不仅有知识，更有很多理念。知识是静止的，是死的，而理念是活的，是贯穿知识与实际的桥梁和纽带，是如何将知识转化为实际，运用到实际，如何开展实际工作的指导方针，是不犯方向性错误的指路明灯。所谓“思路决定出路”，就是由理念来指导的。理念是引领方向和未来的真理和规律，是战略性的东西。一个正确、优秀的理念，不知胜过多少麻木的知识。因此，学会计，不能学成一个知识的“酒囊饭袋”。在学习中，你要把书本中理念性的东西总结出来，结合实际中的案例，反复地加以理解和记忆，深入心扉，以便将来指导实践。

会计理念包括很多，比如体现在会计、财务管理、管理会计、税务会计等教材中的那些原则、判断、结论等。比如，现金为王的理念，轻资产的理念，“鸡蛋不要放进一个篮子里”的理念，“借船出海”的理念，“早收晚付”的理念，“收支两条线”的理念等。

除此以外，会计类大学生还应当树立一种重要的理念——服务理念：服务企业、服务社会、服务国家。在 2010 年 5 月初举办的第四届中外大学校长论坛上，哈尔滨工业大学校长王树国教授说："在培养创新人才的过程中，如何把服务社会的理念融入我们的课堂和专业，通过课堂教学或者课外教育融入到学生的意识行为当中，培养学生的社会责任感，这是一个非常重要的命题，对未来的人才支撑社会非常重要。"同样在这次论坛上，同济大学校长裴钢认为："人们常说一流大学培养一流人才，如果这些一流人才不能应对全球性的挑战，就不能说是高质量、高水平人才，这些学校也称不上是一流大学"。

"为增长智慧走进来，为服务祖国和同胞走出去"，这是哈佛大学的座右铭。美国的一流大学一直强调服务理念，招生时都把学生是否服务于社会当做重要标准，如果学生平时服务社会的理念淡薄，即使成绩满分，也可以不录取。威斯康星大学20世纪初就提出了服务型大学的理念。

（3）学会计，重实践

书本所传达的，不仅有知识，有理念，还应有实际操作的程序和要求（当然目前很多书本没有这些内容）。这些程序和要求，都是重要的工作指南，类似于交通地图和交通规则，你要去哪里，怎样便捷地、高效地、合乎要求地完成任务，这都是重要的、办理具体业务、完成具体工作的操作规程，具有十分重要的指导作用。因此，要把书本中那些操作性的东西总结出来，通过实训、实习加以演练和验证，以便提高实际"上手"能力。有了正确、先进的理念，再加上较强的实务操作能力，你将无所畏惧。

教材中不乏那些泛泛的会计确认、计量、核算等会计词典式的说教和讲解，空洞，笼统，干巴巴，孤单单，没有联系性（与单位实际情况的联系，与财务、税务、法律规定的联系等）、针对性（具体岗位的针对性以及具体行业的针对性），实用性差，可操作性差，课堂讲解也不能很好地根据实际展开，学生看起来学了不少知识，掌握了不少知识，考试成绩也不错，可是到了实际工作中仍然无从下手，"上手"能力差，用人单位不满意，就是这个原因。

在教材举例中，由于题目都是高度概括、精心总结出来的，条理清晰，一目了然，会计分录一般都比较简明、易懂，会计流程也不复杂，很多同学误以为实际工作也是这样，所以，出现了毕业生一上岗就犯迷糊，就不适应的情况，很多都是呆呆地坐在办公室里，就像没事儿人一样打发时间，悠闲自得，没有更好地发挥主观能动性，以为作作凭证记记账就完了，不知道除此之外还有很多工作要做。因此，在校学习时，要明确以下一些问题：

每个会计岗位的具体职责是什么？怎样才算达到了目标？如何很好地完成？具体程序是什么？与企业内部或外部有关部门的联系有哪些？在整个工作流程中，前后环节应该注意什么？单据的归集、识别、核对、审核、催收、办理如何妥善操作？对问题单据如何沟通处理？对不符合规定和制度办理的业务事项如何处理？对到期应收回而未收回的单据或款项应如何协调或催收？对相关信息与有关部门和领导如何沟通和反馈？

(4) 学会计，抓核心

核心是什么？核心是思考和领悟的能力，是利用所学知识正确思考、分析、解决实际问题、为企业理财的能力，是悟性。美国芝加哥大学校长芝莫尔说："作为一家高等教育机构，我们能够创造出来的或者增添的价值，不在于具体的技术，而在于我们能够提供一个很好的人文环境。在这样的人文环境当中，营造一个教授和学生、学生和学生之间可以互相学习、争论的氛围，教会年轻人怎样去思考，这才是最重要的，是大学能够提供的最大的价值所在。"大文学家托尔斯泰也说："重要的不是知识的数量，而是知识的质量，有些人知道很多很多，但却不知道最有用的东西。"

学习不能对教材内容不加分析地全盘照收，应该区别对待。重要内容必须深入领会，举一反三，透彻理解。所谓重要内容，就是那些指向性、理念性、操作性、总结性的内容，教材通过各种字眼反复强调，与具体工作结合紧密，对实际问题提供解决思路和方法及与其他专业课程关系紧密的内容。而除上述内容以外的其他一些内容，比如那些学术探究性的内容，理论学派介绍的内容，仅仅为了知识体系的完整和全面而写进去的内容，与其他课程重复的内容，实际业务中极少发生或根本不会发生的内容，那些高深难懂的理论溯源和公式推导性的内容，少数上市公司才会发生的业务内容，大篇幅介绍西方理论、方法及其产生历史的内容，以及那些明显落后于时代和形势的内容，都属于知识垃圾，都可以毅然放弃或只略作了解，完全没有必要在这些方面浪费时间和精力。任课老师也应该有这方面的意识和觉悟，并体现在日常教学和考试命题中。

另外，翻开会计教材，充斥其中的是大量的会计分录，以及会计事项的确认、计量等内容。对此，我一直认为，学会计，会计分录本身并不是重点，它无非是利用借贷符号对经济业务所做的事后反映。由于会计分录是滞后的，很多情况下，会计核算出来的数据只起着“总结”和汇报的“马后炮”作用。会计分录做得再好、再正确也无非是个熟练的“账房先生”而已。那重点是什么呢？重点是积极参与到企业经营运作之中，做好事前的筹划、预测以及事中的控制和考核，重点是对单位随时发生的经济业务从合理性、增值性、安全性等方面进行审核和监督，所用到的就是同学们所学的财务管理、管理会计等内容。

(5) 学会计，重税务

学会计重税务，为什么？因为，第一，一般会计核算账目做错了，可以调整过来，有些事情做晚了，可以补做，可能受到的只是上司的批评而已；而涉税事项如果做错了，应缴的税如果交晚了或者漏缴了，被税务人员发现以后，就可能受到处罚。税务工作的时限性、政策性、刚性极强，再加上会计处理原则与税务处理原则存在很多不一样的地方，各种地方性、解释性税收制度复杂多样、易变，你如果对涉税事项、涉税规定不熟悉、不熟练、不在意，稍不留意就有可能触犯它，从而引起税务处罚。第二，税务知识和相关政策学得好、运用得好，可以给企业带来可观的利益，也是进行“纳税筹划”的基础。否则，如果对那些基本的税务知识和政策掌握不好、理解不透、把握不准、落实不力，就会丧失应该或者可以享受的税收利益。现在很多人都知道税务筹划的意义，也知道一些所谓税务筹划的技巧，其中不乏一些高深的推理和运算。然而，事实上很多税务筹划方法只需要掌握基本的税务知识和政策，并灵活运用即可。比如，企业所得税的筹划，一是掌握和运用好所得税税前扣除的政策，二是掌握和运用好所得税的优惠政策。这两条运用得好，就能够给企业带来不少的税收利益。第三，税务知识要比会计知识“含金量”高，敏感而重要，无论是税务部门还是企业老板，都非常关注和重视，精通税务的会计人员也更容易得到重用。

因此，要想做个合格的会计，税务必须过关。对税务事项的掌控和处理能力是会计能力中的核心能力之一。

2.4 树立明确的职业意识——知己知彼，有的放矢

很多同学读了几年大学，学了几年会计、财管、审计的专业课程，要毕业了，要求职了，竟不知等待自己的有哪些岗位，自己将要干什么，自己能够干什么，用人单位对这些岗位有哪些要求，应聘这些岗位需要什么条件和资质，也想不起来或者根本不曾为此做过什么准备，也不知道准备的重点是什么，自己的职业走向将会如何，职业归属将是什么。

根据智联招聘、前程无忧等知名人才网站近期公布的“财务/会计/审计类”人才招聘信息，作者随机选取部分有代表性的初级招聘岗位进行了统计，并将其作为案例列举在前述的“树立正确的课程意识”和这里的“树立明确的职业意识”中。目的非常明确：一是借此使同学们在校就对

企业招聘岗位“名目”有一个初步、直观的认知，并主动地与书本学习相联系，找到明确的努力方向。二是对各岗位的岗位职责和要求有一个初步的认知，能针对这些岗位要求，深入领会书本知识，主动涉猎课外知识，自觉补充、完善、强化自己的知识和技能体系，在学习上以“终”为“始”，有的放矢，提高成效。三是借此让同学们对会计、审计职业生涯可能涉及的岗位及其要求有一个初步的了解，开阔视野，树立科学、长期的职业发展意识。

2.4.1 会计员（助理）级主要岗位

（1）对账员、出纳员、出纳兼文员、会计员、库管员、审计员、成本核算员、财务分析员、商业信息分析员、税务咨询员等

例2-30. 和昌地产集团（民营）招聘“现场出纳”岗位的岗位职责：①负责销售现场的所有收款业务及销售现场的资金安全；②负责报送销售日报；③协助现场会计登记销售台账、出具销售报表、进行账务处理等；④与销售相关的其他工作。

任职要求：①国家统招本科及以上学历，会计学相关专业；②一年左右的工作经验；③具有会计从业资格证，有中级会计师职称者优先。

（2）出纳兼行政助理、会计助理兼客服专员、审计助理、总经理助理兼会计、行政财务部助理、财务内勤等

例2-31. 嘉麒房地产开发（上海）有限公司（民营企业）对“会计助理兼客服专员”岗位的职位描述：①录入财务数据并协助会计处理日常账务；②负责大厦总台服务接待工作，解答客户咨询，为客户排忧解难，并认真做好每天客户迎宾工作；③做好客户文档收集、归类、存放、借阅、复印与保管工作；④准确、及时完成领导安排的其他工作。

职位要求：①本科以上会计相关专业；②三年以上财务、会计及行政客服工作经验；③有强烈的事业心和责任感，为人诚实、正直，性格外

向，有较强的与客户协调、沟通能力；④能熟练运用自动化办公软件；⑤具有会计上岗证，限招女性。

例 2－32. 上海龙德芯光电股份有限公司（股份制企业）对“出纳兼行政助理”岗位的要求是：

工作职责：①办理现金、银行等相关业务，按照登记与核对相关账目，并编制余额调节表等；②审核现金收支的原始凭证，办理费用报销等事项；③现金、支票、贷记凭证、收据等单据的管理；④配合行政总监处理一般行政事宜。

任职要求：①23 岁以上，大专及以上学历，会计及相关专业，2 年以上工作经验，具有会计上岗证；②熟悉国家财税法律规范、财务核算、财务分析等财务制度和业务，熟悉财务软件和办公软件；③熟悉企银业务往来，对数字敏感；④工作细致，为人诚实，能吃苦耐劳；性格稳重，做事稳健，具有高度的责任感与团队合作精神；具有良好的敬业精神和职业道德素质。

例 2－33. 北京东方国软科技发展有限公司（民营）对“总经理助理”岗位的职责描述：①负责公司人力资源及行政事务，包括员工招聘、合同签订、软件企业年审、考勤等；②兼任公司出纳，包括银行业务、纳税申报、技术合同登记等；③协助总经理沟通客户、投标等商务事宜处理。

岗位要求：①有财务出纳工作经验或进行过有关培训，有会计证书；②从事过“四险一金”申报及技术合同登记事务；③有客户沟通经历及商务工作经验或乐于从事销售工作；④本科以上学历，财务类专业优先。

例 2－34. 郑州新世纪经贸资讯有限公司招聘“总经理助理兼会计”岗位的岗位职责：①协助总经理完成日常管理工作；②负责本公司的财务管理和会计核算工作；③制定和管理税收政策及程序等。

岗位要求：①亲和力、执行力强，善于团结同事，协调上下级关系；②具备较强的中英文书面和口头表达能力，英语四级以上；③文字功底出色，熟悉 EXCEL 常用功能；④财务或金融类大学本科以上学历；⑤一年以上财务管理工作经验，有实际完全报税经验，熟悉银行业务流程；⑥具备高度的责任心和良好的沟通能力，爱岗敬业，廉洁自律，客观公正；⑦有进出口企业工作经验者优先。

例2－35. 广州市安正达会计师事务所有限公司招聘“审计助理人员”的应聘条件是：①财会、审计及相关专业，大学本科以上学历；②英语通过CET4；③有较强的逻辑推理、语言、文字表达、沟通和协调能力，工作踏实，具有敬业和团队合作精神；④熟悉财务、会计、审计、税务相关法律法规及政策；⑤通过CPA相关科目考试的优先考虑。

2.4.2 专员级主要岗位

财务专员、资金出纳专员、税务专员、内审专员、内控专员、财务分析专员、合同管理专员、监察专员、财务培训专员等。

例2－36. 亚洲情报开发日本株式会社（外商独资）对“内审专员”岗位的工作职责：①负责公司账务审计，采购审计，供应商审核，项目成本审计；②负责公司市场、客户、供应商监察工作；③全面建立公司内控系统，公司内部审计体系建立与组织实施；④根据公司的战略计划及企业发展阶段重点，制订重点内审计划；⑤独立执行内部审计工作，提交审计建议和审计报告，跟踪审计整改意见执行情况；⑥协助企业设定预防性及检查性控制系统；⑦通过内审报告，预测并明示企业各部存在问题，提出预防建议和整改方向。

应聘要求：①会计或审计专业本科以上学历，具有中级会计师以上资格；②具备5年以上审计经验；③精通国家财税法规，熟悉企业会计、审计、税务等业务的全部流程；④有CISA，CISSP或其他IT证书者优先；⑤有较强的沟通及协调能力，工作认真，责任心强；⑥有筹备上市公司工作经历者优先。

2.4.3 中级主要岗位

会计、应收会计、应收应付会计、往来核算会计、门店会计、大区会计、材料会计、外贸会计、税务会计、服装类会计、收入会计、费用会计、成本会计、稽核会计、管理会计等。

例 2－37. 大唐电信科技产业集团（国企）对“会计”岗位的岗位职责：①负责财务总账及各种明细账目。手续完备、数字准确、书写整洁、登记及时、账面清楚。②负责编制月、季、年终决算和其他方面有关报表。③认真审核原始凭证，对违反规定或不合格的凭证应拒绝入账。要严格掌握开支范围和开支标准。④定期核对固定资产账目，做账物相符。⑤进行经营活动及费用支出的分析，负责根据需要开展有关内部控制等相关工作。⑥能独立处理整套会计账务，熟悉工商税务法规，熟练操作（此为常驻杭州财务标准）。

任职资格：①本科或以上学历，会计、审计等相关专业；②中级会计师职称，有中型企业二年以上工作经验；③有较强的责任心，有良好的沟通能力；④熟悉国家会计法规，熟悉子母公司财务报告，有较强的思维分析能力者优先。

其他岗位：财务会计担当、债权结算担当、业务信息清算，会计师、审计师、税务师、财务分析师、经营分析师、内控咨询师、价值评估师等，内部审计、工程审计等。

2.4.4 主管级、经理（高级主管）级、总监级主要岗位

（1）主管级

总账会计、主办会计、总账核算、主管会计等，财务管理、资产管理、税务管理等，会计主管、财务主管、资金主管、财务核算主管、财务

成本主管、财务分析主管等，高级财务主管、高级财务控制专员、成本及财务分析高级主管等。

（2）经理级岗位

财务经理、会计经理、计划预算经理、监察经理、审计经理、运营经理、税务经理、内控项目经理（财务部经理、预算部经理、审计部经理、监察部经理、法务部经理）等。

财务部（财务管理中心）总经理、副总经理，审计部（审计中心）总经理、副总经理，成本控制中心总经理、副总经理，投资发展中心总经理、副总经理等。

（3）总监级岗位

财务总监、总会计师、审计总监、CFO、财务副总、审计副总等。

2.4.5　学校招聘岗位举例

据了解，很多在校同学有毕业后到学校从事会计类专业教学的理想，这很好，但不乏有点天真，或者说没有对当下各类学校教师招聘的信息进行深入了解和分析，当教师尤其是高校教师只是一厢情愿的幻想而已。

首先，想当一本、二本院校的教师，没有名牌大学的博士学位，免予考虑。不仅如此，有的“211”、“985”高校还要求本科、硕士也必须同时是名牌大学统招学历，或者名牌海归学历。第二，想当三本院校的老师，没有重点大学硕士学位免予考虑，其中有的高校、有的专业明确要求应聘者拥有博士学位。第三，想当高职高专学校的老师，也有很多学校明确要求应聘者具备统招硕士学位，竞争也相当激烈，尤其是公办学校更甚。

至于其他层次的学校，要求也有所不一，一般为大学本科或专科学历。

可见，想要到高职高专以上高校（特别是公办高校）从事教育工作的同学，应该慎重考虑你的职业理想了。否则，本科毕业后考硕、再考博或出国留学，是你唯一的选择。当然，尽管征途迢迢，成本较高，但回报可能也是丰厚的。

为了给在校的这部分同学一个直观的借鉴，作者从互联网上上随机选取了部分财经类院校的招聘信息，这些学校既有重点高校、二本高校，又有三本、高职高专、中专、职业培训学校等，或许具有一定的代表性，谨供参考。

例 2－38. 中央财经大学 2010 年招聘信息（摘要）

招聘岗位：会计学院会计学专业教学岗位；金融学院金融学专业教学岗位等。

人才类别：留学人才、应届毕业生、高层次人才。

基本应聘条件：①对党的教育事业忠诚，德才兼备，学风端正，治学严谨，能够严格遵守教师职业道德规范，具有强烈的事业心和协作精神；②符合学校人力资源需求计划方案，包括需求的专业方向、岗位职数、学历层次、培养单位和业务水平等；③身体健康。

特殊要求：

①高层次人才。原则上应为国内外知名大学或科研机构博士研究生毕业并取得相应学位，原工作单位为“985”、“211”建设院校或知名科研机构，符合直聘我校教授三级岗条件。

②应届毕业生（含博士后，下同）。应聘教学科研岗位的应届毕业生应具备如下基本条件：35 周岁以下（特别优秀的博士后可放宽至 40 周岁）；具有博士学位，第一学位应在重点大学取得；在本学科（专业）领域 A 类以上学术刊物有成果发表；具有较高的外语水平。

应届毕业生培养类型应为统招统分（博士后为双向选择），我校不接收应届定向生、委托培养生以及非双向选择博士后。

③海外留学回国人才。具有良好的双语教学能力与较好的科研素养，有两名以上同行专家推荐，在 2009 年底之前获得欧美著名高校博士学位并经教育部留学服务中心认证。

例 2－39. 南京审计学院 2009 年度招聘信息（摘要）

招聘部门及岗位（部分）：

①国际审计学院教学科研岗

所需专业（方向）：管理学（本科会计学专业）2 人；经济学（本科会计学或审计学专业）2 人。学历、职称及相关要求：重点大学博士毕业生或有工作经验博士，能双语教学及有海外留学经历者优先。

②会计学院教学科研岗

所需专业（方向）：财务管理 3 人；会计学 5 人。学历、职称及相关要求：博士。

例 2－40. 华北水利水电学院经管学院 2009 年招聘信息（摘要）

招聘岗位：会计学专业等教学科研人员。

岗位要求：①男，“211”“985”院校毕业；②博士后学历（博士毕业生、博士后出站人员）或教授职称；③原则要求第一学历本科相近专业，“211”，“985”院校毕业。

例 2－41. 云南红河学院 2010 年招聘信息（摘要）

招聘岗位：会计学专业等教学科研人员

招聘对象：主要以硕士、博士毕业生为主，博士毕业生优先；具有副高级以上专业技术职务的专业技术人员。

基本条件：①遵纪守法，品行端正，具有良好的职业道德和敬业精神；②具备招聘岗位所需的学历及技能要求，或符合国家和省的有关规定；③接收博士生年龄一般不超过 40 岁，硕士生年龄一般不超过 30 岁；④原则上要求应聘硕士生参加省级计算机等级考试或全国计算机等级考试并过二级、CET 考试过六级；⑤身体健康，符合我校招聘岗位的具体要求。

例 2－42. 郑州大学升达经贸管理学院 2010—2011 学年招聘信息（摘要）

招聘岗位：教学科研人员

招聘专业（含方向）及拟任教科目（以会计系为例）：①涉外会计专业或方向：拟任教现代会计英语、Management Accounting 科目；②财务管理专业：拟任教公司战略与风险管理科目；③会计电算化专业：拟任教会计信息系统科目；④税务会计专业或方向：拟任教税务会计、税法科目；⑤审计专业：拟任教审计科目。

招聘条件：①具有硕士研究生及以上学历，或具有讲师及以上职称；②副教授及以上职称的专业教师优先考虑；③身体健康、热爱教育事业；④非应届毕业生一般应具有高校教师资格证；⑤教学经验丰富、教学效果优秀者，条件可视具体情况适当放宽。

例 2－43. 海南经贸职业技术学院 2009 年人才招聘信息（摘要）

招聘岗位及要求：

财务管理系：财会教师，硕士学历，能够教授财务管理、税务会计、电算化会计、财务分析课程，具有副教授、注册会计师、中级会计师以上职称优先。

财务管理系：审计教师，硕士学历，能够讲授资产评估、财务审计、审计案例课程。

财务管理系：财务教师，本科及以上学历，能够从事会计实践性教学、财经实训中心建设，会计师以上职称及有企业会计工作经验者优先。

例 2－44. 厦门天安中专学校招聘信息（摘要）

招聘岗位：财务会计专业教师

岗位描述：全职教师岗位

岗位要求：大专以上学历，两年以上相关工作经历，会计上岗证，教师资格证以及相关等级证书，爱岗敬业，责任心强。

工资福利待遇：1500 元/月，按与我校签订的劳动合同，享受正式员工福利待遇。

例 2－45. 东莞市羽丰科技职业培训学校 2010 年招聘信息（摘要）

招聘岗位：会计兼学校会计教师

职位描述：①女，大专以上文化程度，会计相关专业毕业，年龄 23 ~ 50 岁；②熟悉工厂会计做账流程，中级以上职称，能独立处理学校全盘账务；③在工厂从事过 2 年以上会计工作；④有东莞市会计考证培训经验优先；⑤工作职责：白天负责整个学校全盘账务，晚上承担其中两个校区的会计考证教学；⑥工作责任心强，有团队精神；⑦平时工作出色者面试条件可以放宽。

待遇：本职位全职提供月薪 3500 ~ 5000 元（包吃住）。

2.4.6 特殊招聘信息解读

(1) 关于招聘岗位“名目”

针对会计相关职业，国家目前没有统一的岗位名称，也没有统一的岗位标准，因此，实际招聘当中岗位称呼五花八门，有的非常不规范，岗位名称及职责要求含混不清，甚至存在错误，同样的岗位名称在不同的单位其职责和要求有很大不同，薪酬待遇也不一样，甚至差别很大。比如，有些小型企业所招聘的财务总监，其薪酬待遇也许只相当于一个大中型企业的财务经理或会计主管的薪酬水平。这些都需要同学们有一定了解。

(2) 岗位职责要求有“加量不加价”的趋势

这种情况主要出现在一些中小型企业对初级会计人员的招聘中。比如，出纳兼行政助理岗位，出纳兼文员岗位，会计助理兼客服专员岗位，主要是因为这些企业业务量不大，会计工作量也很小，但又不能没有“会计”，因此，他们就将两个或两个以上岗位“合而为一”招聘一个人去做，以节省人力成本，主要招聘的是大专以下学历的毕业生。因此，作为这些学生，应该有这方面的思想准备。其实，在岗位要求中明确写出的还是不错的，假如招聘方不明确表示，但招聘后在使用中给你安排大量“分外”

的工作，你尽管感到“憋屈”不也得接受吗？

不过，不管怎样工作“加量不加价”，年轻人多付出一些是不会吃亏的。

(3) 关于“资金专员”岗位

有会计类毕业的同学在应聘的时候，误认为“资金专员”就是出纳岗位或与其类似，其实这根本是两码事。在一些集团性大企业，为了应付常态化的融资工作，将“跑贷款”的人从会计部门分离出来，组成“资金部”，主要负责的是融资工作和资金调度管理工作，是与银行信贷部门打交道的工作。而出纳工作主要是负责货币资金、有价证券的收付和银行单证的办理，属于程序化、重复性的简单劳动，基本上是由初级会计人员担当的。二者虽有联系，但有着截然的差别。在中小企业，一般没有资金专员这个岗位，其职责由会计人员统一担当，因为中小企业融资工作并不突出，也不常态化。另外在一些特殊的情况下，企业招聘的“资金专员”还另有所指，它要招的是与相关金融机构有特殊人脉关系的人，为的是贷款更便利。有的企业在招聘时明确声称“有金融机构广泛人脉关系者优先”。

(4) 关于“成本控制”岗位

尽管它是财务管理课程中的一个术语，但是在建筑施工企业和房地产企业，其招聘的虽然也叫“成本控制”岗位，但其岗位职责却与制造业企业的成本控制完全不同，需要具备建筑工程相关专业的知识和背景。例如，宝龙地产成本控制中心副总（分管造价部）任职要求：①工民建、造价管理相关专业本科以上学历，持注册造价师职称；②十年以上工作经验，五年以上大型房地产企业高层造价预算管理工作。其岗位职责：①配合集团设计方案的测算及比选工作；②跟踪各项目工程进展情况及进度款的支付情况；③与招标部配合做标底分析工作。

(5) 关于“预算人员”岗位

与上述“成本控制”岗位相似，他们招聘的“预算人员”也需要建筑施工专业的专门知识和背景，其“预算”与财务管理学中的财务预算或现金预算，以及与政府与非营利组织会计中的预算也是两码事。

(6) 关于“工程审计”岗位

审计专业的学生想到建筑施工和房地产企业应聘“工程审计”岗位，都必须好好选修或补充学习建筑施工专业的相关课程，否则，仅仅凭借在校所学的财务会计相关专业的一般课程是无法应聘这些企业的相关岗位的，侥幸应聘了也是不可能胜任的。例如，汉庭星空（上海）酒店管理有限公司（外商独资）招聘的“工程审计”岗位，职位要求是：①工民建、土木工程类专业或工程造价专业；②懂上海 93 定额（土建、装饰类）；③有工地现场经验；④男性为佳。其职位职责：①新店结算审计；②分包项目和维修项目审核；③资料管理。再比如，恒基兆业地产集团（广州）招聘的“土建审计员”岗位任职要求是：①本科以上学历，土建、工民建专业优先，需具备中级或以上工程师职称；②熟悉项目开发现场工作，至少具备五年以上房地产项目开发现场施工工作经验；③具备良好的沟通协调能力，责任心强，具有较强的文字写作能力；④熟练使用 Excel、Word、PowerPoint、Autocad 等日常办公软件。

三 大学会计，怎样学

“大学会计到底应该怎样学” 这是紧接在 “学会计学什么” 之后的又一命题。 它需要解决的是思路和方法问题。 思路和方法正确， 则将事半功倍； 思路和方法不正确， 势必事倍功半。

李长春同志在其纪念母校哈尔滨工业大学建校 90 周年而作的 《母校九十华诞感怀》 一文中说： “大学阶段是一个人形成正确的世界观、人生观、 价值观的重要时期， 也是奠定知识基础、 掌握科学的认识论和方法论的关键时期。” 会计相关专业学习的认识论、 方法论是什么，我觉得首先应该就是 “把握一个中心、 两个坚持、 两个避免”。

XIULIAN NIDE DUDAO ZHIGUI

3.1 一个中心、两个坚持、两个避免

3.1.1 一个中心

一个中心是指以提高就业能力为中心。

以提高就业能力为中心，就是以就业为导向来安排自己的学习。不能总想着“学到多少多少知识、取得多少多少证书、拿到什么什么学位以后再去找工作”。在现实中，这种思维是极其有害的，所谓的“书呆子”就是这样炼成的。应该怎么办？逆向思维！以就业为导向，首先要弄清楚，从事某种职业、某项工作、某个岗位在硬件上需要具备哪些知识，需要拥有什么证书，需要达到什么条件。不顾职场现实，脱离用人单位需求，漠视用人单位的合理期待，不加判断和分析地全盘接受学校的教学安排和课程设置，不加分析和区别地对待所有课程，糊里糊涂地学了这个学那个，一味地记忆课本上那些“陈年”知识，都是“堂吉诃德”式的努力，都是有害的。

那么，到底哪些知识和技能更重要，更应优先掌握？可以概括地说：职业、工作、岗位需要你掌握哪些知识和技能，哪些知识、技能就重要；职业、工作、岗位需要你取得哪些资格证书，哪些资格证书就重要；职业、工作、岗位需要你具备哪些素质，哪些素质就重要。

3.1.2 两个坚持

(1) 坚持有效学习

所谓有效学习就是学习的指向性明确，学习的内容与实际相吻合，学

习的结果有用、有效，学习的结果为实际所需要。因此，对于读书，对于学习，从本质上说，不是看你读了多少书，而是看读了多少有用的书，不是看你学了多少知识，而是看你这些知识有多少转化成了“生产力”，转化成了动力和财富。书是永远都读不完的，知识是永远都学不完的。正如人们吃饭一样，有人吃得不多，但消化很好，身体健康，红光满面，精神抖擞；而有人大吃大喝，却还是营养不良，有气无力，或是营养过剩，落下一身疾病。

已经说过多遍，会计、审计、财务管理、税务等都是应用性、实践性十分突出的学科，是通过实际操作来支持财务运作、经营管理，帮助解决实际问题的。如果认识不到这一点，学习时就不知道结合实际，有的放矢，不知道指向什么，不知道与什么嫁接、怎样嫁接，不知道“敌人”在哪里，是什么状况，为了学习而学习，最终学得个“酒囊饭袋”，学到的东西远离实际所需，这种学习就是“无效”的，浪费的，劳而无功的。

很多单位 HR 面试过一群又一群的学生后抱怨说“招不到合适的人才”，大抵就是这个原因。

（2）坚持全面均衡发展

所谓全面均衡发展，就是在保证学习投入和学习效果的情况下，通过参加各种活动、利用各种平台，提高沟通能力、合作能力、人际交往能力、组织能力、协调能力、创业能力以及文娱能力、体育能力等方面的能力，使各种能力全面均衡发展和科学发展。

2010 年 4 月 12 日，曾任北京大学校长的许智宏教授在华中科技大学演讲时说：“我曾告诫北大学子，要把上网偷菜的时间拿出来用于学习，不能总是半夜起床‘收菜’，那样对身心健康都不利。实在不行可以自己养些真正的花花草草，陶冶身心。不过，我也并不认可读大学只是用来用功考满分的观点，到北大仍追求满分？没出息！即使是考上北大的读书状元，在北大也要重新做起，注意综合素质的培养。”

早在一个世纪前，英国思想家怀特海就激动人心地写到："在中学阶段，学生伏案学习；在大学里，他应该站起来，四面瞭望!"

社会所需要的正是全面均衡发展的人才。举例来说，立信会计师事务所浙江管理总部在招聘2010年暑期实习生时，列出的"优先条件"之中的两条是：（1）积极参加社会活动及体育活动，身体健康；（2）在班级或学校社团担任领导职务。万科企业股份有限公司招聘2010年暑假实习生的四项条件里面的两条是：（1）在校品学兼优，积极参加班级学校的相关科研及社团活动；（2）良好的组织协调、人际沟通能力，具有不断追求卓越、持续创新的精神。

3.1.3 两个避免

调查发现，在大学生群体中，不关心集体活动，一心埋头学习者与不重视学习而热衷于各种社团活动者都为数不少。也就是说，相当多的同学走进了"两个极端"。怎么办？从现在起，审视你自己，看看自己是否走进了误区，找到一个适合自己的"平衡点"。

（1）避免成为"书呆子"

这部分同学最需要注意的是，要在坚持"一个中心、两个坚持"前提下，走出教室，参加活动，在交往和活动中学习为人处世、待人接物的道理、方式和经验，学习沟通的能力，学习人际交往的规则，提高让对方、群体接纳你、欢迎你的本领。须知，学习只是大学生活的一个方面，仅仅学习好不是社会所需要的，不是成才所提倡的。对会计类专业的同学来说，尤其如此。

沟通能力必须从学校开始培养。没有良好的沟通能力，会计工作就无法做好。正如一位财务经理所说的那样："我们财务部的人员大多只会埋头做事，不善于沟通，结果呢，往往因为沟通不畅造成了工作的被动，力是出了，但是很难得到别的部门的认可，甚至还落下个‘账房先生’的恶名。”当然沟通能力与工作经历、经验都有关系，应建立在娴熟的工作技巧之上。但是，沟通的核心就是人际交往，就是善于灵活处理人与人、人与事之间的关系，让对方接受你、欢迎你、支持你、肯定你。人际交往的高手往往就是工作的高手，往往就是那个群体的“头头”。而学生的人际交往是可以从学校，从同学与同学间、同学与老师间，从各种活动中开始学习的。可以预见，一个能够讨得全班同学喜欢、讨得各位老师喜欢甚至讨得领导们喜欢的学生，将来一定会有出息。一个只会学习的同学到了工作岗位上，就极有可能成为一个不受欢迎的“账房先生”。一个能够“混”到财务经理、财务总监的人，通常都有较好的沟通能力。如果没有较好的沟通能力，很可能一辈子都是一个“小会计”。

新东方总裁俞敏洪老师说得好：

事实证明，我们很多同学在大学里的成绩总是名列前茅，可是大学毕业后却怎么也做不出什么事情来了。因为在社会上，并不是成绩在起作用。成绩只能证明你智商比别人高，但并不能决定你一辈子就一定有出息。成功并不仅仅是你的成绩所决定的，最重要的是与社会打交道的能力，为人处世的能力，在各种混乱的人际关系中，寻找机会的能力，以及你最后领导一帮人跟你一起创事业的能力。而所有的这一切都不是由你的成绩决定的。当然我并不是说，在大学不要好好学，拿到大学毕业证书这是必然的，因为在未来我们会发现这样一个现象，假如连大学本科文凭都拿不到的话，你的生命将充满艰难。

有一份统计数据，将大学成绩前10名和后10名的同学做过一个调研，以20年一个阶段来说，大学最后10名的同学财富总量以及获得的社会地位，居然比前10名还要高。这就意味着，即便在大学里最落后的同学也不要放弃自己。比如，我在北大努力了5年，在毕业的时候就是以全班倒数第五名毕业的，但现在我们班的第一名到第五名全在新东方。所以，我们永远都不要放弃自己。

龟兔赛跑的故事我们小学就知道了，而生活中也经常体现出来。因为跑得快的人往往会停下来，而跑得慢的不能因为慢就不跑。只要跑，早晚会达到你所向往的终点。所以我们不要去计较大学时候谁的成绩高低，只要不停去追求就可以了。

有的同学将来想做管理，想当领导。那么，你更要避免成为“书呆子”。在2010年5月初举办的第4届中外大学校长论坛上，美国耶鲁大学校长理查德·C. 莱温教授给在校大学生提出了最好的建议：“参加课外活动，在课外活动中培养领导能力。”耶鲁大学是美国最早成立的三所大学之一，其有别于其他研究型大学的一个显著特点是注重培养领袖。截至目前，耶鲁大学已经培养了五位美国总统，包括布什父子和克林顿。耶鲁大学不仅培养了站在政治舞台上的人物，还培养了美国金融帝国的基础，所培养的美国大公司的领袖人物比其他任何大学都多。为什么呢？“耶鲁大学特别鼓励学生参加课外活动，在课外活动中培养学生的领导能力。耶鲁大学有两百多个课外文化小组活跃在校园中，包括辩论赛小组、撰写新闻小组、音乐小组、社区服务小组以及政治团体，等等”。“课外活动小组是培养未来领导人素质的实验室，小布什当时就曾经积极参与社团的活动，这对他担任总统起到了很大作用。”莱温教授说。

（2）避免过分热衷于社团活动

这是与前面对应的一个命题，是一个问题的两个方面。

时间是有限的。在大学里，学生不能成为书呆子，但学习永远是第一位的，活动虽然重要和紧迫，但要尽量避免与正常的学习相冲突。如果发生了冲突，就应及时把学习的损失弥补过来。参加了社团，就需要参与策划，组织活动，参加会议，投入服务之中，这些都是需要花费很多宝贵时间的。因此，在选择社团时，最多可以参加两个社团或组织，一般来讲参加一个自己最心仪的社团或组织最为合适。

大学本科四年，除去寒暑假、节日和周末，剩下的时间充其量也就六百来天（大学专科所剩时间更短），如果把握不住自己，它将稍纵即逝，四年一晃而过。有很多同学毕业的时候才猛然感到时光如梭，好像知识和技能并没有学到多少。

因此，作为一种经历，作为一种锻炼自己沟通能力、组织能力、协调能力的机会，能够担任一年左右的学生干部，尝尝“当官”的滋味，体会体会组织领导工作的甘苦足矣，毕竟你的专业是会计、审计。初级会计、审计人员的管理特色并不突出，重要的是干好你自己的本职工作，再具有一定的沟通、合作能力，别太“傻帽”、太书呆子气、太不可理喻就可以了。高校学生工作和各种活动太多，会让你花费很多的时间，投入很多的精力，这些付出有很多也许没有什么价值，还会产生很多莫名的烦恼，有的学生组织还充斥着社会风气，如果你的职业目标不是“从政”的话，作为一种经历，的确不需要过分热衷此道，沟通、组织等能力也是可以通过其他方面取得的。再说了，学生的第一要务就是学习，投入过多的时间从事社团工作，不免会本末倒置。

有鉴于此，各个高校可以在学校和班级（特别是班级）实行“班委轮值制”，国际上不少组织不就是采用的轮值制度吗？机会均等，公平又合理，既为每个学生提供了一个锻炼的机会，也等于“强制”每个学生（不管是否乐意、是否有兴趣）履行了一次为大家服务的义务，干部的性质就是公仆、服务嘛！这样，不仅能消除很多学生工作中的弊端，也有利于每个学生将来的就业，更有利于学生整体工作的和谐。

3.2 学习是大学永恒的主题

财政部副部长王军在《研经品典　启智取道》的讲话中说：“古今中

外，事有所成的规律是学有所成。学有所成，必是读有所得。‘读’什么呢？首先是读‘有字书’，读经典著作，让它灌溉和滋养我们的心灵，使我们有涵养和情趣；让它给我们以指引，使我们不致陷入反复困惑和长久迷茫之中。其次，还要读‘无字书’。《菜根谭》告诫人们：‘人解读有字书，不解读无字书；知弹有弦琴，不知弹无弦琴。以迹用不以神用，何以得琴书佳趣？’也就是说，如果人们不懂得领悟无形迹的神韵，将难以理解‘音乐和学问的真正乐趣’的道理。所以，既要广泛阅读、品味有字的经典，也要尽可能经历、感悟无字的经典，并通过阅读与经历的双重积累、经典著作与经典事件的双翼互动，丰富我们的阅历。从这个意义上讲，阅历就等于阅读的经历。然而，值得强调的是：参加工作特别是步入不惑之年之后，我们每个个体的成长要素，越来越多地主要来源于阅读和听取，转变为主要来源于直接或间接的经历和感悟。此时，上述成长公式可以扩展为：阅历 =（阅读 + 感悟）+（经历 + 感悟）。”

3.2.1 会计学习简析

（1）会计其实不难学

应当说，“会计”（泛指会计、审计、税务等专业课程，下同）是一门比较容易入门的学问，有了高中、初中阶段甚至小学阶段比较扎实的学识基础和理解能力，再加上日常生活中积累的朴素的“会计常识”，掌握它是一件比较轻松的事情。

比如，会计学原理，其核心只有三个，一个是会计等式（包括等式及其会计要素的含义），一个是借贷记账法的基本规则（主要是记账规则和借贷记账法下账户的基本结构），再一个是会计核算流程。只要这三个方面理解了，其他内容都迎刃而解，都是非常浅显易懂的东西。悟性高的学生，自己看书，一两个星期就能够基本解决问题，就可以在此基础上看中级财务会计等相关课程书籍。

再说中级财务会计，通篇都是围绕着经济业务中资金运动的三个方面来讲的，一个是计量，一个是确认，一个是会计分录。每个科目讲的基本上都是这三个方面，也是会计学原理相关内容的进一步扩展和延伸。如果说有难度的话，不是难在理解上，而是难在记忆上，因为里面充斥着大量的规定。

又如财务管理课程，其内容主要是围绕着资金管理（即资金及其流转）来进行的，虽然涉及融资、投资、资金预测和计划、资金使用和管理、资本成本和资本结构、本量利分析、业绩评价、企业价值评估等问题，但这些问题的分析都有比较固定的程序、方式和方法，有比较成熟的套路，其中涉及的公式和计算，通常要比高等数学容易得多。如果说有难度的话，不是难在课程本身，而是难在与实际的结合运用上。

最后再说说审计。从实际运用的角度讲，审计并不像审计教材那样厚重而庞杂，线条是比较清晰的，程序是比较分明的，要点是比较突出的。一本用心编写的审计教材，我们学习起来也应该是比较轻松而饶有兴趣的，因为它有一定的程序和规律，同时又有大量鲜活而引人入胜的实际案例。可惜，我们的教材特别是注册会计师考试的《审计》教材，那叫一个“乱”，那叫一个“虚”，像一团乱麻一样的乱，着实一个故弄玄虚的“虚”，没有根据中国企业的现实情况，中国会计、审计从业人员的现实水平，站在一个恰当的角度和高度上，用通俗的、简明的、我们喜闻乐见的语言去翻译、整合、提炼那些真正对我们有用、好用的东西，而是一味地“系统、周全、严密、深邃”，过于“拿来主义”，以至于很多人虽然以不低的分数考过了审计但还是说不清楚审计的流程，不知道怎样入手，不知道为什么这么做。很多同学反映审计难，难就难在这里。

也有部分同学感到会计难学，那是因为你还没有入门，没有了解“会计”的特点和性情。很多学习别的专业的同学，参加一个只有几天时间的培训班，就入门了；还有很多别的专业的同学参加一两个审计项目“打打下手”、翻翻凭证、听听讨论就对会计的“道理”和报表理解八九不离十了。更有个别“牛气冲天”的同学，学的是不相关的理工科专业，竟然通过一两年的“啃骨头”，把 CPA 证书给拿下来了。我们事务所原来就有这样一个女孩，不仅拿下了 CPA，还相继拿下了 CPV、CTA，尽管证书并不代表能力，但能取得这么多的证书，本身就证明她不是一个“笨”人，是一个悟性很强的人。

(2) 会计难在非技术上

“会计”不难学，那么，会计工作好做吗？从纯专业的角度讲，会计工作并不难，但会计并不是生活在“世外桃源”，会计也不是一个“技术工人”只需要人机对话。会计干的虽然是管理工作，但没有谁会心甘情愿、服服帖帖地听从你的摆布和指挥。要想把会计工作做到一定的高度，就必须一步步地修炼各方面的能力，如那些招聘广告上所写的耐心、细致、协调、沟通、组织、分析、应变能力、积极主动、开拓创新，以及一些招聘广告上强调的“抗压（承受）能力”。因为会计是企业所有业务流程中反复发挥作用的一个“链条”，这个链条既要对其他链条起到监督、控制、调节的作用，又要为他们服务，与他们和谐相处、共荣共生。同时，会计还是银行、税务等部门合作、监督的对象，处理好这些会计“专业”之外的关系，实在不是一件简单的事情。

很显然，不善沟通、不善交际就干不好会计，沟通、交际是大学会计专业学生需要特别修炼的能力之一。

(3) 上名牌读会计，有点可惜

很多同学在填写高考志愿时咨询“学会计、审计是不是需要很高的数学能力”等。其实，学过了会计或审计、干过了会计或审计的人就知道，从事这个行业，具备初中数学能力已绰绰有余。会计、审计也不需要高智商，因为会计、审计技术本身“含金量”并不高，会计、审计专业本身没有太多的“疑难杂症”需要高智商去刻苦“攻关”解决。而高情商、好心态、耐久力、沟通力、观察力、领悟力、交际力等倒是会计人必须具备的。君不见很多中专、大专毕业的会计人，经过持续努力，也取得了相当好的业绩。可见，在这里，智力不是最关键的因素，学历不是最关键的因素，名牌不名牌不是最关键的因素，最关键的因素是上面所提到的素质以及实践和经历。因此，你以拔尖成绩读个“985”、“211”高校的会计类专业，不仅学习应该是件非常轻松的事情，而且多少有点“可惜”。

（4）会计类专业学生休谈“创新”

会计类专业是一个不提倡“创新”的学科，会计、审计工作是不允许“创新”的工作，财务管理也没有更多的余地实施创新。会计准则是最新的，审计准则是最新的，内控制度是最新的，税法、条例是最新的，都是成百上千的精英、顾问、专家在“拿来主义”的基础上，花费大量时间、金钱和精力“消化”和“精粹”出来的，会计的“新”有什么可创的呢？全国那么多的专家、教授、博导又创了多少“新”呢？因此，要求本科生甚至专科生“创新”本身就是无理要求、无稽之谈！作为会计类专业，不但不能创新，还必须不折不扣地遵循和执行，不能逾越“准则”所划定的“红线”一步。会计类人员首先是消化好现成的东西（实际往往是老的还没有消化完，新的就又下来了），然后是执行，没有创新的权力、政策和氛围。

（5）会计类专业学生慎谈“研究”

就“会计”研究来讲，看看那些会计、审计类刊物就知道了，那里面所登的大部分文章是多么的无聊！学术与市场结合得越来越紧密，学术研究甚至沦为赤裸裸的商业行为。好文章确有，但不多见。会计类大学生如果选择走学术研究的道路将是十分艰难的。

除了“211”（据统计全国共有 115 所）、“985”高校毕业生中的一小部分有创新研究的特殊志趣和无怨无悔选择的同学（还要走过读硕、读博甚至出国留学之路）外，其余绝大部分同学以及普通院校的同学基本都要投身到轰轰烈烈的“市场经济主战场”中去，因此，学校应当务实再务实，与现实贴近再贴近，少唱高调，多做实事，多做那些让学生满意、让学生家长和社会用人单位放心的事，教会学生掌握那些看得见、摸得着、拿得起、放得下的真本领才是第一要务。

其实，在会计、金融、税务等应用型人才的培养上，国家已经做出了战略调整，这一点从国家领导人的重视和研究生招生政策上可以看得十分明白。比如，2009 年 1 月，国务委员、国务院学位委员会主任委员刘延东同志在国务院学位委员会26 次会议讲话时就强调指出，要调整学位授予的类型结构，调整学术型学位和专业型学位的比例，积极发展符合我国产业结构特点的专业学位，改变全日制硕士研究生以攻读学术型学位为主的局面，为各行各业培养一线专业人才。在此精神指导下，教育部下发了《关于做好全日制硕士专业学位研究生培养工作的若干意见》，决定从 2009 年起扩大招收以应届本科毕业生为主的全日制硕士专业学位范围，推动我国硕士研究生教育从以培养学术型人才为主，向以培养高层次应用型专门人才为主的战略性转变。既然研究生培养“指针”都发生了重大改变，会计类本科、专科教育焉有不重视“应用”之理？

3.2.2 会计学习要有高度

1. 学会计要下工夫——从考会计证说起

学会计的，会计从业资格证（简称会计证）往往是要考的第一个证书。一般大一、大二很多同学都要参加会计证考试。考会计证的难度其实不及高考难度的十分之一，与注册会计师等考试相比也不可同日而语。然而，即使是这样容易的考试，竟有大批的同学花钱报什么培训班，更有甚者花大价钱报什么社会上的“包过班”，实在不可思议！其实，这种考试只要认认真真地把教材看上两遍，记一记概念，做一做习题，通过是没有问题的。

很多同学，尤其是大专和一般本科学校的同学，课前不预习，课后不复习，课堂上不注意听讲，似懂非懂，被动接受，对课本上的内容不敢也不能提出任何质疑，即使课本上的错别字、计算错的数据都不敢更正，这哪里是学习的态度？哪里是学习的精神？对那些死板、僵化的知识简直像小学生一样的“虔诚”。这不仅是行为的懒惰，更是思想的懒惰。每个大学生都应该认真思考这个问题，思考以如此态度来求学能学到多少知识。养成如此心态，对将来做好工作，对利用知识积极主动地解决实际中发生的问题决没有什么好处。

不下工夫，不挤时间，不钻研知识，这是很多同学的通病。在学习上，雷锋曾经说过：“钉子有两个好处：一个是挤劲，一个是钻劲。”我们在学习上也要提倡这种“钉子”精神，善于挤和善于钻。中国有句俗话：“吃得苦中苦，做得人上人。”就是说，只有吃得了别人不能吃的苦，下得了别人下不了的工夫，才能成为别人比不上的人，才能成为人中豪杰。

针对目前大学生学习的态度，香港中文大学郎咸平教授在其《郎咸平说：公司的秘密》一书中十分生气地讲过一段话：“……和企业家相比，我印象最深刻的，你看看你们听课，经常会低下头，东摆西摆的，我在外面给企业家讲课，都不是向你们这么少的，都是 1 000 ~ 5 000 名企业家，我不是在教室里讲课，而是在大剧院讲课，坐得爆满，现场几千名企业家，没有一个人像你们这样子，我告诉你们，他们每个人都会非常专心地听 6 个小时，几乎没有人动，专心做笔记，这就是中国企业家的水平。我常常挖苦企业家不用功，但跟你们比起来却用功得多，所以你们该学的事情太多了，看企业家这么努力，这么勤勉，我还可以批评他们，你们说想做到这一步，想成功，你们有多少路要走啊！同学们，你们的成功不是在闪光点成功，而且要靠这些不断的积累，你们听我讲这个课我想对你们的人生一定会有帮助，你们现在不要太浮躁，你们的学习态度和我所批评的企业家相比还差得多，他们都不能成功，何况你们呢?”

因此，同学们一定要认清形势，不要停下脚步，从关注那些篮球、足球、歌星、“超女”、世界杯等与你没有多少直接关系的事情上转过神来，关注你的专业、你的职业、你的未来，努力、努力，再努力！唯有取得了辉煌的成绩，掌握该掌握的知识和技术，拿到该拿到的证书，才能讲其他！

“少壮不努力，老大徒伤悲”，这是你们都十分熟悉的名言，但话俗理不俗。比利时《老人》杂志对60岁以上老人曾开展过一次题为“你最后悔什么”的专题调查。结果显示：70%的老人后悔年轻时努力不够，以致事业无成；67%的老人后悔年轻时错误选择了职业；……只有11%的老人后悔没有赚到更多的金钱。这说明年轻时不努力是最最让人惭愧的。

（2）学会计要善思维

关于学习的思维的问题，用在复习考试、工作和研究上是分别不同的，可以分为考试思维、工作思维和研究思维。

考试思维，主要是为了考试通过而汲取和掌握知识，学习的目的主要是考试通过。如果你学得很好但就是考试通不过，那就是你的考试思维出了问题，就是“不会考试”。

工作思维，主要是为了指导具体工作、解决工作中遇到的问题而主动汲取和掌握知识，学习的目的非常明确，那就是指导实际，是以就业为导向。因此，站在这个角度上，学习的思路和方法与考试思维就大不一样。

研究思维，主要是为了对相关专题进行或系统或全面或深入的探究而汲取和掌握知识，刨根问底，学习的目的是学术理论的创新和提高。这种思维又与前两种思维存在极大不同，不是为了考试拿证，也不是为了工作，而是为了“研究”。

因此，三种思维的“指向性”是截然不同的。而作为会计类大学生，学习的根本思维应该是工作思维。当然，在参加相关专业资格的考试复习中，主导的应该是考试思维，以考试过关为最高目的。同样，大学毕业写论文时，或者读学术类研究生时，这时用到的思维就应该主要是研究思维了。有时这三种思维是互相交叉、互相影响的。

（3）学会计要善质疑

詹姆斯·埃伦在《做你想做的人》中说：人们制定脆弱的教条，把它们称为真理。真理不能制定，它不可言喻，永远超越智力的范围。真理只能通过实践来检验，只能通过纯洁的心灵和完美的生活表现出来。

质疑精神是真正掌握一门知识所必备的素质。质疑精神就是批判精神。教材不等于真理，教材不是真理，它只是一个方面、一个阶段、一些人的总结。更何况，现在包括会计类教材在内的很多教材是作者为了评职称，为了名与利而编写，往往都是仓促而成的“早产儿”，出版社审校不严，漏洞百出，差错连篇，体例和内容陈旧落后，众多教材“千人一面”，脱离实际，也毫无新意，同学们如果不带着质疑、分析、批判的眼光去学习，极容易“误上贼船”，到头来被用人单位所指责。

“英国学生与中国学生最大的不同点在于英国学生具有质疑精神，勇于挑战他人观点。”英国牛津大学第一副校长威廉姆·麦克米伦教授说。在他眼中，中国留学生“聪明”，并且“学习非常努力”。但在思考问题的方法上，由于中英两种教育文化的差异，中国学生普遍易于接受知识，而英国学生则善于分析问题，并提出质疑。“而分析能力是在英国大学里最重要的学习能力要求。”英国人喜好自由辩论，喜好用自己的分析质疑他人观点，捍卫自己的说法。英国学生善于挑战他人的想法和他们在学术上的质疑精神传承了英国的传统文化。

麦克米伦教授介绍，在牛津大学，教师不是简单地把知识传授给学生，而是通过每周组织的学生讨论来进行学习。任课教师将问题布置给学生，并开列书单。学生则要根据问题的方向，广泛阅读相关书籍，进行有深度和广度的思考。学生通过自学理解知识，并从不同的侧面分析总结，得出自己的结论，同时撰写5000字左右的文章。老师下次上课时，便让学生分别陈述自己的观点。“学生的观点可大不相同，他们会找出自己的所有理由来挑战别人的说法，捍卫自己的观点，而学校也会安排几位教师，从各自不同的侧重点讲述同一门课程，其目的就是让学生全方位了解这一学科。”

（4）学会计要有悟性

美国作家福克纳说过：“两个人同时往窗外看——一个看到的是地上的污泥，另一个看到的是天上的星星。”所谓境由心生，就是这个道理。每个人面对同样事物的所思、所想、所得、所获，与我们自己的心境和感悟时刻相关。财政部王军副部长说过：“这个‘悟’不是简单的加法得出来的和、乘法得出来的积、除法得出来的商、减法得出来的差，可能是一个综合指数，是一个没有概念的概念、没有逻辑的逻辑、没有道理的道理，是思想、观念、知识、经历混合在一起的裂变。无所思则无所悟，没有一个痛苦的思考过程，就不会有认识的升华。”“要学会从一滴水中看世界，从半瓣花上说人生。”

死读书，读死书；只知其一，不知其二；只知其然，不知其所以然；老师讲多少就会多少，不会举一反三；老师要求多少就学多少，不是根据“需要”去学，而是根据“指令”去学；……这些都是悟性差的表现。悟性差，难成功，或者成功得很难。怎样提高悟性？学“会计”要多读书，多读好书，多联想，多类比，多观察，勤实践，多角度思考，多换位思考，多听成功人士的劝导，这些都是很好的方法。只有这样，才能从思想认识的广度和深度上提高修养，从职业选择和发展的“通识”和“认知”上提高水平，从职业精神和职业道德的层面上提高觉悟。这些做到了，拥有良好的悟性，再加上会学习，你无论从事什么职业，无论干什么工作，文史地也好，数理化也好，生工医也好，政经哲也好，都能拿得起、放得下，都能取得出色的成绩。职业是不同的，但职业道理、职业规律、职业要求是相通的。

5. 学会计要把握本质

学会计把握本质，就是要深刻领会专业教材的精髓，了解专业知识的精髓，真正知道各门学科的宗旨是什么，它们的灵魂是什么，它们应当怎样与企业、单位的实际相对接，怎样满足企业、单位的需要。这些都是学习时应当经常思考的问题。不但要了解课本上那些“熟悉”、“掌握”对知识的要求，更要突出探索其对实际能力的要求以及对职业素养的要求。

香港中文大学郎咸平教授在一次演讲中指出：这不是一个简单的读书问题，而是要理解书中的本质是什么，你不要到时候像《士兵突击》里的许三多一样，他怎么念书的呢？他到图书馆从 A 开始学，从 ABCD 开始念，书念得多没有用，从今之后你们要读书，记住郎教授说的话，读书不需要从头到尾看完，你们一开始就要问自己，这本书它的灵魂在哪里？这本书到底要告诉我什么？灵魂只会告诉你们一个字、一句话而已，一本书只是告诉你们一句话。如果你们不理解这个灵魂，也就是本质，看都白看，你们就像许三多一样，图书馆的书都看完了，也毫无概念，永远不会有自己的思想，永远都无法从书中读出道理，你们只是看完了而已。这样，你们就会成为一个缺乏灵魂的读书者。

(6) 学会计要与时俱进

会计、审计业务是随着企事业单位经营发展的实际变化而变化的，与国家经济变革和市场经济内容的嬗变须臾不可分离，与形势、政策变化须臾不可分离。因此，要学好会计，就一定不能当“瞎子”，当“聋子”，当“家雀”，要时进我进。一方面要加强课外阅读，多阅读一些与专业相关的报纸杂志和经典、热点书籍，经常了解一些发生的企业案例，比如经营、管理、投资、融资、重组方面的案例，了解一些会计、审计、税务、金融、股市、证券方面新近发生的事件及其背景，了解国家经济方面的改革举措和方针政策，不断补充、积累一些最新的、鲜活的知识和信息，对知识、信息的掌握尽可能形成宽厚、立体的网络。同时，也可以从字里行间的阅读中间接获取实践经验（须知，经验并非只有直接参加实践一个渠道可以取得）；学习书本知识，更要学习现实政策，因为政策规定是最新的，是最能体现现时形势的，是针对性最强的，是书本上找不到但在实际工作中却必须要不折不扣地执行的。因此，与时俱进是学习的一条重要原则，尤其是会计类学科。另一方面，要从课本走出去，从教室走出去，从校园走出去。

这对于毕业时求职、面试、工作以及撰写毕业论文都非常有益。

(7) 学会计要学以致用

让我们先来看一个小故事。

有一位教授每天都得乘小船到对岸的大学讲学。这一天早上，他又乘小船，途中他忽然兴致勃勃地指着空中问渡船的人："船家，你对天文学认识多少？"船家很惭愧地回答说："教授，我因为受教育不多，所以对天文学一无所知。"教授得意洋洋地说："天文学你不懂，那你已经失去25%的生命了。"过了不久，教授又问："船家，那你对生物学认识多少呢？"船家更羞愧地回答："对不起，教授，我也不懂什么是生物学。"教授惊异地说："连生物学你也不懂？那你可以说已经失去了50%的生命了。"

又过了不久，教授指着水中的芦苇问："那你到底知道不知道什么是植物学呢？"船家惭愧得连头也不敢抬，小声地答："我……我不知道。"教授忍不住大笑起来："那你可以说已失去了75%的生命了！"

就在这时，忽然刮起了大风，天色大变，暴雨骤来。小船在风浪中撞到了大石，船底破了一个洞，河水马上漫了进来，眼看小船就要沉没了，船家连忙准备跳水逃生，他关心地问教授："你到底会不会游泳？"教授吓得面无人色地回答："我就是不会游泳啊！"船家很同情地说："那看来你马上就要失去100%的生命了。”

你从故事中读到了什么？

从小到大，我们学了很多无用的东西，学了很多务虚的东西，学了很多应付考试、应付升学而不是面对生存、面对现实、面对生活、面对工作、面对如何做人做事的道理和方法的东西，很多人学成了“书呆子”、“考试虫”。

学习一定要学到教授那样“学富五车”、满腹经纶吗？不一定。这是一个横向和纵向的问题。这要看你将来要从事的职业。这就涉及你的人生目标。假如你的人生目标是做大学教授，那么，你就不仅要在学问纵深切入的同时，还要横向广泛涉猎；假如你的人生目标是做专业人才，那就首先要解决好专业纵向的问题，因为这是核心，这是赖以生存的“饭碗”，不能出现“专业不专”的尴尬问题。实际上，很多人之所以人生事业不能成功，业绩平平，就是因为专业不专，没有达到应有的深度和高度，好像什么都会、什么都懂，其实啥都不精，就是所谓的“万金油”。

学以致用，用以验学，关键在于“用”。学以致用，就是学习要有的放矢，“用”字当头。学以致用，解决的是学习的方向问题。会计学科是应用型学科，会计人才是应用型人才。因此，对会计相关知识必须从实际应用的角度出发，融会贯通地掌握。事实上，很多学科内容是一个互相联系的整体，不可分割。教材编写上将它们分开，只是为了教学的方便。同学们可以注意一下，课程的分类以及课程内容的编排基本上是按照老师、学者讲课和学术研究的思路进行的，是以学科理论的主线贯穿全书的，不是按照指导实际工作的思路来编排的。而学生学习的目标是为了应用，是成为“眼高手也高”的应用型人才。也就是说，应用型学科的教材编写指导思想是存在问题的。因此，对这个现象如果不能正确对待的话，必然越学越呆，越学越傻，只能学到一堆凌乱的概念，毕业后专职搞学术研究的人毕竟是少数，读硕、读博的目的很多人最终还是为了应用。

“用”是学习的导向，是目的，是最高目标，在此导向和目标的指导下，学习才真正有意义。“纸上得来终觉浅，绝知此事要躬行。”知识浩如烟海，是永远也学不完的，纯粹地、一味地学习那些死的、条条块块的知识，是没有什么大用处的，只能应付一下中央电视台《开心辞典》那样的抢答游戏。所谓的“书呆子”就是因没有正确导向和目标而练成的。因此，必须从实际的角度去学习和探讨，学习不能脱离实际需要，毕业论文要选择与你职业理想或喜欢的工作相关的题目，广泛搜集资料，认真进行研究，系统了解和掌握这些知识。学习中要重视商科内容，因为会计类专业的学生毕业后大部分要进入企业，要参与经商，要参与企业管理，可以说与“商”密不可分，多了解一些商科的知识和理论，对将来不无裨益。学习要立足中国国情，立足现实，立足当前，不能一味地崇拜西方，思想可以“天马行空”，但脚还要踏在中国的土地上，从身边、当下的每件小事做起。

学习的目标是就业，是掌握能力，而不仅仅是掌握知识；是为将来做好工作而学，而不仅仅是为了掌握知识而学。换句话说，即使做不到满腹经纶，但只要会做，做得很好，做后让同事赞同，让上司满意，你就是合格的；反过来说，即使满腹经纶，才华横溢，滔滔雄辩，但做不成事，老板要你做什么？

（8）学会计要“投其所好”

学会计要“投其所好”，就是要投用人单位的“所好”，就是要经常关注自己所“倾心”的行业、企业、职业和岗位，看看他们有什么要求，什么用人价码，然后根据他们的要求来不断调整和完善自己的学习、能力和素质。爱她就要想尽办法让她对你一见钟情，就要让她有“众里寻他千百度，此人却在灯火阑珊处”的感觉，决不要让她对你失望。你不能总是在那里傻傻地、笨笨地、苦苦地“单相思”吧。不仅如此，“母校”也要投用人单位的所好，也要不断调整“养儿育女”的策略，让你的“儿女们”娶也娶得好，嫁也嫁得好，过也过得好，阖家欢乐，共同荣光。

3.2.3 课程学习的智慧

(1) 课程可以区别对待

面对众多课程，特别是面对众多选修课程，会计类专业学生应该根据职业选择和职业要求来反向思考，反向决定应该学习的课程和应该修炼的内容。这是主动地选择，主动地涉猎，主动地“挑菜吃”，主动地吸收书本中的营养，而不是被动地接受，被动地消化那些对“就业健康”无益的“垃圾食品”。

(2) 课程可以提前学习

现在很多学校的教学计划、课程大纲设计是有缺陷的：该提前安排学习的，有的安排得比较靠后；该作为必修课程学习的，有的安排到了选修课程之中；该适时地安排学科基础课时，却安排了大量与专业、职业、工作毫无关系的课程。这些都不符合“教学为实际服务”的要求和规律。

实际上，大学生对知识的学习和掌握不是必须限定在某个时间段里才能学习的，不是必须通过集中的、一次性学习才能完成的，需要反复思考、实践，再反过来理解、体会，经过多次的反复才能真正领会知识的真谛，随之，认识一次次提高和升华。

因此，如果条件许可的话，学生大一或大二时就可以将大学四年的教材全部拿到手，这样根据你自己的规划在需要时就可以随时查阅和自学，申请提前参加考试，提前拿到学分，提前报考有关资格，甚至提前报名考研，“进化”你的学习周期，而不一定非要等到大三、大四的时候才去匆匆忙忙、囫囵吞枣地学（其实大四的上学期学生已经人心涣散、各找各的出路了），特别是对那些打算提前实习、提前找工作的同学来讲，提前学习就更有好处。这是主动的行动，是积极地索取，是按需求知，其学习效果一定比按部就班、死气沉沉地被动学习好得多。

可是，目前所有的大学上课，都是限定一个学期学某几门课程，并一次性地讲授、考试，然后就万事大吉了，很少鼓励学生发挥能动性，突破这一模式。这种安排实际上是没有多少科学依据的，依据的只是几十年不变的、传统的教学惯例，基本出发点不过是为了维持全体学生的学习秩序，“一二三，齐步走！”便于“懒惰”管理，而不管市场需要如何，不管“消费者”的特殊需求如何，按照一张设计图纸，将学生们“一刀切”地全放进一个“模子”里，或者一次投料进入生产环节，经过大一、大二、大三、大四几年的生产工序，然后统一生产出一个型号的产品，统一出厂，统一提供给消费者，“要不要由你！”这种按部就班、千篇一律生产出的产品不可能更好地适应“市场”的需要，尤其对于那些文科类、商科类、管理类专业的学生而言更是如此。

怎么办？学校不进取，你不能不进取啊！它不进取，第二年照样大批进料，照样开工生产；你不进取，你就被打入库存了，变成不良资产了，或者变成处理品了。建议你第一年就可以拿到全部四年的教学进度表，了解课程安排，对照市场需要，确定你的重点。需要提前掌握的知识，重要的知识，实习、实践需要掌握的知识，用人单位特别看重的知识，完全可以提前自学或通览，只要学习的动机正确，目的明确，提前学习只会有益而不会有害。这是早日“拥抱”知识，“拥抱”实际，“拥抱”市场，“拥抱”职业的需要，是早日融会贯通、早日建立职业根基的需要，是时不我待的需要。

因此，作为会计类大学生，知识的掌握越早越好，没有谁规定不到时间不可以学习，不到时间不可以涉猎，除少数具有一定学习顺序的课程（如先学基础会计学、再学其他专业课）外，其他大部分课程本来就不具有绝对的先后次序，学了基础会计学后，其他课程完全可以提前接触和了解，没有那么多“清规戒律”，并借此达到学习过程中的互相联系、兼收并蓄、互相促进、持续提高。

（3）课程可以跨专业选修

跨专业（学科）选修课程的依据是什么？是专业兴趣和职业取向，是对未来的憧憬和向往。通过打破专业界限，来赢得自主学习的时间和空间，这是塑造真正符合社会需要的人才的有效途径，是“自己高兴、企业喜欢”的双赢目标。

在这方面，有的高校做出了积极有益的探索，比如厦门大学。据《中国教育报》近期报道，该校在2009级本科生中全面推开一项新的教学计划，这一计划通过整合和优化学校教学资源，打破学科和专业界限，较好地解决了选修课与必修课截然分开、主修专业与辅修专业截然分开、不同院系之间课程截然分开等教学方式所带来的弊端，收到了明显的效果。数据显示，仅2008至2009学年第一学期，厦门大学必修课开课门数比例已经从2006至2007学年第一学期的66.9%下降到47.3%，而选修课开课门数的比例则从33.1%增加到52.7%；专业课面向全校开放课程数从原来的零状态提高到11.05%，开放近6000个名额，占公选课名额的28.19%。在新的教学计划中，“平台课程建设”和“课程资源共享”是两个最重要的抓手。“通过平台课程建设，我们力图使学生掌握大学里最基本的知识和能力，同时把最优质的教学资源配置到最需要的地方，使学生享受到最优质的教育。”该校教务处处长谭绍滨说。而课程资源共享，就是打破学院与专业学科之间的界限。原则上，学校所有课程都可以根据学生承受能力和需求情况，对任何系、任何专业、任何学生开放。本专业开设的必修课程同时也可成为外专业的选修课程。这种方式调动了学生跨学科选修的积极性，实现了“学生选修课，兴趣唱主角”。

（4）跳出教材学教材

在每门教材的学习过程中，应当“跳出本教材，与其他教材相联系”，“跳出所学教材，与课外资料相联系”，“跳出书本，与实际实践相联系”。

教材毕竟只是教材，不可能十分详细、具体、面面俱到，你必须要根据教材内容和学习进度，及时、同步地从报纸、杂志或互联网上搜集相关知识，从实际和实践中体验和体会这些知识，扩展知识面，扩大知识收获。一个有水平、负责任的老师应当补充很多相关知识和案例，并给你一些很好的学习建议和指导。

另外，有些教材编写质量较次，你抄我，我抄你，七拼八凑，错误百出，不连贯。作为学生，对有的教材可以不必过于尊重，更不必盲目崇拜(不管教材的编写者多么有名气，是教授还是博导)，即使你千万遍地研读也深挖不到多少真知。但是对任课老师的讲解要重视（当然这应该是一位好老师，否则，你就太没运气了）。一个有水平、负责任的老师会对教材内容进行具体分析，对存在的问题或错误一一进行纠正，还会对教材内容进行补充和延伸，给你一个课外阅读建议，会兢兢业业地完成教学工作的。这是其一。“跳出”的另外一层意思，就是学习要结合实际，结合其他课程，结合最新政策。这里不再重复。

（5）跳出会计学会计

跳出会计学会计，就是跳出会计专业的限制，跳出财管专业的限制，跳出审计专业的限制，跳出惯性思维的局限，与其他学科相联系，与其他岗位相联系，与其他需求相联系，从企业全局的眼光看“会计”、学“会计”，从“局外人”的眼光看“会计”、学“会计”。比如，从经营的角度，从管理的角度，从理财的角度，从服务的角度，从税务的角度，从投资的角度，从审计的角度，从公司战略的角度，以及从投资人的角度，债权人的角度，创业的角度，监管者的角度，等等。只有这样才能更好地把握会计的本质，掌握会计的精髓，领悟会计的真谛，升华会计的境界，才能学到会计的真本领。

财政部副部长王军在全国先进会计工作者经验交流暨纪念会计改革开放30周年优秀论文表彰大会上讲话时说：“会计是经济生活中十分敏感、十分活跃的一束神经，经济的繁荣与困难会很快传导到会计身上，会计的发展变化也往往映衬着经济的种种预期，必须跳出会计看会计，高于会计想会计，长于会计干会计，做到小中见大，见微知著……避免就会计论会计，陷入会计难以自拔。”这对我们学习会计、从事会计实务工作、从事会计教学和研究的人们来说，都是十分精辟的鞭策。

（6）跳出专业学专业

跳出专业学专业，就是不要受所学专业的限制，掉到你那个专业的陷阱里。专业面往往是窄的，专业要求往往是笼统、狭隘的，而实际要求往往是清晰、复合的。因此，你必须立足专业同时走出专业，走向专业和职业的“广阔天地”。具体的，你可以根据个人实际需要设法跨专业、跨学科深入学习一些必要的课程，比如营销、公关、物流、外贸、金融、人际交流等课程，或者听一听跨专业的讲座，参加一些跨专业的活动。当然，跳出专业并不是说你可以不“睬”学校的教学安排，可以不学习专业课的内容，抛弃你的专业去干别的，而是要从“大专业”的眼光去看待专业，从综合需求的眼光去寻找自己的不足，将自己放到更加宏观的职业世界里，在综合水平上“做文章”。进一步讲，跳出专业学专业，也包括站在别的专业的角度来看待和审视自己的专业，“当局者迷，旁观者清”，这样更容易使自己看清自己，塑造自己。至于如何“跳出”，还要结合你的职业理想，将你的职业所需要的知识和技能摆到更加突出的位置。

3.2.4 对自己专业要求不可过低

很多同学在校满足于听听课（有些学生连课都不好好听），满足于记记老师强调的知识（有些学生连老师强调的知识都懒得划下来、记下来），满足于考试时根据老师划定的考试范围背一背（有些连这个范围都懒得背），取得个表面的好成绩，最后，在大三或大四的时候，会计专业的学生满足于通过学校肤浅的会计实验课学学会计核算的程序，财务管理专业的学生满足于内容干瘪、形式陈旧的财务管理手工实验（当然有的也安排会计手工实验），轻松完成了“会计核算”等大学四年（或三年）的“压轴大戏”，以为这就掌握了会计的关键、重点和真谛，然后沾沾自喜、踌躇满志地走进招聘会场。

大学会计“会记账”就是目的吗？错了！“会记账”完全是一种“小会计”的心态。

很多院校会计专业本科，第一年基础课，第二年、第三年专业课，第四年的上学期一边继续讲一些专业课，一边安排学生到“会计实验室”实习——做实账（注意！这一点与专科、职校惊人地相似，大多连使用的教材都一样，与社会上针对非会计专业学生开办的“实账班”也一样）：依照事先印制好的凭证、概括清晰的业务、准确无疑的数据、铁定的核算流程做一做制证、登账、编报表的作业，然后就万事大吉了。实际工作是这样的简单、简易、简明、简捷吗？须知，企业各种核算资料（原始凭证）的取得、甄别、核对、归集、处理和利用，各项经济业务的办理流程和来龙去脉，企业各种资金的筹集与使用，各项内控制度的设计、执行，以及执行中时时、处处可能发生的推诿、扯皮、误解、冲突，各种财税问题的交涉与处理，这些都是教材（无论教科书还是实验教材）中没有涉及的。“会记账”仅仅是个小儿科而已！

不要把自己限定在“会计记账”这个狭小的“笼子”里，除此以外，会计实际上还有很多学问要学，还有很多复杂工作要做，还有很多事情需要谋划，还有许多问题和冲突、矛盾要处理。否则，会计工作就没有必要设计那么高的学历（专科、本科、硕士、博士），设定那么高的专业职称（初级、中级、高级直至正高级会计师），评那么多的教授、博导了，也不会搞一个那么难考的注册会计师资格了。会计记账仅仅是基础，是雕虫小技，是从事相关专业的“底线”。以前很多人小学、初中毕业，稍微自学一下就能通账理、记好账，成为各行各业顶呱呱的“铁算盘”，哪儿需要专门读几年大学啊！

因此，许多学校会计类本科学生，也将学会记账作为大学四年的“伟大胜利”而沾沾自喜，错矣！现在，作为中专、职校、大专学生，这样要求自己好像还在情理之中，而作为大学本科学生，将来的管理学学士，决不可以对自己要求过低，将自己与专科、职校、中专学生放在一个层次上去要求自己。你无论如何都应该比他们技高一筹，谋高一筹，道高一筹；否则，技、谋、道无异，如何突出你的本科优势？如何在同台竞技中胜出？

3.2.5 学会计要重视写作

经常看到一些招聘会计人才的广告上写着：要求具有较强的文字能力。在会计实务中，普遍存在着会计人应用文体写作能力不强的问题。在学校会计教与学的过程中，也普遍存在着“重英语、轻汉语”的现象，对此，同学们要引起重视，自我寻求改变。在此，将《中国会计报》登载的一篇文章《会计人亟需突破写作瓶颈》（作者吕晓雷）推荐给大家，望有所启发。

与较强的会计业务处理能力形成鲜明对比的是，会计人的写作能力普遍较弱，这成为制约会计人全面发展的瓶颈。会计人平常涉及的写作内容主要有两方面：其一是各类对内对外的报告，如财务分析、成本控制和项目可行性分析等；其二是各类论文写作。

以第一种来说，会计人写不好的原因主要是不敢写和不会写。因为一些重要的报告需要由管理者层层审阅，它们往往会成为大家关注的核心。会计报告在很大程度上代表严谨和权威，对财务分析的角度是否契合企业的经营理念、所提的建议是否恰到好处等都要进行认真考虑。因此，一份合适的专项报告被修改十几遍是家常便饭。这是许多会计人不敢写的原因。

之所以不会写，是因为会计人没有把握住看报告的人需要什么信息。很多报告，通篇看下来，都是从会计的角度、用会计的思维、通过会计专业术语写下来的，重点不分，层次不明。看报告的人如果站在会计以外的角度看，很容易一头雾水。

在我看来，写好会计报告需要抓住几个重点，做到“稳”、“准”、“狠”，有的放矢，如此才能写出一份让人信服的报告。

“稳”就是严谨，不出疏漏。

“稳”更多的是思想的体现，在写作之前要明确，究竟如何搭建框架，以何种风格来撰写，是层层递推还是跳跃推进，是有理有据地客观表达还是加些个人的主观想法。如对现在进行业务的叙述就需要严谨，对未来某业务的可行性分析就需要宽泛。

“准”就是准确，贴近事实。写会计报告也是一种沟通形式。可以想象一下，如果面对面沟通，对方会问什么，自己会答什么。体现在报告上，这些也需要根据对方的思路，来有所侧重地进行分析。如管理者近期想了解产品的毛利情况还是存货的周转情况，又或者是应收账款的情况，等自己断定准了核心问题后再展开写。

“狠”就是一针见血，不做表面工夫。很多时候，看报告的人最忌讳长篇大论，更希望看到结果，而不是推论过程。在充分调研的基础上，会计人所作的结论不能拖泥带水，要经得起推敲和检验。

最后还要避免纸上谈兵。在会计报告撰写前和撰写时，会计人需要搜集大量的资料，以辅助自己的结论。如销售部门的近期市场情况、生产部门的生产业务等，这些一线信息是最贴近实际的。

下面再谈谈专业论文。因为工作关系，我曾经审核过很多会计主管写的论文，这些论文要么是长篇大论地引用资料，一看上去就像是抄袭他人的，要么是逻辑混乱、主次不分，让人不知所云。

写专业论文其实并不是那么难的事。如果选题自由的话，选择标准应该是选小不选大，选实不选虚，要选自己一直做的或者感兴趣的来写。写作的时候，最好找一篇类似的论文仿照，注意是仿照其框架，而不是其语言。如果范文先说宏观的话，那你也可以一开始就从宏观方面来说；如果范文先提出问题，你也可以试着开篇就提出问题。这相当于在相同的框架内写自己的思想。有了参照，就不会走偏了，这也算是写论文的捷径。

写论文可以按照上述办法，但要写好论文，就需要有深厚的知识积累了。“熟读唐诗三百首，不会作诗也会吟。”平时多阅读一些专业书籍、报刊，再加上对工作领域内专业话题的思考，到时候文字就会非常顺畅地从你笔下流淌出来了。

3.3 西方国家是如何开展会计教育的

3.3.1 英国：注重学生素质和能力的培养

英国作为发展会计职业的起源地，是现代会计理论和实务较为发达的国家，与之相适应，其会计教育一直以“注重学生素质和能力的培养”而著称。英国各个大学的会计教育有不同的教学模式。但其会计教学模式比较注重学生的能力和素质的培养。

首先，整个会计教学过程十分强调学生的自学能力，注重开发学生的创造性思维，并为学生提供各种展示自身能力的机会。其次，会计课程作业充分体现培养学生的独立工作能力和团队合作精神。再次，会计考试评估方式注重考查学生综合能力和素质。比如，其试题多为综合性的主观题，即使是会计核算也会要求相关的分析和决策。每道题都需要大量的论述支持，所以要在两个小时内完成这样的考试，就要求学生思路清晰，有较强的逻辑性，并且必须在平时阅读较多的参考书，积累一定的专业知识并能将其灵活运用。最后，会计课程设置比较科学，与社会需求、学生就业结合非常紧密。会计专业和课程设置紧扣时代发展脉搏，主要是根据市场需求和学生就业情况，每学年进行的会计课程总结、修改和替换。

3.3.2　美国：强调终身学习，　课程设置具有前瞻性

美国会计教育改革委员会在1990年9月发表的状况公告第1号《会计教育的目标》中明确指出："会计专业教育应该为学生成为职业会计师做好准备，而不是在进入职业界的时候成为职业会计师。"因此，本科会计教育并不是也根本不可能做到把一名经验丰富的职业会计师应具有的所有的知识和技能都传授给学生，而是应教会他们为获得并保持职业会计师的资格所需要的学习能力。也就是说，应该教会学生如何学习，并打好终生学习的基础。

他们把终生学习的基础概括为三个方面：知识、技能和专业认同。知识包括一般性知识和会计专业知识。技能包括沟通能力、智力能力和人际交往能力。专业认同是指会计毕业生应认同会计专业，乐于学习会计专业人员所必须具备的知识、技能，并能建立正确的价值观。

3.3.3　德国：会计教育更加注重实践

德国的中初级层次会计人员类似我国的中初级会计人员，他们称核算员和会计主管。与会计审计师必须接受高等教育不同，中初级会计人员可以通过职业教育途径接受技能训练。一个中学生毕业后，要想从事会计职业，首先必须在职业学校接受3年的工业销售专业学习，期间有一大半的时间要在企业进行相关工作的实践锻炼。

德国国家法律规定，会计审计师（相当于我国的注册会计师）是德国会计专业领域层次最高的行业人员。他们通常要接受高等教育，也可在有10年专业实践的基础上参加考试。如果大学学制是4年，他们需参加3年的专业实习；如果学制是3年，则需参加4年的专业实习。考试合格后，他们还要经过一定的程序，证明其能履行相关的责任与义务，并按规定投保个人相关保险后，才能成为一名会计审计师。

四 把握方向，修炼你的独到之处

在大学里，除了上课、学习之外，当然还有许多事情要做、可做。大学生活五彩缤纷，各种活动像大海的波浪一样，一波未平一波又起，一浪高过一浪，稍有不慎，就会卷进漩涡，迷失方向，难以自拔。是随波逐流，顺其自然，还是把握核心，坚定方向，聚精会神地修炼你的独到之处，一心一意地打造自己的核心竞争之力，就看你自己如何作为了！

XIULIAN NIDE DUDAO ZHICHU

4.1 会计相关专业大学本科学习规划

首先，让我们来“核算”一下大学四年的时间要素，以及实际可以利用的有效时间，以便时时提醒自己。大学四年，乍看起来时间很长、很充裕，其实，大致计算一下，最美好的在校学习时光非常有限。由于一般各院校大四上学期中旬学生已经开始找工作并陆续离校了，所以，学习时间仅有三年半的时间，每个学年大致安排 9 个月教学，每个月 22 天，四年总共约有 693 天（22 ×9 ×3.5）上课时间，若再从中减去元旦、清明节、五一节、端午节、国庆节、校内春季运动会、秋季运动会以及其他活动占用的时间，减去大一上学期军训、懵懂无知所虚度的时间，减去谈恋爱、开 Party 的时间，算下来大学四年有效学习时间充其量为 650 天左右。每天按 10 个小时计算，结果出来了，仅仅是 6500 个小时。时光如流水，一寸光阴一寸金啊！

4.1.1 大一学习规划

大一为新奇期、迷茫期、试探期。在这个时期，你可以多利用学校发的学生手册和入学教育环节，了解学校相关规定，了解专业和学习安排，初步了解职业，特别是自己未来所想从事的职业或与自己所学专业相对口的职业，也可以多和师哥师姐们（尤其是大四的毕业生）进行交流，了解相关情况，汲取经验教训，让你的大学过得更好。

（1）关于学习

除个别专业基础课（如基础会计学、管理学、经济法）外，专业必修课、选修课程尚未安排，此时你必须重点抓住英语、数学等课程的学习，特别是打算将来考研、出国留学的同学。同时要十分重视基础会计学的学习，无论是会计专业，还是审计、财务管理专业都一样，因为它是所有相关专业的基础。这个基础打好了，相关专业课基本上可以迎刃而解。对那些准备毕业时直接就业的同学来讲，持续提高英语的听说读写能力，特别是听和说的能力，以便为将来进入外企、国企、上市公司等奠定基础，当然是再重要不过的了。

需要强调的是，大学语文的学习，特别是财经应用文的学习，作为会计类专业学生来讲，也相当重要，因为在企业会计实务工作中，一些应用文体的写作经常用到，很多用人单位普遍反映毕业生这方面能力较差，需要引起重视。我想，这与这些年各类层次英语学习、考试的冲击有关，也与学校的教学导向有关。

（2）关于考证

大一至少可以考虑参加三个考试：①大一上学期可以报名会计从业资格证（即会计证）考试并着手复习，报名时间一般为 10 ~ 11 月，具体考试时间一般在大一下学期，每年 3 月份。②大一下学期可以趁刚高考过后的热乎劲报考大学英语四级考试（一般为 4 月份），具体考试时间一般在当年度的 6 月份。③外语程度不错的同学，可以考虑报考 ACCA（特许公认会计师）或者 CGA（加拿大注册会计师）或者 AICPA（美国注册会计师）等，因为这些证书报考门槛很低，具备高中以上学历即可。这些“洋证书”在世界各地学员众多，知名度很高，难度不是想象中的那么高。而中国注册会计师虽然知名度极高，但一般大三才可以报考。不过，你要考虑好自己的资金实力，统筹安排。

（3）关于社团活动

由于大一学习任务不算重，你完全可以以提高自身的基本素质为目的，多投入些时间参加学生会或社团活动，了解社团活动运作的特点和规律，尝试参与策划、开展一些有意义的活动，跑跑腿，熬熬夜，费费劲，吃吃力，从中学习组织、协调、交流、合作、共事的经验和技巧，锻炼自己的各种能力，也能消除大一学生容易产生的心理问题。

（4）关于大一寒暑假

在这个假期里，你应当尽可能地参加社会实践活动，包括各种形式的打工、实习、社会调查、参加社团组织举办的寒暑假集训和活动、参加社会志愿者活动等，目的是了解社会，了解生活，了解职业，了解人们赖以生存的环境。

4.1.2 大二学习规划

大二为定向期，应开始考虑未来是继续深造还是就业。你可以开始尝试勤工俭学、社会兼职、社会实践活动。最好能利用课余时间较长时间地从事与自己未来职业或本专业有关的工作，提高自己的责任感、耐受性、主动性和受挫能力，增强英语口语能力，增强计算机应用能力，通过英语和计算机的相关证书考试，并开始有选择地辅修其他专业的知识充实自己。

（1）关于学习

主要专业基础课、必修课陆续开始安排，同时，大学英语、高等数学继续安排学习，学习任务比大一时明显加重，这个阶段除继续重视英语、数学的学习外，还要重视专业课的学习。

（2）关于考证

大二可以考虑参加以下六个考试：

①会计证考试。如果大一已经通过了这个考试，那么这个问题就不存在了。否则，大二上学期记住要报名，下学期（3 月份）考试，务必在大二解决会计证的问题。

②大学英语四六级考试。如果大一下学期没有解决英语四级的问题，那么，大二下学期记住要报名，将这个问题在大二解决；如果大一下学期已经解决了英语四级的问题，那么，大二下学期就可以报考英语六级，并鼓足勇气将它解决掉。不打算报考英语六级的同学，可以选择报考“剑桥商务英语证书”等最有利于求职和工作的考试。

其实，建议你报考英语四六级，完全是从将来应聘的角度考虑的，是无奈的选择，因为不少招聘单位在招聘条件中总是列出这个东西。而一旦录用你以后，他就再也不看重了，也很少用得上了。实际上，英语听说读写能力如何，能否适应外语环境下沟通交流尤其是专业和工作沟通交流的需要，与是否拥有四六级英语证书没有多大关系，通过其他途径，下工夫学好会计英语、财经英语、商务英语，突出听说能力，也是正确的选择。英美等国家的小学生语言就讲得倍儿溜，你说他是英语几级？咱们国家很多人拿到了英语六级甚至更高级别，有这个表达水平吗？

③注册会计师资格考试。大二下学期（一般在每年4月份）可以报名注册会计师考试的若干科目并着手复习，考试时间一般是在当年度的9月份，即大三的上学期。当然，这要看学校所在地注册会计师考试主管部门是否允许大二同学报考了，因为按照我国《注册会计师法》和财政部《注册会计师全国统一考试办法》的规定，社会人员要想报考注册会计师，要么具备大专以上学历，要么具有会计或者相关专业（指审计、统计、经济）中级以上专业技术职称。据了解，很多地方在报考条件上对在校生“网开一面”，把握比较宽松，大二就可以报考，这是政府对我们多么大的照顾和关怀啊！可是很多同学不“领情”，对这么好的“待遇”和机会漠然视之，不予重视，不赶快抓住，“杯具”啊！

④会计初级专业技术职称考试。由于该考试只考经济法基础、初级会计实务两个科目，因此，已经取得会计证的同学可以考虑报考（报名时间一般为10~11月，取得会计证是报考条件之一）。另外，由于该考试科目与注册会计师考试的经济法、会计是重合的，且难度远远不及注册会计师

考试，因此，如果能够与注册会计师考试复习结合起来，或者将此考试作为注册会计师考试的“热身”，其效果将是比较好的。

⑤计算机等级考试。关于这个考试，如果有多余时间，可以考虑，但是它必须让位于前面的几个考试。另外，即使报考这个证书，复习准备上也不必花费太多时间，同时，必须明确，考这个证书的目的在于应用，在于提高日常工作的效率和效果，以及解决一些计算机操作中所遇到的基本问题。也就是说，计算机是工具，学习它是为提高专业、职业、工作水平服务的，不必将重点放到编程、做软件或其他大量工具的学习上，对那些纯理论的东西可以毅然放弃。现在市面上有不少编写不错的计算机应用类书籍，比如《EXCEL 表格在会计工作中的运用》、《EXCEL 表格在审计工作中的运用》等，需要时买回来看一看就可以满足实际工作的需要。之所以建议你报考这个证书，是因为有一些招聘单位在应聘条件中列出了这条。

⑥关于 ACCA、CGA 等考试，何去何从，此处不再赘述。

（3）关于社团活动

这时你已经属于社团组织中的“前辈”了，可以将社团工作的重点放在做一些策划、布置、管理、验收的工作上，将琐碎、落实的跑腿工作安排给大一的新成员，以腾出一定的时间保证学习和考证。实际上，时间只要想挤，只要科学、合理安排，总是能挤出来的。这就涉及一个“时间管理”的问题，一定要学会做计划，将时间控制在计划之内。

（4）关于大二寒暑假

寒假时间较短，可以设法接触一下企业或相关组织，或参加一些有益的社会活动，或与从事会计、审计等相关职业的前辈们接触一下，听听他们的见解。暑假时间较长，已经报考 ACCA 或注册会计师的同学，应当集中精力保证考试科目通过。没有报考上述证书的同学，一定要在其他方面有所作为，有所收获，不要虚度了这个“热情”的时光。

4.1.3 大三学习规划

大三为分化期，因为离毕业越来越近，所以同学们的思想已经开始分化，大致可以分为四类：

第一类，打算直接就业的同学。这部分同学应在保证主要课程学习的同时，利用课余时间浏览和搜集公司招聘信息，关注招聘单位的具体要求以及提高求职技能，也可以利用课余时间寻找与所学专业、职业相关的单位打工和实习，甚至可以放弃学校学习带上书本到中意的单位专职实习（当然要经过学校同意，并能够利用自学等方式通过学校的相关考试）。学习写简历、求职信，了解搜集工作信息的渠道，并积极尝试，加入校友网络，和已经毕业的校友沟通了解往年的求职情况等。

第二类，打算考研的同学。这部分同学应在保证主要课程学习的同时，利用课余时间了解本年考研政策、考研信息，决定报考学校和专业，并开始制订计划，循序涉猎。一般在大三的下学期开始投入时间，循序渐进地复习，但要兼顾主要专业课程的学习，不可脱离学校和课堂听课一味地去自习室复习，那样即使考试通过了，对将来的复试也非常不利。

第三类，打算出国留学的同学。这部分同学应在保证专业课程学习的同时，利用课余时间接触留学顾问，参与留学系列活动，准备 TOEFL，GRE、关注留学资讯，详细了解和考察打算留学的国度、学校、专业以及留学的程序和细节上，并为此作出相应的准备。

第四类，打算考公务员或“村官”的同学，要通过相关渠道，关注相关信息，并为此作出相应的准备。

（1）关于学习

无论打算直接求职就业，还是打算考研、留学、参加“公考”，都应当在此阶段保证或兼顾专业课程的学习，保证上课听讲和完成作业，保证不出现“挂科”现象。否则，就是顾此失彼、得不偿失。

（2）关于考证

大三可以考虑参加四个考试：

①大学英语等级考试。尚未通过四级者或者打算考英语六级的同学，在此阶段一定要争取通过。

②注册会计师考试。大三下学期可以报名参加注册会计师考试的相关科目。如果大三上学期已经通过了一些科目，那么就可以继续选报其他科目，如会计、公司战略与风险管理、税法、审计等。即使有的课程教学计划尚未安排学习，也可以报考。这实际上是一个勇气、感觉和信心的问题，也是培养自学能力的问题，是否能够通过与学没学过这门课没有太大关系，每年都有非会计类专业的学生（比如理工科类）报考并通过或全科或多个单科科目的考试，你说这是什么问题？

③会计初级专业技术资格考试。如果前两年没有通过，在此阶段，要尽可能地将这个问题解决。如果为了保证注册会计师考试复习的效果，暂时放弃这个考试也没关系，来年可以再考。

④打算到银行、证券、期货等金融机构就业的同学，大三就可以考虑报考银行从业资格证或证券从业资格证或期货从业资格证了。这些证书的有效期为两年，考得早了会失效，考得晚了会误事，此时报考或大四上学期报考应该说时机上最好。这些考试都是每年举办好几次，机会多多，你把握好机会即可。

（3）关于社团活动

经过了前两年的积极参与和辛勤付出，现在该有所收获了。在职务上，有的同学升部长、主席了，有的同学做会长（各种协会）、头头了；在经验上，有的同学说起来已经头头是道、如数家珍了，有的同学可以将组织的活动、取得的收获写成专著了，有的同学还获得了荣誉证书。这些都是大学宝贵的财富，祝贺你们，望你们千里之行更进一步，站好最后一班岗，唱好最后一台戏，将好传统、好经验、好做法传授给后来的同学，大学将成为你人生中一个无比美好的记忆。

(4) 关于寒暑假

这是大学期间的最后一个寒暑假了，所以它更显得弥足珍贵。这个寒暑假，你一定要尽可能找到相关的单位、相关的岗位去实习，因为这是大四毕业前十分重要的一次求职、就业演习，要通过实习去验证你这几年的所学、所得、所历，找出差距，找出不足，感悟工作，感悟职业，感悟理想，并借此修正自己的职业目标。

4.1.4 大四学习规划

大四为分流期。这既是实现、收获的季节，因为大学四年已经接近尾声；也是冲锋、冲刺的季节，因为毕业生们要为找工作、考研、考证去冲刺；更是让人留恋、感伤的季节，昔日同窗将各奔东西。谁能无动于衷呢？再加上就业形势的严峻、考研竞争的激烈、“公考”较量的惨烈、留学前景的迷茫，惜别依依、忧伤淡淡、泪洒窗前自然是避免不了的。此时，是找工作、考研，还是准备出国，不能再犹豫不决。

(1) 关于求职就业

此时，即大四上学期开学，你可先对前三年的经历和收获做一个总结：首先检验自己确立的职业目标是否明确，单位选择、地域选择、职业选择是否胸中有数，这三年的准备是否充分；然后，开始工作的申请，积极参加招聘活动，在实践中校验自己的积累。要积极利用学校提供的条件，了解就业指导中心提供的用人单位资料信息，强化求职技巧，进行模拟面试等训练，和同学们交流求职工作心得体会，尽可能地在做出较为充分准备的情况下进行施展演练。

（2）关于学习

此时，一般还有几门专业课或选修课要学，不管是找工作，还是考研，这些课还是要听的，特别是一些与实际结合紧密的课程。第一，就找工作来说，只有系统、全面地学习了相关知识，求职才更有底气，所有课程本身是一个体系，求职理当是毕业以后的事情。第二，考研即使第一关（初试）通过，还有第二关复试，复试的问题通常就比较宽泛或者与实际结合紧密了。另外，对于一些专业问题，本科时如果没有学好，没有认识到位，即使读了研也不见得对这些问题突然就会有真知灼见，本科学习是至关重要的基础。

（3）关于考证

9 月份大四上学期刚开学，便安排注册会计师考试，这是大学期间在校最后一次注册会计师考试机会了。来年再报、再考，你的身份就不再是学生了，再不会有学校这么好的学习环境了。

（4）关于社团

三年多的时间，无论你在这个大家庭里做得如何，收获如何，愿不愿意离开，此时，恐怕都要挥手道别了。这时，你所需要做的，只有一条，那就是向学弟学妹们祝福！

（5）关于毕业论文

大四上学期结束时，学校一般就要安排论文写作，包括选题、选导师、列提纲、查资料等，然后与辅导老师联络、见面，第二年三四月份交初稿、定稿，五六月份答辩，大概就是这么个过程。

需要注意的是，毕业论文选题和写作要把握四个原则：一是要结合需要。所谓需要，就是找工作的同学要与工作需要结合起来，要与职业方向、工作方向、岗位方向以及兴趣、喜好结合起来，做到一举两得；考研的同学要与所选专业结合起来，与所选专业的现状、前沿、动态、问题、出路结合起来，特别是与实务中的问题结合起来，突出独立解决问题的能力和方法，做到一举两得；准备出国留学的同学也要把握这个原则，与你打算学习的专业结合起来，尽可能取得较多的收获。二是题目不可过大，要选取你最感兴趣、最关心、最了解、最熟悉、最有用的问题去准备，论文完成之日，你应该成为这个论题的“小专家”，而不是“大杂家”。三是适当投入时间和精力，不可投入过多，顾此失彼；也不可投入过少，应付差事，轻描淡写。四是要通过毕业论文写作这个环节，掌握信息检索的方法和技巧，掌握论文写作的格式和要求，为将来研究和写作奠定基础。

4.2 会计相关专业大学专科学习规划

4.2.1 专科三年学习规划

前面咱们计算过本科四年在校实际有效学习时间为650天左右，在此，我们也可以计算一下专科三年在校实际有效学习时间：2.5学年×每年9个月×每个月22天=495天，再减去各种节日、校内活动和大一第一学期虚度的时间至少45天，那么，真正有效学习时间将只有450天左右，每天按10小时计算，也就是4500个小时。如何利用好这些个时间，就看你的定力如何了。

（1）大一学习规划

大一的问题基本上与本科一致，都要处理好学习、考证、参加社团活动和寒暑假安排等问题。但是，作为专科，在上述这些问题的处理上，与本科还是有所区别的。

①关于英语学习是否重要的问题。对于这个问题，答案是因人而异。由于大专学生毕业后主要面向一般中小企业找工作，能进入国企、上市公司、大型民营企业、跨国企业者寥寥无几，考研的同学也寥寥无几，直接留学或考公务员的同学也不多。从找工作、考研和留学的角度来讲，对英语学习的要求不像本科生那么严格和迫切。不过，对于打算考“专升本”的同学来说，英语还是应该认真对待的，因为两个考试科目之一就是英语。另外，有些外向型的中小企业，比如分布在东部沿海地区的外资企业、外贸企业，招聘时对英语听说能力的要求还是比较高的，有志于到这些地方、这些企业谋职的同学，自然要下工夫提高英语听说能力。

②关于高等数学是否重要的问题。高数主要训练的是严密的数理运算和思维能力，按照这个说辞，对学生来讲当然有一定的意义。但从会计、审计等实务工作的需要看，学习高数又没有多么明显的作用，因为会计、审计工作中一般不需要多么复杂的计算（况且现在各种应用软件应有尽有），有初中甚至小学的数学基础就基本够用了，这是绝大多数在职人员的同感。当然，打算考专升本甚至将来拿到本科以后还有志于考研的同学，从考试的角度出发，对高数只能认真对待。

③关于注册会计师考试、会计证考试的问题。由于专科学生在校时间较短（最多只有两年半的时间），多数学生基础较差，学习能力欠佳，而目前注册会计师考试科目较多，考试周期较长，很多专科生在校报考也可能仅仅是个“热身”，大量考试任务都在毕业之后，因此，在校如果能够通过一两门考试就是了不起的胜利。但是，对于会计证的考试，必须予以重视，因为它在很多中小企业招聘时是一个必要的“敲门砖”。

（2）大二学习规划

与本科学生大同小异，大二为定向期，应开始考虑清楚未来是继续深造还是就业，可以开始尝试兼职、社会实践活动，最好能利用课余时间较长时间地从事与自己未来职业或本专业有关的工作，提高自己的责任感、主动性和受挫能力，增强英语口语能力，增强计算机应用能力，通过英语和计算机的最初级证书考试，并开始有选择地辅修其他专业的知识充实自己。

①关于学习。要重视专业基础课、专业必修课和部分选修课的学习，重视会计实验课、审计实验课、财务管理实验课的学习，提高实践操作能力。打算考“专升本”的同学，还要重视英语等课程的学习。

②关于考证。大二可以考虑参加四个考试：

A. 会计证考试。如果大一已经通过了这个考试，那么这个问题就不存在了。否则，大二上学期记住要报名，下学期（第二年3月份）考试。

B. 大学英语四级考试。如果大一下学期没有解决英语四级的问题，那么，大二下学期记住要报名，将这个问题解决在大二；如果大一下学期已经解决了英语四级的问题，那么，一般情况下没必要再报考英语六级了，如对英语特有兴趣，可以选择报考“剑桥商务英语证书”等最有利于求职和工作的考试。关键是要提高会计英语的听说应用能力。

C. 会计初级专业技术资格考试。前面已经涉及这一问题，此处不再重复。

D. 计算机等级考试。这个问题这里也不再赘述。

③关于社团活动。可以参考本科大二的要求。

④关于大二寒暑假。可以参考本科大三寒暑假的要求。

（3）大三学习规划

大三上学期为分化期。在这个学期里，同学们思想和行动开始分化，有的已找工作，有的已开始准备专升本考试的复习，大部分学生的目标应该锁定在提高求职技能、搜集公司信息、尝试工作申请及成功就业上。

由于一般不存在考研和准备出国留学的问题，所以大专学生相对来讲比本科学生少一些困惑，目标更加明确一些。由于学历不及本科，所以在求职、就业的心态上一般比本科生要好，比较实际，心态比本科生要平和一些。从辩证法的角度看，这是一件好事。

这时，可先对前两年的准备做一个总结：首先检验自己已确立的职业目标是否明确，前两年的准备是否充分。然后开始找单位实习，学习写简历、求职信，准备面试。要积极利用学校就业指导中心提供的用人公司资料信息，或通过人才市场，或通过网络查询，了解强化求职技巧，进行模拟面试等训练，尽可能地在做出较为充分准备的情况下进行实战演练。要和同学交流求职心得体会，加入校友网络，向已经毕业的师哥师姐了解往年的求职情况。最后，开始毕业后工作的申请，积极参加招聘活动，在实践中校验自己的积累和准备。

4.2.2 关于专升本考试

（1）何为专升本考试

专升本考试（全称：选拔普通高等学校优秀专科毕业生进入本科阶段学习考试）总的指导思想是为了拓宽普通高校专科毕业生继续接受高等教育的渠道，构建不同层次高等教育相互衔接的立交桥，缓解普通高校专科毕业生就业压力。各省、市、区相关政策大同小异，有参加专升本考试意愿的同学可以关注或上网查询所在省份的具体规定。

（2）“专升本”选专业有讲究

通过会计类专业本、专科课程比较可以看出，其基本课程、核心课程是基本相同的。这就产生一个问题，即专科会计类毕业的学生“专升本”

或参加自学考试选专业的问题。据了解，绝大多数会计专业同学专科毕业后“专升本”选专业时选的仍然是会计学专业，可以说，这是一个极大的误区。为什么？因为你将在升本后的两年里，学不到更多新的、更有价值的东西，多数课程都是“烫剩饭”，白白浪费宝贵的两年时光。如果碰上水平不高的老师，读本科有专业“退步”的风险，可能你还不如专科时的收获更大。因此，建议你可以根据自己的兴趣，大胆突破，勇于创新，改选财务管理、金融学、国际经济与贸易、财政学等专业，这无论如何都将有利于你提高学习的积极性，也能“换换口味”，调剂一下感觉，成为一个综合素质比较高的复合型人才，更加有利于毕业后求职、就业。其他专业以此类推。“穿新鞋，走老路”要不得！

4.3 就业竞争，从大一就开始了

4.3.1 并非只有毕业时才可以去看招聘会

作为大学新生的你，大一入学后参加军训、入学教育，熟悉校园“环境”，选择参加社团等一系列活动，慢慢地稳定下来之后，就可以利用周末时间到当地人才市场去“逛逛”了。“刚入学就让我去招聘会干什么?”你也许会提出这样的疑问。是的，不干什么，无非是建议你亲临几年后你逃脱不过的人才“购销”的现场，亲身感受“拥挤”的状况，感受一下各类人才们“推销自己”的不易，感受一下招聘单位对会计类各种岗位人才的具体要求，并将这种感受作为另外一次特别的入学教育，从而对职业和职场先取得一个感性、客观的认识，触动一下自己的神经，去除自己那些天真幼稚、主观盲目的想象，促使自己思考一下未来，思考一下职业，思考大学几年我应该如何度过，几年后我将以一个什么样的面貌面对社会，从而以更加自觉、清醒、饱满的精神状态投入到各种学习和活动中去。

须知，在你们之中，一定不乏“有心者”。他们已不声不响地去侦察了地形，了解了敌情，并默默地投入到了“就业竞争”这场战争战略与战术的准备之中。非常遗憾的是，据了解，还有很多很多同学，大学几年都没有踩过一次人才市场的大门，不晓得人才市场的交易与行情，漫无目的地学了一科又一科，过了一天又一天，突然有一天要毕业了，要离校了，要找工作了，才想到要去人才市场。兵家有曰：“知己知彼，百战不殆。”“市场”如战场。战场在哪里？战场的地形、环境如何？“兵力”对比如何？自己有哪些优势？有哪些劣势？只有这些都做到了，才有取胜的可能。因此，可以这样说，就业竞争从大一就开始了。

4.3.2 芝麻、西瓜，你选择什么

有的同学为了拿奖学金，为了取得每门功课90分以上的好成绩，在每一门功课上都花费较多的时间和精力，造成“眉毛胡子一把抓”，主次不分，大小不分，以致分散了精力，造成该拿到的最能体现会计专业水平的资格没有拿到——“丢了西瓜，捡了芝麻”！当然，这里我无意反对拿奖学金，只是强调主次轻重。如果既能拿到奖学金，又能拿到该拿的资格，既抱了西瓜，也捡了芝麻，岂不更美？

有很多同学大学四年花费大量时间、精力、财力取得一些无关紧要的证书，而偏偏没有报考注册会计师资格或ACCA或CIA等。

另外，大学里面各种活动层出不穷，有全校性的，院系性的，也有班级性的，有学生会的，也有团组织的，还有各种社团的，有节日性的，也有日常性的，动不动就举办这个活动，那个大赛，应有尽有，眼花缭乱。活动是避免不了的，但是活动应该是有限度的，不能为了活动而活动，学

校更不能利用举办活动来哄骗学生。现在有的学校的管理者们打着“丰富校园文化生活”的旗号，来掩盖教学质量低下的空虚，所谓“教学不行就用活动来弥补，专业不行就用‘杂耍’来拼凑”，是“包装”的需要，是做给“外人”看的需要。作为学生，一定要擦亮眼睛，理性对待。作为学习的调节，作为课外生活锻炼自己相关能力的一部分，你确实可以（或者应该）有选择地参加一些活动和大赛，但必须把握三条：一是自己有较好的基础和条件，曾经有过这方面的训练和经验，不可以为了参加而在“一穷二白”的底子上浪费大量时间和精力开始苦练，不可以影响专业课的学习或者占用上课时间而去训练；二是考虑好参加这项活动对你有什么益处，能锻炼和提高哪些能力，对你的专业和将来的职业有哪些帮助；三是速战速决，不可以投入太长时间，而且活动一过必须马上收心，回归到专业学习上来。学校是个学习的场所，不是专门的歌舞训练场所，不是专门的体育训练场所，不是文化宫，也不是俱乐部，它必须有一个安静、宁静的环境。“淡泊明志，宁静致远”，只有宁静的心态，理性对待各种纷扰，才能达到高远的境界。我前面讲过，作为大学生，你在校必须处理好学习与活动的关系，否则你将每天生活在别人设计好的“圈套”里，看起来紧张、忙碌，但没有抓住关键。在将来求职、就业的时候，你经常参加的那些隆重的校园活动所取得的辉煌成绩，实际上起不到多大的作用，或者根本就不起任何作用，届时“顶天立地”的还是你的专业，特别是你的“专业证书”。

学校当然有学校的考虑：社团组织林林总总，各种活动争奇斗艳，全体学生踊跃参与，掌声笑声响彻校园……繁荣昌盛，欣欣向荣，这是多么美好的景象啊！然而，作为学校的管理者和老师，任何时候都不要忘记，学习是学校的第一主题，学校对各种活动应该严加控制，更不要利用学生的单纯，放任鼓动学生无节制地成立那些“蚂蚁”社团，举办那些没有章法、没有意义的活动，将大好的青春年华浪费在那些“儿戏”上。

4.3.3 请“委屈”一下你的爱好

1. 高素质人才的核心是专业素质高

爱好广泛、什么都会就是高素质吗？不是，高素质人才的核心是专业素质高，高素质人才的典型特征是专业核心能力强，是“又专又红”。不具有较强的专业核心能力，或者说专业核心能力不突出，无论你爱好多么广泛，得过多少奖项，都不能算作高素质，皆“杂耍”也！在这方面，人的活动与企业经营是相通的。比如，对上市公司，中国证监会要求其主业必须突出，规定不得随意搞多元化经营，否则你必将分散精力，不务正业，难有作为，也不能让股民们放心。从长远来说，从人生的事业来说，做好工作主要还是靠核心专业能力。爱好广泛，什么都喜欢，什么都涉猎，实际就是“人生经营的多元化”。与企业一样，多元化是一个陷阱，多元化没有出路，弄不好就会陷入泥潭。

(2)“爱好广泛”并非好事

让我们先看一个寓言故事。

有一种生活在水面下层的鱼，它们总是喜欢在水面上层游动，因为这样他们可以得到阳光的沐浴，感觉比较舒服。有时，它们还会随波逐流地游到岸边，当水陡然退去后，浮在上面的鱼来不及游走，于是就被搁浅在沙滩上。这时，它们想要再回到水中已经是完全来不及了。等待它们的除了死亡，就再也不会有任何别的可能了。

这则故事讲的是人们要控制自己的欲望，不为一时的快乐而将自己置身于极度危险的境地。因此，不要做什么歌迷、球迷、影迷。尽管大学生有一些爱好是无可厚非的，是应当的，甚至是必需的，但是，绝不要做这些“迷”，成为他们痴情的“粉丝”。为什么？因为一旦成为“迷”，你就会真正迷失方向，放纵自我，所谓“玩物丧志”也！无数的事例告诉我们，只有“有所不为”才能“有所为”，要想“有所为”，则必须集中精力于一两个方面，义无反顾地去争取，去突破。

中国运动员无数次在世界体育大赛中夺得桂冠，为国争光，是如何得来的？一定是目标明确、聚精会神、苦练加巧练、“有所为有所不为”的结果。难道他们没有别的爱好么？有，一定有！如果他们边训练边放纵自己的爱好，甚至去做别的什么爱好的“粉丝”，绝不会取得那么好的成绩。不取得成绩，还能有那么多的荣光么？如果在你朝目标行进的旅途中，不停地为路边的风景所诱惑，走一走、停一停，尽情地欣赏领略一番，恐怕很难按计划达到目的的。这实际上是一个辩证法的问题。人生就是这样。像我们这些过来人中的大部分人（包括我自己）没有更好地实现理想，一生没有什么建树，其实原因就在这里——总抛不开一些这样那样的诱惑。如此看来，有很多时候，爱好广泛并不是个好东西。或者说，“都是爱好惹的祸”。正如古人所云，“舍得舍得，有舍才有得”。

詹姆斯·奥洛克林（James Oloughlin）在其所著的《沃伦·巴菲特传》中说：“高度多元化的公司是极其没有效率的。”因此，我套用一下这句话：爱好过于广泛的人是极其没有效率的。爱好过于广泛，带给你的结果必将是“玩物丧志”。

因此，要学有所成，请“委屈”一下你的爱好！

4.3.4 修炼你的独到之处

（1）每个成功者都有独到之处

古往今来，每个成功者都有他的独到之处。这些独到之处，有的表现在专业上，有的表现在管理上，有的表现在为人处事上，有的表现为情商十分突出。会计类大学生要想实现目标，也必须根据职业需要，尽最大努力修炼自己的独到之处。

如前所述，专业学习要服从于职业需要。比如，作为会计相关专业的学生，你抱定的职业理想是做一名财经记者、传媒人，那么，你必须将学习的重点放在与其相对应的相关课程的学习和选修上，会计专业的有些课程就应该把握一个学习的分寸。如果眼下尚不能明确职业定位，则只好按照学校规定的教学计划和课程安排去“任人摆布”了。什么时候明确了职业定位，什么时候再按照当时的需要去补充学习这些东西。实际上，职场上很多人跳槽以后或者调整新的职业定位以后正是根据新的定位随时“充电”的。显然，职业定位越早明确越好。很多体育运动员十几岁就出了很好的成绩，正是他们的家长或教练在他们十几岁甚至更早的时候就看清了他们的优势和特质所在。比尔·盖茨很早就确定了自己的职业定位，作家韩寒、郭敬明也是很早就明确了自己的职业定位，很多成功者都是较早地明确了自己的职业定位。道理很简单，定位越早越“折腾”得少，少走弯路，少分散精力，才能够早一些具备独到的素质和能力。很多人“混”得很好，就是靠的独到的功夫。

力行合德管理顾问有限公司总经理、资深人力资源顾问王建国说：“教育最重要的功能是人的自我发现和自我实现，是个性的充分发展。为什么我们培养不出杰出人才，为什么许多人大学毕业、研究生毕业了，还不知道自己想做什么？与我们不重视个性发展、求全责备、追求整齐划一有关。中国的大学最缺乏的是以人为本的教育！”以人为本，就是鼓励每个人尽早、尽快地认识自己、认识社会、自我对接、自我管理、自我导航，追求独到。每个人读大学都应该是一个“求异”的过程，是一个追求“与众不同”的过程，是一个追求“个性”优秀的过程，是一个追求“独到”的过程。唯此，才能适应企业、单位千差万别的需要，才能避免企业“没得选择”的尴尬处境，真正实现求职者与用人方“充分双向选择”的和谐局面。

(2) 自己将自己“关闭”起来

当然，要做到“独到”，沉静、专注、专一是再重要不过的。据媒体报道，近年有多名“犯人”在狱中写作，“收获”甚丰。比如，被称为“五毒书记”的湖北省天门市原市委书记张二江在狱中写作并出版了《白话兵法——孙子兵法译注》，国家统计局原局长邱晓华在狱中写作并出版了《中国经济新思考》，河南省确山县原县长李剑华在狱中写作并出版了《解放者》等三部著作206万字，他们均据此获得了减刑，有的已提前出狱，有的还加入了作家协会，又重新开始了人生的新篇章。为什么他们能够在短时间内成绩卓著？因为受管制了，他们做不了别的，不得不精力集中，不受外界干扰地埋头总结、思考、写作，心静下来了，目标自然就明确、专一了。坏事变成了好事——既有作品传世，又都获得了减刑。因此，为了达到既定的目标，你能不能也在一定的时间段里，比如周六、周日，比如假期，比如其他自由时间，也主动地将自己“关闭”起来，自我封闭在一个相对安静的空间里，“两耳不闻窗外事，一心只读考试书”，在短暂的大学几年里取得一两个响当当的证书？

(3) 选择，致命的选择

马丁·科尔在他《最伟大的力量》一书中指出：“每个人都有一种伟大而令人惊叹的力量，……一旦你意识到了这种力量的存在并且开始运用它，你就会改变自己整个人的人生走向，成为耀眼的人物。而这种力量的体现，在于你的选择，因为选择的权力在你的手中。”

有这样一个故事讲的也是选择。

有一个美国人、一个法国人和一个犹太人要被关进监狱三年。监狱长让他们三个每人提一个要求。美国人爱抽雪茄，要了三箱雪茄。法国人最浪漫，要一个美丽的女子相伴。而犹太人说，他要一部能与外界沟通的电话。三年过后。第一个冲出来的是美国人，嘴里鼻孔里塞满了雪茄，大喊道：“给我火，给我火！”原来他忘了要火了。接着出来的是法国人，只见他手里抱着一个孩子，女子手里牵着一个孩子，肚子里还怀着第三个孩子。最后出来的是犹太人，他紧紧握住监狱长的手说：“这三年我每天与外界联系，我的生意不但没有停顿，反而增长了200%。为了表示感谢，我要送你一辆劳斯莱斯！”

同学们今天的生活（指大一新生）都是由三年前我们的选择决定的，而今天我们的选择将决定我们今后几年的生活，甚至决定更长时间的生活。可以说只要面对两个以上的选择，就存在着选择的问题。

就大学生而言，比如，报考志愿时，是报这个学校好，还是报那个学校好？是报这个专业好，还是报那个专业好？面对众多证书，是报考这个还是报考那个？学校里的众多社团组织，是选这个好还是选那个好？面对多个选修课程，是选修这个还是选修那个？毕业之前面对考研、就业、“公考”和参军入伍，是考研好还是直接就业好，是“公考”好还是去部队锻炼几年好？在某个时间段，是干这件事好还是那件事好？做某件事的时候，是这样做好还是那样做好？……因此，在很多事情上人们都需要选择，可以说“人生就是选择”。选择得对，事半功倍；选择得不对，则事倍功半。因此，正确的选择更重要。

当然，选择有时是单向的，有时是双向的。一般来讲，涉及事物的时候，选择是单向的，完全取决于你的爱好和认识，比如，前面提到的面对众多证书，是报考这个好还是报考那个好。再如去商场买东西，是买这个型号的好还是那个型号的好。而涉及人或单位的时候，选择就属于双向的了。也就是说，成与不成，不完全取决于你自己，还要看对方。比如，前面提到的报考学校、参加社团等。

另外，选择的影响往往非常重大。一时的选择错误可能影响到长远，一件事情的选择错误可能影响到全局，一个人的选择错误可能影响到一个群体。但同时，选择一旦确定以后，又要坚定地维护这一选择，坚决地落实这一选择，不能犹豫不决、三心二意。

(4) 对你的专业，不仅要爱，更要有激情

要热爱你的专业，对知识要有一种谦虚、敬畏的心态。有一篇文章《学统与道统》（作者齐宏伟）中说：

“又到一年一度的研究生入学面试时间。每次与其他教师一起对考生进行面试，我最关注的是他们的读书状况和求学动机。热爱，才能学好，这是伪装不来的。求学与读书，要有追求知识的兴趣，要愿意去探索世界的秩序和美感，要时时陶醉于种种神圣的发现，才能学会去敬畏、聆听和进行个人的创造。有了这种兴趣和乐趣，就特别能沉潜和安静，也能耐得住寂寞。经济学家哈耶克把求学比喻为自愿签一份契约，签约者要愿意为了学问而受苦，没有这种心态，再聪明也不能保证有所成就。只不过单单意志上的吃苦还不够，还要有勇于发现的快乐感和学会聆听的敬畏心。这就不是专业知识所能提供的。爱因斯坦在《培养独立思考的教育》一文中说：‘用专业知识教育人是不够的。通过专业教育，他可以成为一种有用的机器，但是不能成为一个和谐发展的人。要使学生对价值有所理解并且产生热诚的感情，那是最基本的。他必须对美和道德上的善有鲜明的辨别力。否则，他——连同他的专业知识——就更像是一条受过很好训练的狗，而不像一个和谐发展的人。’可以这样总结：作为一个知识分子，一方面要有纯粹的为学问而学问的精神，另一方面要有爱因斯坦所说的对价值的理解和热情，前者可称为‘学统’精神，后者可称为‘道统’精神。”

要热爱你的专业，更要对你的专业充满激情。有激情，才能有所追求；有激情，才能有所深入；有激情，才能有所收获。财政部副部长王军在一次讲话中说：“没有激情，就不可能有创造。干任何一项工作，如果没有一种发自内心的激情与热爱、一种‘衣带渐宽终不悔’的投入与痴迷，相反只是诱于名、逐于利，不得已而为之，把工作本身当做一种副产品，那么，你的事业纵有小成，也绝不可能攀上峰顶。”学会计的，学习、考试是家常便饭，只有有激情，才能克服困难，才能不断掌握更多的知识和技能，才能取得响

当当的证书。不但有激情，还要从时间上、精力上、金钱上首先保证。脱离了这一点，就是脱离了根本，就是主次颠倒，是非不分。

4.4 “增值”活动宜多多参加

4.4.1 何谓增值活动

所谓“增值”活动，就是那些能够增加你的专业核心竞争能力和个人核心价值的活动。一些知名国际会计组织或会计培训机构经常举办形式多样的活动，搭建平台，为青年财会人才和企业服务，通过参加这些活动，对学习、考证、求职以及了解企业、提高工作技能都大有裨益。作为在校会计类大学生，一定要多多关注这些信息，抓住机会，“增值”自己。

《职场》杂志将上述“增值”活动形象地称为“企业游学”。什么是“企业游学”？游学既不是单纯的旅游，也不是纯粹的留学，而是介于游与学之间。

如果说留学需要苦读，更重视学有所成，那么，游学相对轻松，多以了解新文化、开阔眼界、给自己的生活增加一种经历为目的。实习是“留学企业”，在挤留学这个独木桥的人越来越多的情况下，到企业中去“游学”也是一种好的选择。

4.4.2 大学生应如何利用好增值活动

这种“增值”活动通常包括两种，一是竞赛式培训，二是体验式活动。

竞赛式培训往往能够锻炼一个人的高级通用技能，如领导力、沟通能力、视野的开阔、抗压能力等。对于那些有野心、愿意承受巨大压力、希望以最快速度学到知识的学生，参加这种方式的活动比较合适。由于竞赛式的“海选”多是通过学校推荐，如CIMA（英国特许管理会计师）举办的商业精英国际挑战赛、欧莱雅的全球在线商业策略竞赛、ACCA（特许公认会计师公会）举办的会计竞赛、IMA（美国管理会计师协会）举办的管理会计案例大赛、德勤税务精英挑战赛等。所以你多和本校相关部门的老师打好交道，会获得很多信息和机会。

体验式活动多以参观、考察等较轻松的方式进行，但是要想从轻松中吸收到知识，实际上对个人的要求更高。在这种活动中，你必须善于抓住每一个细节进行观察。如果每天不想出若干个问题问相关导师，不抽出几个小时的时间去了解，你就等于在浪费这种“轻松”。在参加体验式活动之前，建议你设立活动目标，在活动后及时总结，以让这段体验在以后的求职中能够“突出”到简历上，能够发挥作用。

对学生来讲，参加企业增值活动有哪些好处？一是提供经验，方便毕业后选择工作；二是百闻不如一见，什么样的沟通和礼仪技能是企业需要的，什么样的专业知识能和实践结合，这些难以意会的内容一旦参与到“企业游学”中就会有所认识；三是从课堂上，很难知道行业、市场在面临着怎样天翻地覆的变化，而通过参加活动，可以身处这场“演义”之中，提高学习的兴趣，而且可以从宏观上了解自己所学习的知识；四是增值活动多是企业承担公益宣传任务的项目，你可以获得曝光率，如果是竞赛，取得名次还有奖励。

4.4.3　增值活动举例

(1) ACCA“全国就业力大比拼”活动

由ACCA（特许公认会计师公会）主办的“全国就业力大比拼”活

动，自2004年至2009年已经成功地连续举办了六届。ACCA希望通过模拟面试的比赛形式，在帮助大学生提升就业能力的同时，在企业雇主和同学们中间搭建一个交流沟通的桥梁。让大学生更清晰地了解自己，更好地把握雇主的要求，在迈入社会职场之前做好全方位的知识技能准备，以帮助他们未来找到理想的工作。此项活动的目的是帮助大学生了解求职时应做出的准备和技巧。仅以2009年为例，全国共有180多所高校的5462名同学报名参加了此项活动。全国各地的大学生们通过一系列的笔试、校园面试、就业力训练营和与知名企业互动等活动环节，获得了有益的职业规划指导，提高了自身就业能力。2009年各赛区共有140多位同学被企业选中，获得了宝贵的实习机会。2010年2月，新一届活动又一次在全国各地拉开帷幕。活动共设有北京、上海、广州、成都及香港五个赛区，2月~5月各赛区分别举行就业力大比拼区域比赛，各分赛区的前三甲选手于7月前往北京争夺全国总冠军。

（2）CIMA商业精英国际挑战赛

CIMA（英国特许管理会计师）举办的2008—2009年CIMA商业精英国际挑战赛（中国赛区）举办口号为“寻找未来商业领袖”，在华北、华东、华南、西南、西北五个赛区共有80多所高校、7000多名学生参与（在校就读的全日制本专科学生都有资格参赛），在参赛中崭露头角的大学生成了各知名企业追逐的对象。据报道，有学生一下子收到了汇丰、渣打、联合利华三家公司的实习邀请，ABB公司的全球财务培训生岗位和Amertron公司的海外培训生岗位也把目光投向了参加挑战赛的学生，浦东新区金融办也安排了数十家陆家嘴金融企业的实习岗位，参加决赛的学生平均下来每个人有2个实习岗位机会。CIMA中国区总裁李颖女士表示：“从5000多名参赛学生中晋级决赛的每支队伍都非常优秀，相信有了CIMA挑战赛的参赛经历能给他们足够的自信去追求各自的理想……我们的比赛不设任何门槛，任何院校、任何专业的学生都能参与，所谓英雄不问出处，我们希望给大家均等的机会……可以说通过这次大赛我们点燃了全国大学生的商业热情，让他们了解 CIMA 所倡导的未来商界领袖是有扎实财务基础的企业经营者和领导者。大赛所用的 TOP CIMA 案例生动地向学生们展现了将来他们如果作为企业财务高管将要面临的一些问题，以及企业中各个部门合作的重要性；此外我们为学生组织的职业训练营等项目，又让他们有机会面对面接触 500 强企业的财务高管前辈，了解他们的生活和工作，对于确定职业方向也很有帮助。”

(3) IMA 管理会计案例大赛

由 IMA（美国管理会计师协会）在中国举办的首届管理会计案例大赛总决赛于 2009 年 6 月在北京国家会计学院落幕。据报道，经过四个多小时的激烈角逐，来自中央财经大学的 Jumper 代表队从来自全国三大赛区的七支队伍中脱颖而出，摘得桂冠，来自中央财经大学的 Wizand 代表队和南开大学音速青年队分获二、三名，来自华南赛区的厦门大学、中山大学代表队也有上佳表现。进入决赛的团队都将有机会得到多家世界 500 强企业的实习机会或影子计划，包括著名管理咨询公司麦肯锡中国、博世集团、统一集团、安世亚太公司等。IMA 中国区代表李蔚女士表示：“目前，企业对于熟悉国际惯例、具有国际视野、能够承担国际业务、符合行业国际化发展要求的高级财会专业人才的需求愈发迫切。IMA 希望通过此次案例大赛，在学生、学术界、IMA 会员和企业之间搭建一个平台，帮助学生透视商业环境，理解商业思维，提升职业竞争力，在步入职场前获得一次充分提升职业意识和商业知识的机会。”

(4) 德勤税务精英挑战赛

德勤中国（德勤税务研究学会）自 2004 年以来已成功举办六届“德勤税务精英挑战赛”。对于这类活动，德勤税务部门高管的建议是：通过参加这种活动，明确自己还要学什么。德勤亚太区企业并购税务主管合伙人、德勤中国全球战略客户税务主管合伙人蔡树仁说，德勤招人，从来不是按照招收雇员的标准进行的，而是按照招收未来合伙人的标准进行的。那么，通过这种比赛，你能看出德勤需要什么样的人才吗？你知道今后自己在哪些方面需要补足吗？

蔡树仁说，优秀的税务人员解决的不单是税务问题，而是帮助客户解决商业问题，所以要学习更多的商业市场的真实情况。国家税务总局国际税务司副司长卢云说："税法，实质重于形式，学税法一定要注意法理，法理搞通了，很多是可以推理出来的。"德勤税务合伙人黎颂喜则表示，世界瞬息万变，书本上说的也许是错的，昨天还正确的东西可能今天就错了，要成为真正的税务精英，要不断挑战自己。德勤中国税务主管合伙人谢英峰总结德勤招收的人才应具备五项素质：出色的文字沟通和语言沟通的能力；对某个领域有特别兴趣，了解深入，并非皮毛；对知识热烈追求；正面面对道德问题，分毫之间，黑白分明；温文有礼。2010 年度德勤税务精英挑战赛"个案分析与竞答比赛"的截止报名日期为 2010 年 6 月 3 日，征文比赛参赛文章的递交截止日期为 2010 年 9 月 3 日。该项比赛每年都会举办一次。

4.5 把握目标，做最好的自己

4.5.1 按社会需求"打造"自己

作为会计类专业的学生，要按照社会对我们的要求来"打造"自己，那么，社会、企业的普遍要求又是什么样的呢？

《职场》杂志在2009年“50佳第一工作场所”评选时，对参评企业报名表所作的统计结果表明，所有报名参评企业（包括联想、微软、麦肯锡、海尔、新东方、雀巢、上海通用、三星公司等约157家）在招聘大学毕业生时最主要考虑的因素依次为：沟通能力53%；团队精神44%；解决问题能力41%；责任感38%；学习能力34%；专业匹配度31%；工作态度28%；学习成绩9%；抗压能力9%；领导技巧6%；分析能力3%；工作经验和校园活动0。

在此，你会发现，好公司招人的标准都很相似，同学们毕业时需要证明的无非就是自身的综合素质，而这恰恰是我们教育体制中最欠缺的东西。以前大家都认为，工作经验和校园活动是特别重要的企业选才标准，但事实上，在提交报名表的企业中，它们对这两方面的关注程度为零。这说明，大学生最担心的“没有经验”并不为很多名企所看重。不过，虽然关注度为零，但校园活动却是培养沟通能力、团队精神、责任感等的平台。至于工作经验，中国这么大，绝大多数企业都是中小企业，而且这些企业大多实力不强，根基不稳，没有积累，盈利能力较差，所以，它们出于“成本”考虑，对新招聘的大学生还是比较看重工作经验的。

另外，央视东方时空与智联招聘关于“雇主最看重什么”的一份联合调查报告中指出，57.8%的雇主最看重的是应聘简历中的社会实践和实习兼职情况。据说在国际“四大”，新员工入职后，就被分往各个专业服务组。在每个组里，每个新员工都会被安排一个辅导员和伙伴，人际关系是围绕项目建立、巩固和展开的。在项目高级审计员眼里，一个完美的新员工应该符合如下条件：声音稳重，待人诚恳；准时报到，严格守纪；相貌端正，衣着得体；装备齐全，后顾无忧；令行禁止，手脚麻利；勤奋肯干，有团队精神；不懂就问，虚心好学；勤于思考，领悟能力强；尽职尽责，不惹麻烦；善于沟通，气氛融洽。

4.5.2 不要被学校五彩缤纷的表象迷乱了双眼

前面说过，大学里面活动多，各种活动可谓五彩缤纷，常常歌舞升平，使人无比陶醉。但你要清楚，通常情况下这都是成功者的盛宴。而这些盛宴，由于太多了，又会常常迷乱你的双眼，使你消化不良，使你失去目标。除了努力成为这些盛宴的主角，你别无选择。社会的竞争处处异常激烈，不仅“适者生存”，更是“强者生存”。

毕业时分，几乎每所大学都到处悬挂着很多欢送毕业生离校、祝福毕业生前程美好的标语和横幅，比如“四年寒窗，一代精英堪报国；几度春秋，百炼良才可擎天”，再比如“昨日来，畅游学海求知若渴；今日去，学富五车建功立业”，如此等等，其华丽的诗篇无不让人感佩，其壮美的修辞无不让人动容！再看校园里，每个同学穿着学士、硕士装，带着学士、硕士帽，合影，拍照，聚会，留言，热热闹闹，兴奋异常……很多同学陶醉在这种表面的荣光里。这本无可厚非。但更为重要的是，你此时更应该扪心自问：你是否能够配得上这种荣光？是否无愧于这种荣光？为了这个荣光，你在过去的日子里到底付出了多少？此时此刻你想过没有，你的这种兴奋能维持多久时间，你将要取得的毕业证书、学位证书有多少“含金量”？我曾看到有的高中生们，出了考场，由于感觉没有考好，觉得对不起自己、对不起父母而号啕大哭，你们有人因为大学没读好而流过泪吗？

从今年开始，一些大学模仿西方大学的做法，在毕业典礼上出现了一些新气象，校长们的致辞开始抛弃“官话”、“套话”，尝试“用心和学生说话”，还出现了一些类似“俯卧撑”、“躲猫猫”、“打酱油”、“被就业”、“一低头，一弯腰，大学四年真的结束了”等俏皮话。不过，有人担心大学的最后一课，神圣的仪式和喜庆的气氛变成逢场作戏的“秀场”，成为一场俏皮话的狂欢，成为一场单纯的感情宣泄。

2010 年 6 月，湖南农业大学一位临近毕业的大四学生别出心裁地把

泪别大学——《中青在线》刘畅摄

“哥要走了”写在被子上，被人拍成照片上传网络后迅速蹿红，网友戏称其为“被子哥”。在大学毕业季，那些走红网络的“被子哥”、“喊楼男”、“露腿毕业照”、“胸肌毕业照”，以及破碎的酒瓶和热水瓶、随地乱扔的床单被套、旧书废品堆成山的狼狈情景，成为毕业生离开大学校园前最后的发泄，所表达的实在是“内心那种对未来的矛盾与憧憬的情感纠结”。宣泄过后，学校教育的“问题”该咋地咋地！学校是否应该更加关心、关注一下那一年365天里面学生、学生家长和社会用人单位的所思、所想？

4.5.3　恋爱：还是不谈为好

爱情，这是一个永世不衰的美好话题。关于大学生恋爱，众说纷纭。常常看到有些功成名就、财富丰盈的名人大肆鼓吹大学生谈恋爱的好处，有的甚至大肆叫嚣“大学生一定要好好谈恋爱”。但是，本人奉劝各位，千万不要上了他们的当，须知这些人现在都是混出了种种“名堂”的人，富贵了，又做起了恋爱的美梦，恨不得再去读一次大学，找寻回来失去的大学恋爱。身份不同，境地不同，经济基础不同，物质决定意识，心态自然不同。大学生恋爱还是不谈或少谈为好——现在不谈是为了将来更好地谈，现在把爱放下是为了将来更好地将爱拾起，让爱持久。

第一，作为学生，大学生的天职是学习知识，增长才干，顺利就业，唯此第一。而谈恋爱如果把持不好分寸的话，必然冲击这个天职，你本该用于学习、考证等第一要务的时间和精力必然被“偷走”，被分散。

第二，大学生谈恋爱根基不稳——工作没有着落，前程一片渺茫。如果你尚未取得把握自己前程命运的“两把刷子”，即便恋爱的用心是纯真的、美好的，你拿什么支撑你的爱情？爱情是美好的，而现实是残酷的，受现实所迫，火热的恋情多半会演变为无奈的分手、凋零的花瓣。恋爱美好，分手还美好吗？

第三，大学生谈恋爱没有经济基础，靠“剥削”父母、克扣学习费用来养育你的爱情之花，这样的花儿能结出什么样的果实呢？

第四，你们可以看看各行各业的成功者有几个是在学校浇灌的爱情花朵？社会竞争这么激烈，就业这么不易，还有心陶醉于卿卿我我的自我世界里，温情脉脉于花前月下，故作姿态地展示你的小资情怀，很可能最后以“杯具”收场！

第五，大学生谈恋爱多半是游戏人生。真爱固然可能存在，但相当部分属于“恋爱攀比”之风，属于虚荣心作怪。大学恋爱本是一种阳春白雪，是优秀者对优秀者的仰慕和互动；而现在已日渐沦落为奢侈而低级的情感消费，甚至变成了落后者对落后者的相互安慰。“不求天长地久，但求曾经拥有”已成为大学恋爱一族的座右铭。

有人说，大学恋爱是一种美好的经历，是一笔财富。是的，也许有些经历是财富，但是并非所有的经历都是财富。恋爱的经历如果没有修成正果，至少对一方来讲，只能是难以抚平的伤痛，除非双方自始都是抱着“玩玩”的态度。那么，“玩玩”也是恋爱吗？只能说，那是假恋爱，伪恋爱，真作孽！也许，多谈几次恋爱的最伟大的成就是久经沙场，可以成为恋爱“高手”。

或许有人会说，《婚姻法》都允许大学生婚恋了，你何必这么反对？是的，国家对此都放开了，但这决不意味着支持和鼓励，并不意味着这种行为十分光彩，国家只是出于宏观大势，出于“以人为本”，体现的是宽宏大量，绝非肯定。正如你可以在课堂上犯一下错误而老师没管你一样，并非鼓励你犯错误。允许并不意味着鼓励。

不谈恋爱干什么？——学习！

难道我们各个学校同学们的学习强度都已经达到非要通过恋爱这种方式来调节了吗？难道我们的社会条件、富裕程度已经达到了非谈恋爱不足以显示其优越性吗？难道我们的就业形势还不够严峻、就业压力还不够巨大吗？

让我们再来看看美国的优秀大学。除了前面谈到的加州理工学院以外，再看看美国哈佛大学的学生是如何度过大学生活的。

作家陈祖芬老师在其一篇文章《哈佛告诉你》中，有过一段真切的描述。她说：

哈佛的学生餐厅，很难听到说话的声音，每个学生端着比萨、可乐坐下后，往往顺手把大衣扔地上，然后边吃边看书或是做笔记。我就没见过哪个学生光吃不读的，更没见过哪个学生边吃边闲聊的。感觉里，餐厅不过是一个可以吃东西的图书馆，是哈佛正宗100个图书馆之外的另类图书馆。

哈佛的医院，同样的宁静，同样的不管有多少候诊的人也无一人说话，无一人不在阅读或记录。医院实在也只是图书馆的延伸。

某教授对学生说，你学我这门课，你就一天只能睡两小时。

哈佛的博士生，可能每三天要啃下一本大书，每本几百页，还要交上阅读报告。哈佛过桥便是波士顿，前人类学系主任张光直在哈佛读博士那几年，没有上过桥，没有去过波士顿。

哈佛没有高楼大厦，只有新英格兰的红砖墙。即使诺贝尔奖获得者也不过在校园有一个决不起眼的停车位。毕竟哈佛最起眼的是100座图书馆，尤其是一个个像图书馆那样的人，或者说，一个人就是一座图书馆。哈佛或哈佛人是不需要任何包装的。

有人称史华慈是哈佛的一位类似东方的大儒，在他动过癌症手术的82岁高龄的时候，依然天天早上按时去办公室工作，即使有时要倒下。而他办公室里挂大衣的两个衣架，竟是用铁丝胡乱缠绕而成的。

哈佛校园里，不见华服，不见化妆，更不见晃里晃荡，只有匆匆的脚步，坚实地写下人生的篇章。

在美国，行人都有序地听从红绿灯指挥，除了哈佛校园。哈佛人不相信红绿灯，只相信自己是重要的，自己的每一分钟都是重要的，见缝插针地快步过马路，旁若无人，旁若无车。

哈佛的学费不是一般家庭负担得起的。哈佛校园里，恐怕有相当部分的学生，他们为每一课交上美金，但是不拿学位。这也是哈佛收入的可观的部分。不过你看不出哪些学生是可以得到学位的，哪些是不拿学位的。因为都急匆匆地赶路，都一边吃比萨一边啃大书。

于是——

哈佛产的诺贝尔奖得主有33位。

哈佛产的美国总统有7位。

哈佛不是神话，哈佛只是一个证明，人的意志、精神、怀抱、理想的证明。

难怪我们的大学没有一所能够进入世界百强，难怪我们产的“诺贝尔奖”得主至今为零！

网上流传的《中国大学十大潜规则》其中之二，“爱情多在毕业时枯萎”：大学的爱情是最美好的，没有中学时的稚气，没有大龄者的枯燥，有的只是激情和单纯。但美好的东西多很短暂，大学里没有工作和生活的压力，爱情多是建立在经济基础稳定的基础上。一旦毕业，面临就业、成家等诸多现实，爱情不再坚强，而是严重缺钙，枯萎是自然的事情。

与此共同印证，在《新周刊》杂志2010年第3期针对情人节所作的专题“爱谁谁——为什么过去的爱情更美好?”里，作者总结了2009年有关爱情与婚姻的一些世相，同时又准确地道出了近些年来国人在爱情与婚姻上的观念变化：传说比传奇多，交易比交流多，情伤比情歌多，情医比情书多，情人比爱人多，色情比爱情多，爱情事故比爱情故事多，蜻蜓点水的爱情比善始善终的爱情多。在2009年最受中国女人欢迎的三个男人分别是黄世仁、宋思明和灰太狼，黄世仁有钱，宋思明有权，而灰太狼最疼老婆。2009年公开或隐蔽的婚姻事故与观念，透出了我们这个时代爱情的虚弱不堪。

4.6 良好习惯是一生的财富

4.6.1　习惯会自然带到工作中

大学生最常见的有哪些不良习惯？迟到、旷课、早退，上课时随意外出，上课吃东西、摆弄手机、听 MP3 好像理所应当，做作业马虎、潦草，随意涂改或使用涂改液，抄袭作业，上课睡觉，做事拖拖拉拉、磨磨蹭蹭，不守时、不守约等。

习惯成自然。如果养成了不好的习惯，将来想改不是就能够一下改掉的。大学毕业了，带到工作中去，这些都会习惯性地带到办公室，必然会对你的工作表现带来影响，而这些都是办公室里面的大忌！很多同学对迟到、旷课、自由散漫等习惯不以为然，其实，这些都是“职场”当中致命的缺点。一个人的素质高低，往往体现在一些细小的地方，体现在一言一行之中。就这一点来讲，与你掌握多少知识、拥有多高的学历、持有多少证书是没有关系的。大家都知道，“冰冻三尺，非一日之寒”，只有平时注意修养，才能自然地在工作中有良好的表现。

不仅不要养成不良习惯，还要注意培养良好习惯，比如做事态度认真、细致、缜密、踏实，守时、守约、守信，作风果敢，反应敏捷，动作麻利，雷厉风行，甚至有些风风火火，这都是作为一个好会计、好审计的基本要求。现实中的好会计、好财务经理、好审计基本都是具备这些良好习惯的人。在校不学习、不训练，甚至对此没有意识，然后将来到了工作岗位上没有方向，没有感觉，没有激情，这都是企业对所招聘的人不满意的原因。

4.6.2　学校考试成绩能代表什么

有一则寓言故事这样说：

鲤鱼们都想跳过龙门。因为，只要跳过龙门，它们就会从普普通通的鱼变成超凡脱俗的龙了。可是，龙门太高，它们一个个累得精疲力竭，摔打得鼻青脸肿，却没有一个能够跳过去。它们一起向龙王请求，让龙王把龙门降低一些。龙王不答应，鲤鱼门就跪在龙王面前不起来。它们跪了九九八十一天，龙王终于被感动了，答应了它们的要求。鲤鱼门一个个轻轻松松地跳过了龙门，兴高采烈地变成了龙。

不久，变成了龙的鲤鱼门发现，大家都成了龙，跟大家都不是龙的时候好像并没有什么两样。于是，它们又一起找到龙王，说出自己心中的疑惑。

龙王笑道："真正的龙门是不能降低的。你们要想找到真正龙的感觉，还是去跳那座没有降低高度的龙门吧！"

这恐怕正是对我们当代大学生的真实写照。

很多同学，尤其是大专、一般本科的同学，一本教材学完了，课本还基本上是崭新崭新的——老师平时在课堂上对重点、难点的讲解不但没认真听，也不做任何记录，期末考试之前，学生向老师提出的问题，常常都是老师在课堂上已经反复强调、重点讲解的知识。他们只盼着老师期末划考试范围、考试重点，然后考试、交卷，取得一个所谓的好成绩就万事大吉了。这个成绩真实吗？能代表你的学科水平么？怪不得很多招聘单位不看考试成绩，那些成绩只是一朵中看不中用的"花朵"。

作为学生，考试只是督促大家掌握知识的手段之一，考试分数只是把学生分成三六九等的手段之一，除此以外，分数代表不了什么，也不能代表学生对知识掌握的程度和水平，更不能代表能力。况且很多学校都有"鲤鱼"央求"龙王"划范围、划重点，降低"龙门"高度的传统。

五 大学会计，考证怎样选择

考证热已经热了至少10年，目前热度不减：大学生们在考，很多职场人也在考；职无着落的人在考，已成家立业的人还在考。会计师、审计师、评估师、律师、建筑师、造价师、工程师、医师、MBA、EMBA……凡此种种，一个个名号显赫的“国际证书”也来争抢“奶酪”，各路“神仙”们还在乐此不疲地“创造”一些或真或假的证书引诱我们去认证、去报考。据统计，我国劳动部门明确规定的职业资格证书有90余种，人事部门规定的行业性专业技术人员资格证书有20余类，社会上可以选择的各类“洋”、“土”资格证书在300种以上。作为考试大军的一员，你一定不会感到孤单。

XIULIAN NIDE DUDAO ZHICHU

5.1 为什么考证

5.1.1 “证”中自有黄金屋

这里的“证”包括毕业证、学位证、资格证（如注册会计师资格证书、ACCA 资格证书）、技能证（如大学英语四六级证书，计算机等级证）、职称证（如会计师证书）、荣誉证（如三好学生证书、优秀团干部证书、优秀共产党员证书）。事实一再证明，这些证书，你取得越多，等级越高，拿到越早，好处越多，越能抢占先机。

若干年前，湖南一个中学老师因为给学生讲了“书中自有黄金屋，书中自有颜如玉（当然，书中也有美男子）”的道理，竟受到了有关各方的批评和学校处分。但社会现实难道不是这样的吗？很多大学招聘老师时承诺的“奶酪”，那不都是按照证书的“大小”明码标价的吗？硕士两室一厅，年薪多少多少；博士三室一厅，年薪多少多少；教授几室几厅、年薪多少多少；院士几室几厅，年薪多少多少。“地球人”谁不知道？多少人去应聘难道从来没有“奔”着这个？有些人为了得到“成果”、得到“证书”、得到待遇甚至大肆造假。图的什么？

不管是出于伟大理想，还是出于低级的个人需要，你都要趁年轻不遗余力地把“该读”的书读好（注意，是该读的书，不是任意的书），并尽早地取得“活在当下”所需要的证书，否则，别看中国这么大，可能真的没有你的立足之地！

5.1.2 证书自己会“说话”

必备的证书，包括各种职业资格证书、职称证书、英语证书、注册会计师证书、研究生毕业证书、各种荣誉证书等，泛而指之，包括经历和经验（这些都可以写到“书”上），统统都是证明你比较优秀的核心物件，是“又红又专”的标签。当别人没有这个证书而你拥有，当别人拥有几个而你拥有更多，当用人单位又恰恰需要的时候，他们就会感到眼前一亮，此时证书自己会说话。

那么，什么样的“证书”最“值钱”？什么样的财会人员最受欢迎？高质量、高薪酬的财会人员都具备哪些特征呢？中国会计视野网 2010 年 4 月份进行的一项调查显示，近三成（28%）财会人员认为具有“丰富的工作经验”是他们最明显的特征。另外几项特征的样本比例依次为“在知名企业或会计师事务所历练过”（18%）、“拥有高级财会类证书”（14%）、“精通一门外语”（12%）、“拥有研究生以上的高学历”（10%）。而一度盛行的“留学镀金”在财会行业似乎不那么明显，仅有不到 4% 的被调查者认为“有海外留学经历”是高质量、高薪酬财会人员的特征。

值得注意的是，在排名靠前的前 5 项会计人员“最值钱”的特征中，有 2 项（占 40%）是可以在大学阶段取得或接近取得的，一是高级财会类证书，比如注册会计师证书、著名国际财会证书，二是精通一门外语。“当然，协调沟通能力很重要，不然就算其他条件都满足，推销不出自己也没有用，套用一个流行词，叫‘包装’。”北京某外企财务主管针对该调查结果表示。

5.2 必备的证书，越早拿到越好

5.2.1 考证宜早不宜迟

常言说得好，“一步跟不上，步步跟不上。”第一，越早考，可能越容易。任何考试，一般都是开始较为容易一些。第二，越早考，越自信，越踏实，能够为其他事情留出空间。第三，越早考，越主动，机会总是青睐有准备的人。早考，早取得资格，最大的好处就是可以“抢占先机”。这里需要强调说明的是，很多同学错误地认为，即使考过一门、两门，也拿不到证书（全科合格证书），对找工作不会有什么帮助。这真是大错特错矣！君不见很多单位的招聘信息表明，考过一两门的同学也很受青睐。况且，即使一门没有过，只要对教材认真、系统地复习了，都能学到很多有用的知识，都能在需要的时候讲出很多道道，而且在求职、面试、就业时的表现与没有进行过考试复习的同学相比，那是不一样的。

5.2.2 为过冬练内功——北京考证即景

据中国会计报报道，2009 年冬春季节，北京一些会计培训机构的报名窗口排起了长龙，前来参加职业培训和资格考试的会计人较往年同期明显增多。以中华会计网校为例，其第四财季网络教育服务净营收为 550 万美元，比 2008 年同期增长 36.5%。网络教育服务营收的增长，主要是因为各种课程注册学生人数增长（比 2008 年同期增长 212.7%）。据中华会计网校相关负责人介绍，一些能稳固现有工作和增加找工作筹码的资格证异常火热，如各级职称和注册会计师资格证。

据悉，目前热衷于考证的主要有三类会计人：一是在国企、事业单位工作且有一定工作经验的会计人。他们的工资一般都与职称挂钩，在这个经济寒冬，各项个人投资收益减少，甚至大幅度缩水，使得他们更加重视自己最为稳定的收入，即工资。所以考个职称增加工资也是他们抗击金融风暴的一种方式。二是外企和私企的财会人员。毋庸置疑的是，他们面临的挑战更大，薪水、福利受到不同程度的影响，还有可能被裁员。与其心惊胆战、黯然神伤，不如静下心来考证，为跳槽增加资本。三是正在找工作的会计人。鉴于目前就业形势不容乐观，就业岗位少，工资待遇也不高，他们索性专心致志地学习，等以后经济好转，找个好工作。会计类在校大学生们，从这则报道中，你是否应该有所启发？

5.2.3 成功是一个过程

很多同学在报考注册会计师之前，会有这种想法：注册会计师考试那么难，得考六七门，我能考得过吗？听说只有百分之几的通过率，我还是别考了。于是，打退堂鼓，大二没有报考，大三没有报考，等到大四要毕业了，猛然发现，考过几门的同学找工作就是容易，于是，很不情愿地才去报考。这时，你与别的同学已经拉开了一定的距离。如果去年通过一门，今年又通过一门，那你不就逐步接近成功了吗？然后，一门一门地拼，证书正在向你招手。因此，成功不成功，一是和别人比，二是和自己比。今天的自己和昨天的自己比，只要进步了一点点，那就是成功了，只是成功的程度不同而已。不要指望“一口吃个胖子”，不付出努力，任何人都不会轻松地成功。正如那首大家都会唱的歌：“不经历风雨，怎能见彩虹”！人生的好多次失败，最后并不是败给别人，而是败给了悲观泄气、勇气不足的自己。

现任香港特别行政区第二任行政长官的曾荫权，出生于一个普通的警察家庭，家庭并不富裕，少年时学习也很一般，但他就是凭着处事谨慎、刻苦勤奋的性格，一步步走向成功的。

著名节目主持人杨澜在一次采访中问他：“论个人的形象、政治的技巧甚至是媒体的关系，您并不是突出的一个，但最终您还是登上了香港公务员的顶峰。您认为关键在什么地方?”曾荫权这样回答：“我告诉您一个真实的故事吧。在美国纽约有个63岁的老人家，他说要走路去几千里外的迈阿密，最后他达到了目的地。当有人问他为什么能做到时，这位老人说，我一天只关注走一步，走一步不需要很大的勇气，走完一步，接着走第二步、第三步，就这样走完了。这对于我自己做的几十年的工作，感觉是一样的。”

哈佛大学校训中有这样一条：谁也不能随随便便成功，他来自彻底的自我管理和毅力。曾荫权正是这样一个例子和榜样。

因此，成功是一个过程，就像长途跋涉，多走一步就接近成功一步。无论干任何事情，成功无一不是从零开始的，成功是不可能一蹴而就的，是一个循序渐进的过程，建立在一点一滴的积累上面。有句名言说：“执著的人是可怕的。”当如是。

5.3 考证的误区

5.3.1 考证也随大流

别人报什么就报什么，不假思索，随大流，这是最常见的从众心理。考证要与职业兴趣、自身条件、所具有的资源相匹配，要与选择的职业目标相匹配。否则，就是劳而无功，白白浪费成本。

大家知道，财务上有“机会成本”或“机会收益”这个词语，就是说你将有限的资金投入到一个方面，不管收益如何，必然放弃其他方面的投入，等于放弃了其他方面潜在的收益。到底该投到什么地方，你应该慎重选择。通俗地讲，就是“种瓜得瓜，种豆得豆”，就看预期瓜的收益高还是豆的收益高了。时间和精力也是金钱。另外，财务上还有“成本效益原则”，就是同样的成本（时间、金钱和经历），哪个预期效益最高就选择哪个，或者尽量地少投入，多产出。不要随大流，不要别人干什么你就干什么，又不是拔河比赛，必须步调一致。因为毕业后毕竟要走自己的路。要学会放弃。“舍得舍得，有舍才有得”。

5.3.2 考证朝三暮四

今天觉得这个证书不错，就报考这个证书；明天觉得那个证书不错，又报考那个证书。或者犹犹豫豫，对报考的事情思来想去，朝三暮四，这样犹豫不决，时间久了，只会带来后悔，很难成功。

有这样一个故事，形象而有趣。

印度有一位知名的哲学家，天生一股特殊的文人气质，不知迷死了多少女人。

某天，一个女子来敲他的门，她说：“让我作你的妻子吧！错过我，你将再也找不到比我更爱你的女人了！”哲学家虽然也很中意她，但仍回答说：“让我考虑考虑。”

事后，哲学家用他一贯研究学问的精神，将结婚和不结婚的好、坏分条列下来，发现好坏均等，真不知该如何抉择。于是，他陷入长期的苦恼之中，无论他又找出了什么新的理由，都只是徒增选择的困难。

最后，他得出一个结论——人若在面临抉择而无法取舍的时候，应该选择自己尚未经验过的那一个。不结婚的处境我是清楚的，但结婚会是个怎样的情况，我还不知道。对！我该答应那个女人的央求。

哲学家来到女人的家中，问女人的父亲说："你的女儿呢？请你告诉她，我考虑清楚了，我决定娶她为妻！"女人的父亲冷漠地回答："你来晚了十年，我女儿现在已经是三个孩子的妈了！"

哲学家听了，整个人几乎崩溃，他万万没有想到，向来自以为傲的哲学头脑，最后换来的竟然是一场悔恨。之后两年，哲学家抑郁成疾，临死前，将自己所有的著作丢入火堆，只留下一段对人生的批注——如果将人生一分为二，前半段人生哲学是"不犹豫"，后半段人生哲学是"不后悔"。

新东方创办人、"中国最富有的老师"俞敏洪也曾谈到目标明确、不朝三暮四的重要性。他在博客中说，父亲是个木工，常帮别人建房子，每次建完房子，他都会把别人废弃不要的碎砖烂瓦捡回来。"久而久之，我家院子里多出了一个乱七八糟的砖头碎瓦堆。我搞不清这一堆东西的用处。直到有一天，一间四四方方的小房子居然拔地而起。父亲把本来养在露天到处乱跑的猪和羊赶进小房子，再把院子打扫干净，我家就有了全村人都羡慕的院子和猪舍。"

父亲向俞敏洪阐释了做成一件事情的奥秘。此后做事时，俞敏洪一般都会问自己两个问题：一是做这件事情的目标是什么，因为盲目做事情就像捡了一堆砖头而不知道干什么一样；第二个问题是需要多少努力才能够把这件事情做成，也就是需要捡多少砖头才能把房子造好。之后就要有足够的耐心，因为砖头不是一天就能捡够的。

他说："我生命中的三件事证明了这一思路的好处。第一件是高考，目标明确：要考上大学。第一年、第二年我都没考上，第三年我终于考进了北大。第二件是背单词，目标明确：成为中国最好的英语词汇老师之一。于是我开始一个一个背单词，在背过的单词不断遗忘的痛苦中，父亲捡砖头的形象总能浮现在我眼前，最后我终于背下了两三万个单词。第三件事是我做新东方，目标明确：要做成中国最好的英语培训机构之一。然后我就开始给学生上课，平均每天给学生上 6 ~ 10 个小时的课，很多老师倒下了或放弃了，我没有放弃，到今天为止，我还在努力着，并已经看到了新东方这座房子能够建好的希望。"

作为会计类大学生的我们，是不是应该从俞老师的故事中受到启发呢？选择一个证书，一门一门地啃，义无反顾地把它拿下来，你的"房子"就建好了。

5.3.3 考证浅尝辄止

"捡砖头盖房子"是要有一个过程的，要有足够的耐心和恒心。但是，我们的很多同学，缺乏的就是这种毅力和耐心，吃不得苦，三分钟热度，报考的时候决心很大，复习的时候三两个回合就败下阵来。即便是考会计从业资格这么容易的证书，也不愿下力气，而想走"捷径"，投机取巧，参加什么社会培训机构办的培训班，动辄一二百元，还有好多报的是什么"包过班"，多花一倍的价钱。这种考试难吗？其实一点都不难，教材薄薄的，都是一些基本而浅显的知识，考的又是一些基本概念，考试题型就是选择和判断，只要稍微下下工夫背一背、记一记，考试通过应该没有问题。至于注册会计师、ACCA 等考试，也是一个"捡砖头"的过程，只要用心下足了工夫，只要方法得当，把教材吃透，靠自力更生拿下来也不是没有可能的。

有的同学说，人家别的专业都不用考这证那证的，就我们会计需要考证多！错了，那是因为你不知道，现在越来越多的专业都需要考证。比如，学建筑、施工、土木工程专业的，他们需要考的证书也不少，如注册监理工程师、注册造价工程师、全国一级注册建造师、二级注册建造师、全国一级注册结构工程师、二级注册结构工程师等。我们国家实行的是职业证书制度，与我们"会计"相同命运的职业还真不少。

其实，考证虽然辛苦，但当你一旦以"求知"的心态"钻"进去以后，你会废寝忘食，你会感到极大的充实、感动、享受和满足，你就会沉浸在“拥抱”知识的无比幸福之中。愿你早日找到这种感觉!

5.3.4 报考科目不科学

尽量根据学校的课程进度安排选报要考的证书。比如，英语四级证书报考安排在大一，英语六级证书报考安排在大二，因为一般院校英语课都是安排在大一、大二，所以这样报考有利于与学习同步，有利于复习和考试。再比如，报考注册会计师也可以根据学校会计、审计、财务管理、税法、经济法等相关课程安排时间来选报科目，尽可能保持一致或稍微错后一点，以便更好地利用资源。另外，在科目选报顺序上，也要有所讲究。

还要引起注意的是，有些证书，作为会计类毕业生来讲，从报考条件上来讲，虽然可以报考，但从实际工作的角度看则不宜报考。比如，注册资产评估师职业资格证书。因为当你费了九牛二虎之力拿到这个证书，开始从事这个职业之后，你常常会有力不从心之感，常常遇到困惑，不能够真正地胜任工作，不能独当一面，常常离不开相关方面的专家，没有专家就无法开展工作。根本原因是，目前评估师资格考试设计思路有问题，要求一个评估师同时具备较深的财务会计、机电设备、建筑工程等方面的知识，这是极不现实的。如果你不具有上述行业的一定资历和素养，就以一个评估师的名义去做这方面的工作，只能是自欺欺人，也是不可能做好的，因为你不具备这方面的能力。大多数评估师的称号是有“泡沫”和水分的，是名不副实的。实际中也正是这样。一般来说，财会专业出身的评估师只能做一些流动资产方面的评估，做一些评估的组织、协调和数据录入、核对、分析等工作，作为重要资产的机器设备、房屋建筑等的评估，基本上都是外聘这方面的专家完成的，没有他们简直无法工作。同样，那些机电设备、建筑工程等专业背景出身的评估师，也有不懂财务的困惑。实际工作中，二者根本无法实现真正的沟通，基本上都是各做各的一部分，最后汇总到一块，形成评估结论，出具评估报告。委托方拿到评估报告以后，如果有疑问，即使项目经理或部门经理也往往无法独自面对客户，还必须请评估师和专家同时到场。社会大众认为的评估师往往是“全能”的评估师，而评估业界的人都知道，这是不可能的。这就是评估师职业的缺陷和无奈之处。当然，不宜报考的资格还有律师资格、造价工程师资格、房地产估价师资格等。

5.3.5 花钱认证

现在时不时会有一些从未听说过的“证书”，吹得天花乱坠地送到学校校园，送到你的跟前。这些证书一般具有这些特征：第一，牌子很大，“国际”什么什么，“中国”什么什么。第二，主办方为非政府机构，大多都是什么民间学会、研究会、职业组织。第三，证书级别高，只要你交钱、填表、交照片，往往连考试教材都没有，神秘地“透露”几张模拟试卷，然后经过象征性的考试或者连象征性的考试都没有，就给你认证个“×××师”或“高级×××师”的证书。第四，门槛低，收费高，只要是在校大学生，只要报名、交钱（价格不菲），你就能够得到。第五，“证书”实物很大，内容很花哨，往往带有英文和主办方负责人（往往是个老外）的英文签名，盖着一个主办方的大红印。对于这样的证书，不管谁向你无比隆重地推荐，你都要擦亮眼睛，捂紧“钱包”，敬而远之。

5.3.6 证书越多越好

因为长久以来社会上有“艺不压身”一说，很多同学见什么报什么，胡子眉毛一把抓。有这个必要吗？没有！没必要见什么考什么，要有所选择。虽然有“艺不压身”一说，但也要考虑机会成本和针对性，更要与你将来的职业选择相呼应。

比如，打算从事审计工作，无论是注册会计师审计，还是内部审计，或者是政府审计，都可以选考注册会计师证书。选考注册会计师，是从事注册会计师审计工作的必然要求。而从事内部审计工作，一般来讲有注册会计师资格就可以了，但有的单位（一般为外资企业、上市公司或国企）还要求具有国际注册内部审计师资格（CIA）。如果想到这些单位工作，就需要考取 CIA 资格。要打算从事政府审计工作，一般需要报考助理审计师、审计师（属于审计职称系列的初、中级职称）。单位不同，可能要求的条件不一样。

再比如，要选择从事评估工作，那就要选考注册资产评估师、注册土地估价师和注册房地产估价师，还要大量掌握施工、房地产、机器设备等方面的知识和政策法规，因为只有具备与评估有关的全面知识，才能真正胜任评估工作。一般来讲，从事评估工作，没必要再考注册会计师。一是因为评估师考试中涉及的会计、法律等相关知识在评估工作中一般够用了。二是因为目前我国财政部对注册会计师行业和注册评估师行业实行的是分设管理制度，一个注册会计师如果同时具备注册资产评估师资格，那么，你只能选择一家会计师事务所或资产评估事务所执业，不能同时选择在两家事务所执业。三是因为在同时具备多种职业资格的情况下，遇到机会时，你就会觉得无法选择，左顾右盼，瞻前顾后，患得患失，陷入“挑花眼”的误区，变得“鱼与熊掌”无法选择。四是因为很容易在择业和工作中分散注意力，不能专心致志于某一工作，“这山望着那山高”。

据报载，美国哥伦比亚大学、斯坦福大学共同进行的一项研究表明：选项愈多反而可能造成负面结果。科学家们曾经做了一系列实验，其中有一个让一组被测试者在 6 种巧克力中选择自己想买的，另外一组被测试者在 30 种巧克力中选择。结果，后一组中有更多人感到所选的巧克力不大好吃，对自己的选择有点后悔。另一个实验是在加州斯坦福大学附近的一个以食品种类繁多闻名的超市进行的。工作人员在超市里设置了两个吃摊，一个有 6 种口味，另一个有 24 种口味。结果显示，有 24 种口味的摊位吸引的顾客较多：242 位经过的客人中，60% 会停下试吃；而 260 个经过 6

种口味的摊位的客人中，停下来试吃的只有40%。不过最终的结果却是出乎意料：在有6种口味的摊位前停下的顾客30%都至少买了一瓶果酱，而在有24种口味摊前的试吃者中只有3%的人购买了东西。

自实行职业资格考试制度以来，很多人（特别是在中介机构工作的会计专业背景的人）先后考取了很多资格，社会上有“双师”、“三师”、“四师”、“五师”甚至“六师”之说，就是说这些人同时拥有多种执业资格（注册会计师、注册税务师、注册资产评估师、注册土地估价师、注册房地产估价师、律师、注册造价工程师等），这还不包括职称（如会计师、高级会计师等）。而任何人的精力都是有限的，不可能同时做好多项工作，同时，每个人也都分身无术，不可能同时在多个单位工作，因此，这些人的资格实际上大多处于“闲置”状态，形成很大的浪费，由于所从事的本职工作长期不涉及那些专业内容，就渐渐荒废了。因此，资格证书不是越多越好，而是恰到好处最好。

5.4 会计考证，瞄准响亮证书——国内证书

华为技术有限公司总裁任正非说：“做事业，做有高度的事业。”那么，考证书，我们也应当瞄准那些“响亮”的证书。中国会计视野网站曾对国内、国际二十余种会计类证书的知名度做过调查统计，统计结果表明，会计从业资格证书、初级会计专业技术资格证书、中国注册会计师证书、ACCA证书、CGA证书等名列前茅，除了那些在报名资格上我们在校大学生不符合的以外，那些知名度较高的证书无疑都是我们的优先选项。

5.4.1 会计从业资格证书（会计证）

（1）报考理由

我国《会计法》第38条规定："从事会计工作的人员，必须取得会计从业资格证书。"因此，会计证又称为"上岗证"。这就是为什么那么多人趋之若鹜地考会计证的原因。另外，不论你是会计类的什么专业，只要将来从事会计工作，就要考会计证，没什么可考虑的。

会计证是目前国内会计人中知名度最高的一个证书，也是每年参加考试人数最多，会计类专业学生基本上人手一册的证书。不仅如此，其他专业（比如工商管理、国际经济与贸易、金融、人力资源管理等）的在校生、毕业生也有很多拿到了这个证书。

考会计证的意义只有两个：一是具有从事会计工作的资格；二是持有会计证书是报考初级会计专业技术资格的基本条件之一。仅此而已。

（2）报名条件

凡18周岁以上，有志于从事会计工作的人员，均可报名参加会计从业资格考试。参加考试的人员，考试成绩合格后，取得会计从业资格证书，具有从事会计工作的入门资格。

具备国家教育行政主管部门认可的中专以上（含中专）会计类专业（包括：会计学、会计电算化、注册会计师专门化、审计学、财务管理、理财学）学历的，自毕业之日起2年内免试会计基础、初级会计电算化。

（3）报名办法

按照属地管理原则，考生可以就近到单位或住址（学校校址）所在县（市、区）财政局报名点报名。各县级以上地方政府财政部门负责本行政区域内的会计从业资格管理。

（4）报名时间

一般为考试年度上一年的9～11月份。报名时考生需携带本人身份证原件及近期 1 寸照片 2 张（符合免试条件的还需提供学历证书原件），到指定地点填写相关表格，办理报名手续。

（5）报考费用

各地报名考试的费用有所不同，一般每科在 20 ~ 50 元。比如，河南省 2010 年为每人每科 40 元。

（6）考试科目

财经法规与会计职业道德、会计基础和初级会计电算化。

（7）考试时间

（以河南省 2010 年度考试为例）

时　间	考试科目
3 月 27 日（周六）9：00—11：00	财经法规与会计职业道德
3 月 27 日（周六）14：30—16：30	会计基础

初级会计电算化由于其科目特点，考生可在一年内到财政部门报名参加考试，取得“初级会计电算化知识培训合格证”。

（8）考试方式和分数线

闭卷笔试，试卷满分为 100 分，合格分数一般设在 60 分。

（9）考试教材与考试组织

考试大纲由财政部统一制定，具体教材由省级财政部门编写。考试一般由省级财政部门组织，考试与报名时间各省略有差异。

5.4.2　中国注册会计师执业资格证书（CICPA）

（1）报考理由

CICPA 证书本是从事注册会计师审计工作并有权签署审计报告的法定专业资格，但现在该证书已超出其原有的意义，知名度越来越高，逐渐成为深受广大企事业单位和会计人所追捧的“金领职业”通行证。很多企业在招聘中高级财会人员时，要求具有CPA证书。可以这样说，不管你是会计类的什么专业，考取这个资格都十分必要。

(2) 考试政策

①主考机构：财政部中国注册会计师协会。

②报名条件。符合下列条件的中国公民，可以报名参加考试（报名不受户籍限制）：具有完全民事行为能力；具有高等专科以上学校毕业学历，或者具有会计或者相关专业中级以上技术职称。

说明：有些省、市、区大学本科三、四年级学生、专科三年级学生也可以报名，但是具体由各地注协掌握确定。

③报名程序及要求：

报名时间一般为考试当年度的4～5月。报名：分为网上预报名和现场确认（网上确认）两个步骤，逾期不予办理。首次报名的报考人员，在网上预报名后，须在规定时间内进行现场确认；非首次报名的报考人员，可在网上报名的同时，同步进行网上确认。具体操作应遵照当年规定，此处略去。

④考试内容：

——专业阶段考试。设会计、审计、财务成本管理、公司战略与风险管理、经济法、税法共6科，主要测试考生是否具备注册会计师职业所需的专业知识，是否掌握基本技能和职业道德要求。报考人员可以同时报考专业阶段考试6个科目，也可以选择报考部分科目。

——综合阶段考试。设综合1科。主要测试考生是否具备在注册会计师执业环境中运用专业知识，保持职业价值观、职业态度和职业道德，有效解决实务问题的能力。考生只有在通过专业阶段的全部考试科目后，才能参加综合阶段的考试。两个阶段的考试每年各举行一次。基于综合阶段的考试侧重于考察考生的胜任能力，建议考生在参加综合阶段考试之前注意积累必要的实务经验。

——关于英文测试。现行制度规定，专业阶段和综合阶段各科目均不设英文附加题。2009 年度注册会计师全国统一考试（新考试制度下）专业阶段 6 个科目的试题中均指定特定试题，考生可以选用英文作答（对可以选用英文作答的试题，在试卷中有明确的提示）。如选用英文作答，则该题须全部使用英文，对指定试题外的其他试题，考生一律用中文作答。对指定试题全部选用英文作答，并且答题正确的，奖励 5 分。每科合格成绩分数线仍为 60 分。

——考试范围：由财政部注册会计师考试委员会（以下简称财政部考委会）在发布的考试大纲中确定。

⑤考试方式：闭卷、笔试。

⑥考试时间安排：（以 2010 年度为例）

时间	科目
9 月 11 日上午 08：30—11：00（150 分钟）	审计
下午 13：00—15：30（150 分钟）	财务成本管理
下午 17：30—19：30（120 分钟）	经济法
9 月 20 日上午 08：30—11：30（180 分钟）	会计
下午 13：30—15：30（120 分钟）	公司战略与风险管理
下午 17：30—19：30（120 分钟）	税法

⑦准考证的领取或打印：报名人员根据所在地的地方考办要求，在规定的时间内领取准考证，或通过网络下载打印准考证。

⑧考试报名费：考试报名费标准按各省、市、区价格主管部门及财政部门制定的相关规定执行。

⑨合格证：专业阶段考试的单科合格成绩 5 年内有效。对在连续 5 个年度中取得专业阶段全部科目合格成绩的考生，财政部考委会颁发注册会计师全国统一考试专业阶段考试合格证书。综合阶段考试科目应在取得专业阶段合格证书后 5 个年度考试中完成。对取得综合阶段考试科目合格成绩的考生，财政部考委会颁发注册会计师全国统一考试全科考试合格

证书。

（3）注册会计师考试认识误区

其一，注册会计师考试太难，拿不到全科证没有用。

注册会计师考试的确比较难，要想拿到全科合格证书确实需要下大工夫，但是，你要清楚，任何考试每年都是必然要让相当比例的考生通过的，否则主考部门等于没有完成任务。再者，60 分合格，并不限定合格人员的数量。很多同学毕业之前也许拿不到合格证书。怎么办？难道因为这就不报考吗？难道拿不到全科证就没用吗？显然不是。从几年来一些知名企业招聘时要求的条件看，全科通过当然更好，能通过一两门也很受青睐。比如，2010 年 5、6 月份立信会计师事务所浙江管理总部在招聘 2010 年暑期实习生时，所列出的优先条件之一是："注册会计师考试通过 1 门及 1 门以上者优先。"天健会计师事务所在针对 2010 年应届毕业生招聘"财务审计"和"资产评估"岗位时，也特别注明"CPA 考试通过者（或相应资质考试合格）"为优先考虑因素。可见，同学们如果能在毕业之前拿到一两门单科证，就会增加你求职、就业成功的砝码。如果能全科通过，那么，在以后几十年的职业生涯中，你在专业证书上基本可以高枕无忧了，"辛苦一阵子，管用一辈子"，以后只需加强实践的磨炼，增加经验和能力就是了。

因此，要充分认识注会证书（或单科成绩）对求职就业的重要性，特别是对职业晋升和发展的重要性。要树立必胜的信心。詹姆斯·埃伦在《做你想做的人》中说："怀疑和恐惧的思想永远一事无成，只能导致失败……当怀疑和恐惧乘虚而入时，目的、精力、做事的力量，以及一切强有力的思想都会停止。"2008 年 9 月 27 日下午，在瑞士夏季达沃斯论坛年会开幕式和企业家座谈会上，温家宝总理在回答提问时指出："当金融危机和经济危机到来的时候，信心比黄金和货币还要重要。"英国首相温斯顿？丘吉尔也说过："勇气是品格之首。"

我想，当你面对考试犹豫和彷徨的时候，勇气和信心比什么都重要！

其二，注册会计师工作太辛苦，不能干。

很多人受社会上流传的一些信息的影响，特别是受“四大”过来人“诉说”的影响，认为会计师事务所的工作强度大，太辛苦，因此，还是不考为好。这种认识是有害的。将证书与工作辛苦对立起来，首先从思想上抵触、反对，那行动上就不可能有任何作为了。再说了，世界上哪项工作不辛苦呢？况且注册会计师工作并不像传说中的那样极端恐怖，只不过具有自己突出的职业特点罢了！CPA 工作的特点是做起项目来常常需加班加点，出差多，但也有其特有的乐趣。

其三，注册会计师职业责任大、风险高，不能干。

是的，注册会计师职业确实责任大、风险高，但这是针对部分行业、部分项目来说的，是针对严重没有做“到位”来说的，每年受处分、处罚的注册会计师有不少，但相对于整个注册会计师队伍来说那是“凤毛麟角”。况且，你不可能一辈子永远从事审计工作，还可以做咨询、其他。

在一项名为中国未来十年紧缺人才资源的调查中，注册会计师位居榜首，注册会计师职业是人气最高的“金领一族”。

其四，我不打算从事这个职业，所以不考。

现在不打算，不代表将来不打算。现在“感觉”不需要，不等于将来“现实”不需要。斗转星移，世事难料。若干年前，我看到很多企业因为“不缺钱”，所以认为上市没必要；若干年后，资金紧张，上市变得万分重要。若干年前，很多人身处国有企业“不差钱”，若干年后被迫“下岗”了，又老大不小的，极不情愿地重操起“点灯夜战”的复习、考试“旧业”。因此，那些人生生存、发展铁定需要的资本，还是提前掌握了为好。学校时光是人生最好的时光，没有比学校更好的学习环境了。

其五，拿到了“注册会计师证书”，一切问题都解决了。

与前面的看法相反，有一个误区也要重视，那就是认为“注册会计师证书是万能的”，通过这个考试可以解决一切问题，可以彻底改变自己的命运。应当说，这个认识是不切实际的，通过任何一个考试都不可能在一瞬间改变你的命运。证书只是一个方面，证书只能证明你的“知识”达到了一定的高度，不能代表你的“能力”也有这样的高度。要改变现状，还必须做到知与行的统一。但是，如果没有这个证书你往往无法登上人们设定的那个舞台，有了这个证书才可以上台表演——不管演技如何。它可以让你的职业起点更高，机会更多，视野更开阔，这是毋庸置疑的。在未来若干年内高级会计人才供不应求的形势下，取得注会证书意味着你已经开始跨入高级会计人才的门槛。

（4）注册会计师深受社会青睐

由于拥有较高的专业性和水平，以及全面而深入的见识和阅历，所以人们普遍对注册会计师较为信赖。几年前，澳洲会计师公会会刊 *Australia CPA* 进行过一次“公司报告信任度”民意调查，结果显示，接受调查的社会公众有 81% 希望公司的首席财务官（CFO）是注册会计师，74% 的公众希望公司董事会审计委员会主席是注册会计师，79% 的人希望外部审计师由注册会计师担任，66% 的人希望董事会里至少有一名注册会计师，62% 的人希望公司首席执行官（CEO）是注册会计师。注册会计师职业逐渐成为备受公众信任的职业。

5.4.3 初级会计专业技术资格证书

（1）考试简介

会计专业技术资格考试（包括助理会计师、会计师、高级会计师和正高级会计师），也称为会计职称考试，实行全国统一的考试制度。该考试原则上每年举行一次。在国家机关、社会团体、企业、事业单位和其他组织中从事会计工作，并符合报名条件的人员，均可报考。

会计专业技术资格考试合格者，颁发人事部、财政部用印的会计专业技术资格证书，该证书在全国范围内有效。用人单位可根据工作需要和德才兼备的原则，从获得会计专业技术资格的会计人员中择优聘任本单位会计人员。根据现行会计职称管理规定，考取初级、中级、高级会计职称后，可以分别聘任为会计员、助理会计师、会计师和高级会计师，与相关薪酬待遇相挂钩。

（2）主考机构

国家人力资源和社会保障部、国家财政部。

（3）考试科目

经济法基础、初级会计实务。

（4）报名条件

坚持原则，具备良好的职业道德品质；认真执行《中华人民共和国会计法》和国家统一的会计制度，以及有关财经法律、法规、规章制度，无严重违反财经纪律的行为；履行岗位职责，热爱本职工作；具备会计从业资格，持有会计从业资格证书。

报名参加会计专业技术初级资格考试的人员，除具备以上基本条件外，还必须具备教育部门认可的高中以上学历。

（5）报名手续

凡符合报名条件并申请参加会计专业技术资格考试的人员，均由本人提出申请，单位核实，持学历证书、身份证、会计从业资格证书的原件和“报名登记表”于规定期限内到当地会计专业技术资格考试管理机构设置的报名地点报名。经审核合格后，发给准考证。考生凭准考证在规定的时间和地点参加考试。

（6）报名时间

报名时间一般安排在考试年度上一年的10～11月份。考生登录会计行业管理网或全国会计资格评价网按要求报名即可。

（7）考试时间

（以2010年度为例）

考试时间一般安排在考试年度的5月第三个星期六、星期日（以当年公布的报名时间、考试时间为准），具体科目考试时间如下：

考试日期	初级职称	中级职称
5月15日	9：00－11：30 经济法基础	9：00－11：30 财务管理
	14：00－17：00 初级会计实务	14：00－17：00 中级会计实务
5月16日		9：00－11：30 经济法

（8）报名费

各省、市、区有所不同。

（9）成绩管理

参加初级资格考试的人员必须在一个考试年度内通过全部科目的考试，方可获得会计专业技术初级资格证书。

（10）说明

很多同学在拿到会计证后，接着考取了初级会计专业资格，这是顺理成章的。但还有一些同学投入很大资源接着报考了中级会计资格，这一点是不大可取的。原因有二：

第一，中级会计职称证书是表明持证人会计专业水平、经验和资历达到了“中级”程度的证明，是会计工作已经能够拿得起、放得下、轻车熟路的证明，这一点大概从报考的条件上也能看得出来，其实是挺严格的。在国有企事业单位，这个职称一旦聘任，那是要享受相应的工资、福利待遇的。很显然，应届生持有这个证书，名实不符，也显得有点滑稽，不是水到渠成，而是揠苗助长。

第二，除此以外，还有比考这个证书更加紧迫、更受认可、更有意义的考试，比如CPA、ACCA、CTA、CGA等。如果确实想考这个证书，也只能作为CPA等考试的“副产品”而“辅助生产”，不可以作为重点。你即使拿到了，刚毕业前几年，单位也是不会看重的。

5.4.4 银行从业资格考试

(1) 考试介绍

“中国银行业从业人员资格认证”简称 CCBP（Certification of China Banking Professional）。它是由中国银行业从业人员资格认证办公室负责组织和实施银行业从业人员资格考试。该考试认证制度由四个基本的环节组成，即资格标准、考试制度、资格审核和继续教育。

(2) 报考条件

①年满 18 岁；②具有完全民事行为能力；③具有高中以上文化程度。

(3) 考试内容

银行资格考试分公共基础科目和专业科目。

①公共基础科目：公共基础。

②专业科目：个人理财、风险管理、个人贷款和公司信贷（专业证书的考试内容为银行业从业人员相关的专业知识和技能）。

考试题型：全部为客观题，包括单选题、多选题和判断题。

考试形式：资格考试实行计算机考试，采用闭卷方式。

资格考试大纲由认证办公室组织制定。资格考试的命题范围以公布的考试大纲为准。

(5) 成绩管理

资格考试成绩分“通过”和“未通过”。资格考试成绩由考试办公室公布并颁发资格考试成绩证明。资格考试成绩 2 年有效。

(6) 考试合格后取得证书的程序

参加考试并取得通过的成绩；提出证书申请；通过资格审核；已获得公共基础证书方可进行专业证书申请；认证委员会规定的其他条件。

凡非银行业从业人员参加资格认证考试并取得通过成绩的，由认证委员会颁发银行业从业人员考试成绩证明。考试成绩证明 2 年有效，在有效期内均可提出证书申请。

（7）银行从业资格证书的年检

资格证书自颁发日起每2年进行一次年检。取得资格证书的人员，须向认证办公室申请年检。在规定时间内未在认证办公室办理年检手续的以及年检未通过的，其资格证书将自动被注销。

（8）考试相关时间

考试时间：每年两次，分别为上半年5月份和下半年10月份；

报名时间：每年3月中旬开始，一般会持续到3月底4月初；

考试时长：每科均为120分钟。

准考证打印时间：每次考试前15天左右。一般都在5月中旬和10月中旬左右开始。

（9）提示与说明

银行业从业资格证书是想进入银行工作的同学必须取得的证书，要做好计划，早考不好，容易失效，晚考也容易误事，应适时参加考试（比如大三、大四时）。

5.4.5 证券从业资格考试

（1）考试简介

中国证券业实行从业人员资格管理制度，由中国证券业协会在中国证监会指导监督下对证券业从业人员实施资格管理。

证券公司、基金管理公司、基金托管机构、基金销售机构、证券投资咨询机构、证券资信评估机构及中国证监会认定的其他从事证券业务的机构中从事证券业务的专业人员，必须在取得从业资格的基础上取得执业证书，从事相应的证券活动。

通过基础科目及任意一门专业科目考试的，即取得证券业从业资格，符合《证券业从业人员资格管理办法》规定的从业人员，可通过所在公司向中国证券业协会申请执业证书。

证券从业资格证书由中国证券业协会颁发，是从事证券行业工作必须持有的资格证书，全国范围内有效。

（2）执业证书管理

申请执业证书的人员应当取得从业资格，被证券从业机构聘用，符合《证券业从业人员资格管理办法》第十条规定的有关品格、声誉方面的条件；申请从事证券投资咨询业务的，还应当具有中国国籍、大学本科以上学历及两年以上证券从业经历；申请从事证券资信评估业务的，应当具备两年以上证券从业经历及中国证监会有关规定的条件。

执业证书通过所在机构向中国证券业协会申请。

协会应当自收到执业申请之日起三十日内，向证监会备案，颁发执业证书。执业证书不实行分类。取得执业证书的人员，经机构委派，可以代表聘用机构对外开展本机构经营的证券业务。

取得执业证书的人员，连续三年不在机构从业的，由协会注销其执业证书；重新执业的，应当参加协会组织的执业培训，并重新申请执业证书。

（3）报名条件与方式

报名条件同5.4.4银行从业资格考试。

报名采取网上报名方式。考生登录中国证券业协会网站，按照要求报名。报名费每单科人民币70元，缴付方式、收据、准考证打印等有关事项请仔细阅读协会网站报名须知。

（4）考试内容与方式

科目分为基础科目和专业科目，基础科目为证券市场基础知识。专业科目包括证券交易、证券发行与承销、证券投资分析、证券投资基金。基础科目为必考科目，专业科目可以自选。

全国统考，闭卷，采取计算机考试方式进行，单科考试时间为120分钟，满分100分，60分及格。

（5）成绩与证书管理

考试成绩合格可取得成绩合格证书，考试成绩长年有效。通过基础科目及任意一门专业科目考试的，即取得证券从业资格。通过基础科目及任何两科专业科目考试的，取得证券从业一级资格证书（蓝色）。通过基础科目及其他四科专业科目考试的，取得证券从业二级资格证书（紫色）。

（6）证书申请

申请执业证书的人员应当取得从业资格、被证券从业机构聘用、符合规定的有关品格、声誉方面的条件；申请从事证券投资咨询业务的，还应当具有中国国籍、大学本科以上学历及两年以上证券从业经历；申请从事证券资信评估业务的，应当具备两年以上证券从业经历及中国证监会有关规定的条件。执业证书通过所在机构向中国证券业协会申请。取得执业证书的人员，经机构委派，可以代表聘用机构对外开展本机构经营的证券业务。取得执业证书的人员，连续三年不在机构从业的，由协会注销其执业证书；重新执业的，应当参加协会组织的执业培训，并重新申请执业证书。

需要注意的是，根据中国证券业协会发布的《证券业财务与会计人员执业行为规范》，从事证券业（包括证券公司、证券投资基金管理公司等机构）财务与会计工作的人员须取得会计从业资格证书和证券从业资格证书。

5.4.6 期货从业资格证书

（1）简介

期货从业人员资格考试是期货从业准入性质的入门考试，是全国性的执业资格考试。考试受中国证监会监督指导，由中国期货业协会主办，考务工作由 ATA 公司具体承办。

（2）报考条件

报名条件同 5.4.4 银行从业资格考试。

（3）考试科目

期货从业人员资格考试科目为两科，期货基础知识、期货法律法规。单科考试时间 100 分钟。

（4）考试时间和地点

考试	报名时间	考试时间	考试地点
第一次	1 月 29 日 -2 月 8 日	3 月 20 日 -21 日	34 个城市
第二次	3 月 30 日 -4 月 9 日	5 月 15 日 -16 日	34 个城市
第三次	5 月 11 日 -21 日	6 月 26 日 -27 日	34 个城市
第四次	8 月 3 日 -8 月 13 日	9 月 11 日 -12 日	34 个城市
第五次	10 月 10 日 -20 日	11 月 13 -14 日	34 个城市

34 个考试城市包括：北京、天津、石家庄、太原、沈阳、长春、哈尔滨、上海、南京、杭州、合肥、福州、南昌、济南、郑州、武汉、长沙、广州、南宁、海口、重庆、成都、贵阳、昆明、西安、兰州、银川、西宁、呼和浩特、大连、青岛、宁波、厦门、深圳。

（5）考试方式

考试采取闭卷、计算机考试方式进行。

（6）考试的时间、题型、分值

单科考试时间为100分钟，共170道题，满分100分，60分为合格线。“期货基础知识”科目题型分单项选择60道、多项选择60道、是非判断40道和计算题10道。“期货法律法规”科目题型有单向选择60道、多项选择60道、是非判断40道和不定项选择10道。其中，单选题、多选题、判断题均为0.5分/题，计算题或不定项选择题为2分/题。

（7）报名方式

报名采取网上报名方式。考生于以上规定的报名时间内登录中国期货业协会网站，按照要求报名。报名费单科70元（不包含教材费），具体缴付方式、发票申请、准考证打印等有关事项于报名开始日后参考报名须知。

（8）考试大纲和指定教材

考试大纲详见中国期货业协会网站“2009年期货从业人员资格考试大纲”。“期货基础知识”科目参考教材：《期货市场教程》（第六版修订）（中国期货业协会编，中国财政经济出版社）；“期货法律法规”科目参考教材：《期货法律法规汇编》（第三版修订）。两教材具体购买办法见中国期货业协会“资格考试”栏目。

（9）其他事项及说明

考生单科考试成绩在当年及以后两个年度内有效，两门考试成绩均合格者可取得考试成绩合格证。考试成绩合格证长期有效。考试成绩合格证取得的方式登录中国期货业协会网站查询。

5.4.7 外贸会计证书考试

（1）举办单位

商务部中国对外贸易经济合作企业协会和中国对外经济贸易会计学会。

（2）报考资格

具备以下任一条件者均可参加考试：具有一定的财务、会计工作经验或已接受过财务、会计业务培训的在职人员；在国际贸易、会计、财务管理或其他相关专业学习的在校生；高中以上学历有志从事外贸会计工作并已接受了外贸会计业务培训的待业人员。

（3）考试办法

考试由“国际贸易理论基础”和“外贸会计实务”两门组成，两门全部合格的参考人员通过本次考试并获得由中国对外贸易经济合作企业协会和中国对外经济贸易会计学会颁发的外贸会计证书。

“国际贸易理论基础”考试时间为90分钟，“外贸会计实务”考试时间为120分钟。每科总分100分，考试得分60分（含）以上者为合格。

（4）考试时间及试题形式

每年举行两次，上半年一次，下半年一次。具体时间可在本项目管理网站查阅。题型为判断题、选择题（含复式）、简答题、案例分析题（含实务操作题、计算题）、论述题。

（5）考试地点

各地授权的考试机构。具体单位与地址可在本项目管理网站查阅。

（6）考试收费

报名费：“国际贸易理论基础”为10元/人次，“外贸会计实务”为10元/人次。

考试服务费：“国际贸易理论基础”为80元/人次，“外贸会计实务”为150元/人次。

证书费：10元/本。

（7）考试指导教材

培训使用全国外经贸从业人员考试中心确定的此项目专用教材。本项目管理网站为全国外贸会计考试中心网 http：//www. ftat. org，与项目相关的信息将在该网站上随时发布。

（8）报考理由

加入世界贸易组织后，我国外经贸企业数量大幅增加，企业结构也发生了重大转变，大批中小企业、民营企业、制造业企业、国内零售企业纷纷大规模入盟外贸行业，受外经贸业务特殊的风险性和专业性要求，高素质、专业化的外经贸专业人才已成为企业的核心竞争力。据商务部统计，目前我国外经贸企业各类高级管理人才缺口将近10万人，与人才市场上"一抓一大把"的财务人员相比，作为外贸专业领域的会计人员却日益供不应求。

5.4.8 注册税务师资格证书（CTA）

（1）考试简介

注册税务师（Certified Tax Agents）考试是我国的一项执业资格考试，具有CTA资格是到税务师事务所从事涉税服务和鉴证业务的法定资格。注册税务师1998年开始时实行资格认定考试，自1999年开始实行全国统一考试。主考机构为国家人力资源和社会保障部、国家税务总局。

现行考试共设五个科目：税法1、税法2、税务代理实务、财务与会计、税收相关法律。考试成绩为滚动管理，3个考试年度为一个滚动周期。

报名时间一般设在考试年度上一年的12月份，按属地管理的原则，一般按地区为单位进行组织。考试时间，以2010年考试为例，为6月18、19、20三天。

（2）说明

其报考条件要求比较高，比如经济类、法学类大专毕业后从事经济、法律工作满六年，或者经济类、法学类大学本科毕业后从事经济、法律工作满四年方可报考。可见，从事这个职业需要有一定的资历。尽管在校大学生不具备报考条件，但每年都有一些同学通过一定渠道报了名。应当说，注册税务师是一个前景看好的职业，税务师事务所及企事业单位也需要大量高素质、复合型的税务人才。做好注册税务师工作确实需要丰富的经验，从知名度讲，它也没有注册会计师“响亮”，所以不宜作为重点考试。

5.4.9 注册资产评估师执业资格证书（CPV）

（1）考试简介

注册资产评估师执业资格考试是根据资产评估行业发展对专业人才队伍的客观需要，依据1995年人事部和国家国有资产管理局《关于印发〈注册资产评估师执业资格制度暂行规定〉及〈注册资产评估师执业资格考试实施办法〉的通知》而设立的。主考机构为国家人力资源和社会保障部、国家财政部。

考试科目为资产评估、经济法、财务会计、机电设备评估基础和建筑工程评估基础共五科。考试成绩有效期限实行3年滚动管理办法。考生全科合格后可申请领取注册资产评估师执业资格证书。

报名时间，一般为每年4月。考试时间，以2010年为例，为2010年9月4、5日两天。

（2）说明

很多人认为，目前全国仅有3万人获得注册资产评估师资格，而市场对专业人才的需求要远大于这个数字，因此，对打算涉足这一职业领域的人员来说，考张资产评估师执业资格证书，获得“专业身份证”，职业前景应该不错。但是在校会计类学生不宜将CPV考试作为重点考试，原因有二：

第一，以会计专业为背景考取注册资产评估师的人员在评估工作中经常遇到很多困惑，往往并不得心应手，主要存在“机电设备”和“建筑工程”两个软肋，一般需要借助于这两个方面的专家才可以顺利开展工作。

第二，注册资产评估师所在的评估机构业务受到限制，往往不能出具一些“特殊资产”的评估报告，如房地产、土地、二手车辆、珠宝首饰等。

可见，目前我国资产评估行业是管理非常混乱的一个行业，进入这个行业以后，你会感到很不“爽”。

5.5 会计考证，瞄准响亮证书——国外证书

5.5.1 国外证书知多少

来自国外的“洋证书”主要有：特许公认会计师公会（ACCA）、加拿大注册会计师（CGA）、美国注册会计师（AICPA）、英国国际会计师（AIA）、英国特许管理会计师（CIMA）、美国注册管理会计师认证（CMA）、国际注册内部审计师（CIA）、注册金融分析师（CFA）、英国皇家特许会计师（ACA）、澳大利亚注册会计师（ASCPA）、澳洲会计师公会ASA、CPA（Aust.）及FCPA（Aust.），英国财务会计师（IFA），国际注册信息系统审计师（CISA），特许公认会计师公会中文财会资格证书（CDFA），澳大利亚国家会计师（NIA）等。对这些证书感兴趣的同学，可以上网查询其详细规定。

5.5.2 如何看待“洋证书”

当下，不仅国内证书种类繁多，一批“洋证书”也眼花缭乱，备受推崇，在大中城市的年轻人中间“响亮”传播，并且他们还经常与国内机构

比如中国注册会计师协会合作举办一些“响亮”的活动，以扩大影响、提高知名度，吸引同学们报考。

据举办者宣传，这里所列示的大多数证书都适合并鼓励在校大学生们报考，比如，ACCA 证书、CGA 证书等。对此，我们应当怎样看待？

首先，要真正了解这些证书的含金量和受企业欢迎的程度，不仅要“看广告”，更要“看疗效”。因为这些证书都“吹嘘”得十分厉害，动辄在世界各地拥有多少多少会员或学员，毕业学员里面有多少多少担任名企 CFO、CEO，可以获取多少多少高薪。由于信息不对称，我们无法核实其真相。但是，我们可以从身边的例子了解，可以从方方面面的渠道了解，避免上当。

其次，在选择这些证书时，也不要盲目报考，不要随大流。因为尽管它十分响亮，也可能货真价实，但是否适合你是最为关键的。比如，你的就业方向，你的外语程度，你的资金实力（考老外的证书往往费用较高），你所毕业的院校的层次和学历层次等，都对就业的去处有影响，就业情况的好坏不是仅仅一张“洋证书”就能决定了的。一般来讲，在内资企业就业具备中国 CPA 证书即可，在国内的外资企业就业，或到国外的企业工作，可能有的企业比较看重这个证书，有的企业比较看重那个证书，不好一概而论。

但不管怎么说，我们都应选择那些知名度最高、最为“响亮”的证书，极个别情况除外。

5.6 英语、计算机证书如何选择

伴随着我国与世界的接轨，会计行业对于英语的要求也越来越高。会计行业青睐“双语”高端国际型人才。很多会计人才虽有着良好的从业经验，但受制于其英语水平，其发展受到制约。正是这些问题的存在，导致会计人的就业状况并不乐观。低端人才涌入人才市场最终所获得的也只是微薄的收入。高端市场人才紧缺，却难有这样的会计精英能适应那些岗位。

5.6.1 关于英语等级证书

(1) 英语等级证书有哪些

英语证书主要有大写英语考试证书（CET)、全国公共英语等级考试(PETS)、剑桥商务英语考试证书（BEC)、全国职业英语口译证书、雅思考试（IELTS)、托福考试（TOEFL）等。

(2) 英语证书重要吗

可以说，现在全国各所大学几乎都变成了“外国语学院”，大一、大二是四六级，大三、大四是研究生英语或者雅思、托福，大学生们投入到英语学习上的时间、精力和财力甚至超过了专业学习的投入。

那么，英语到底重要不重要？对于这个问题，社会各界包括人大代表早已议论纷纷，甚至有人对有关部门误导国人疯狂学习英语提出了强烈的抨击。然而，这个势头仍然在继续，这个问题也经常困扰着很多大学生特别是普通本科和高职高专的大学生们。

英语到底重要不重要？应该这样说，因人而异，不能一概而论。这就要看每个人英语学习的用途，即英语一般在什么情况下有用。从普遍的情况看，可以说：

①考研、读研有用，一般来讲研究生一旦毕业就没用了，教英语的除外；

②到英美国家留学有用，一般来讲一回到国内就没用了；

③进外企（指真正的外企，将英语作为日常工作和生活语言的外企）

工作有用，出了外企就没用了；

④去“四大”会计师事务所应聘时有用，做那些需要用英语交流的业务时有用，做国内企业业务时就没用了；

⑤到知名企业求职时有用，一旦录用以后往往就没用了；

⑥将来有了孩子教孩子启蒙英语时有用，孩子上初中以后就没用了；

⑦若干年后评职称考外语时有用，一旦评上了，就没用了；

⑧平时大街上碰上个老外（小城市和县城可能几年也碰不上一个）打招呼时有用，老外走了，就没用了；

⑨在有些场合，用英语露一下脸、作一下秀时有用……

可以这样说，除此以外，几乎无用。更何况，我们绝大部分人所学的英语都是“哑巴”英语。

因此，打算考研的，打算出国的，打算进外企的，目前的英语基础又不错的，可以在考级上多下点工夫，不但下工夫考级，更要学好会计英语、财经英语，将口语练得倍儿溜，达到可以用外语讨论专业和业务问题的程度。如果你真有这样的水平，我建议你先集中精力拿下 CPA 或 ACCA，然后“孔雀东南飞”，在那里你必将“英雄有用武之地”。否则的话，我认为，不如拿出精力用到别处，好钢用到刀刃上，没必要浪费那么多的时间在 ABC 上，反正我看到的很多人这么多年投入的精力和财力都“打水漂”了，而且漂走的速度还相当快！

（3）正确对待四六级成绩

据《长江商报》报道，近来，高校校园出现“刷分族”，不停地参加四六级考试，希望靠高分获外企青睐。

面对大学生们在四六级中的“刷分”行为，华中人才副总经理薛丽认为，这种一味提高分数的行为并不可取。“一些外资企业虽然很注重应聘者的英语水平，但他们要求的是口语表达能力，这不是一张高分的成绩单就能够表现出来的。”薛丽说，笔试成绩虽好，但不能代表综合能力，“在大学里，学生们首先要提高的是系统的自学能力和团队合作能力，至于四六级，合格就够了，一味追求高分对求职并没有很大的帮助。”

5.6.2 关于计算机等级证书（NCRE）

（1）NCRE 简析

从 NCRE 考试“证书的用途、证书获得者具备的能力”可以看出，作为会计类专业学生，除了打算毕业后到用友、金蝶等财务软件公司工作的同学以外，一般取得一级证书即可。花费大好的时间、金钱和精力去考那个二、三、四级实在没有多大意义。好钢要用到刀刃上。

绝大多数招聘单位对计算机方面的要求主要集中在这些方面：计算机操作熟练，精通 OFFICE 办公软件（Word、Excel、PowerPoint、Access、PPT、Visio 等）；熟悉或熟练操作用友、金蝶、诚意、百姓、管家婆、SAP 等财务软件；熟悉或精通 ERP 系统。

有个别单位不顾单位情况和性质，要求应聘者拥有 NCRE 更高等级的证书，可以认为这些单位是无理要求，很可能与招聘方 HR 不专业、工作随意以及职业态度傲慢有关，我们完全可以不去“睬”它。

（2）计算机等级证书重要吗？

除非有编程、做软件等专业上的志向、特长或兴趣外，从会计、审计实际工作的角度讲，没有必要取得什么等级，能熟练使用 WORD、EXAIL 等功能，能够熟练操作会计、审计软件就足够了。

当然，英语和计算机等级高一些也不是坏事，它首先可以唬人，本身代表着你在这方面的水平。当然，以上说的都不绝对，只是就一般情况而论，有些高新技术企业、软件企业、外贸企业、出口型企业，确实需要财会方面高水平的外语、计算机复合型人才，那另当别论。

六 学校“不响”，不必自惭形秽

毋庸讳言，会计学子们所就读的大学，无论从学校名称、规模、性质还是从办学层次、办学条件、办学历史等方面来看，都有一些差别。既有以“985”、“211”为代表的光鲜夺目、广受追捧的一本高校，也有众多不甘落寞、奋起直追的二本、三本高校，更有一大批土生土长、名不见经传的高职高专院校。有些同学身处名校，产生很多优越感；有些同学由于没有跨进理想的高校而耿耿于怀、郁郁寡欢。其实，这大可不必！无数事例证明，学会计，学财管，学审计，不管你读什么样的学校，不管你的起点如何，只要你想学，只要你愿意付出，只要你不断进取，前程都会无比美好。

6.1 学校"不响"，真的那么重要吗？

6.1.1 会计学习条件"不差钱"

(1)"上帝没有看轻卑微"

让我们先读一个小故事。

一位父亲带着儿子去参观梵·高故居，在看过那张小木床及裂了口的皮鞋之后，儿子问父亲："梵·高不是位百万富翁吗？"父亲答："梵·高是位连妻子都没娶上的穷人。"第二年，这位父亲带儿子去丹麦，在安徒生的故居前，儿子又困惑地问："爸爸，安徒生不是生活在皇宫里吗？"父亲答："安徒生是位鞋匠的儿子，他就生活在这栋阁楼里。"这位父亲是一个水手，他每年往来于大西洋各个港口，这位儿子叫伊东·布拉格，是美国历史上第一位获普利策奖的黑人记者。20 年后，在回忆童年时，他说："那时我们家很穷，父母都靠出苦力为生。有很长一段时间，我一直认为像我们这样地位卑微的黑人是不可能有什么出息的。好在父亲让我认识了梵·高和安徒生，这两个人告诉我，上帝没有看轻卑微。"

这个故事告诉我们了什么？——名牌学校也好，非名牌学校也好，主要是牌子、名气等不同而已，实际上，就会计类专业、职业来讲，成就高低最重要的并不是取决于这些，你将来的出息，你将来的作为，不会因为你的牌子卑微而受到根本性、决定性的限制。现实中，毕业于名牌学校的人才有很多很多，同样，毕业于一般本科、大专甚至中专学校的人才也很多很多。

从所学课程看，虽然学校层次、名气不同，但就会计类专业来讲，各个学校所开设的课程大同小异，这些课程所选用的教材也只是大同小异。为什么？因为目前会计学科体系及其专业水平都浓缩在了各种准则和文献当中，会计准则、审计准则等全世界都实现了“趋同”、“等效”，说明什么呢？说明我们面对的基本知识及其要求是相同的，尽管学校不同，但学习的内容——以上述课程和准则为代表的知识体系基本上是相同的，就像在饭店吃饭，你们的这一桌饭菜与他们那些桌上的饭菜没有什么本质不同，材料大同小异，烹饪方法大同小异，就看你如何选择和吸收了。如果说有什么不同的话，不同就是学校历史不同，校园大小不同，大楼多少、年代不同，老师头衔不同，靠那些个历史名人支撑起来的的所谓“大学文化”不同，“就完餐”以后出门时发的本本不同，有的是名牌，有的是非名牌而已。其实，这些都是表面的东西，梵·高、安徒生、伊东·布拉格们就是最好的明证。

需要说明的是，我这里绝不是说，你现在是大专，以后就不需要提高学历了；你现在是本科，以后就不需要提高学历了。恰恰相反，随着职业生涯的发展以及形势所迫，大专升本科、本科升硕士，甚至硕士升博士，可能都是必要的（尽管不一定每个人都有必要——需要具体情况具体对待），况且，学历提升的过程也是知识提升、能力提升、不断适应工作需要的过程。只是说，你不必妄自菲薄，不必太在意眼下的“第一学历”了。

（2）有些名校存在“挂羊头卖狗肉”现象

即使是在名牌院校，其本科生、专科生也可能享受不到优质教育资源。据《中国青年报》近期报道，在不少名牌大学，重科研、轻教学的现象十分严重。不少教授、副教授长期不担任本科生（更不要说专科生）的课程，其课程大多由年轻教师“照本宣科”地念课本。因为衡量教师水平的指标是看科研能力、承担的课题、发表论文的级别、争取到多少科研经费、在 SCI 上发表多少篇论文，而不是看上课、教学水平如何，名师需要到处跑项目，开评审会，上课的任务自然落在了年轻教师和博士生身上。北方工业大学文学与传媒艺术研究中心主任谭旭东教授通过多年观察发现，越是名牌大学“挂羊头卖狗肉”现象越普遍，因为名师、教授往往把教学的工作放在第二位。非名牌大学的老师可能受外界诱惑少一些，教学更踏实，授课更努力。

就“成才”来讲，学校是不是重点、牌子是不是响亮实际上都是外部因素，内因还是靠你自己，靠自己发挥主观能动性，靠自主学习，靠自己学会利用各种校内和校外资源、平台，靠自己选择和把握方向的能力。现在网络是开放的，各种信息是开放的，各种教材和相关读物是开放的（书店里都能买到)，各种相关的报纸、杂志都能便利看到，你想了解什么都不会有太大的难度，想学习什么都有相应的渠道和选择。更为重要的，我们所处的时代和环境，我们每天面对的信息和事件，没有任何的区别，就看你的觉悟和吸收能力了。

如果将这些利用好了，该做的做到位了，不管是几流学校，你都不用怕！名校学生如果不断努力，自然会更加优秀；非名校学生只要发奋努力，名校学生有的不一定比你知道得更多，不一定比你心态更好，不一定比你更加“适者生存”。从长远来看，名牌效应只能一时起作用，用人单位不可能仅看“牌子”发工资，定职位，决定其未来，他们看重的一定是实际工作中的“做”，是“悟”，是“表现”，是创造，是“又红又专”的能力，是为企业“增值”的能力。因此，普通学校的学生们一定不要自惭形秽！

现实社会存在着强烈的名校情结，随着年龄的增长、阅历的增加，你会对此越来越看得透彻：名校只是一个招牌。《读大学，究竟读什么》的作者覃彪喜说“一切名牌大学和热门专业都只是纸老虎”，他说的不是没有道理。

6.1.2　普通大学也可以造就非凡学生

(1) 花儿总是在不同的季节开放

曾任微软中国区总裁、盛大网络总裁，现任新华都集团总裁、被誉为"打工皇帝"、近期因"文凭门"事件而更加知名的唐骏先生认为：普通大学也可以早就非凡学生。他说：

……后来我在上海微软任总经理时，手下的员工里有很多毕业于复旦。我也去复旦作过很多次演讲。看着他们，心里还是有一点感触。但我是比较乐观的人，我很庆幸自己没有去读复旦。

如若当年真考入自己心目中理想的学校、理想的专业，或许如今的我只是众多80年代大学毕业生中的普通一员，在某个政府机关或某家国有企业担任不大不小的领导职务，或者在某所大学里任教，为评选教授资格熬白了头发。我的人生轨迹可能就因此而完全不同了。所以，我特别想告诉很多年轻朋友：

能考入重点大学固然很好，但是并非进到重点大学就可以解决你的问题，也不意味着到了非重点大学你的人生就缺少机会。

在上海微软的时候，我招的很多人并非毕业于重点大学，有来自二三流的学校，或者偏远地区的学校，甚至专业都不是计算机专业。我依然可以给他们这样的机会。这当然和我自己的教育背景有关。既然毕业于普通大学的我能做到总经理，为什么别人就不能呢？我的标准是看这个人能不能达到我的要求。

我的要求很简单。第一是学习的能力。大学里学的知识和企业里需要的知识是完全不同的，因此学习能力强，对工作十分重要。第二是工作的态度。我始终相信人与人之间智商的差距不是那么大，除非是与像盖茨那样的神童比。即使我不如你聪明，但我只要比你多努力一些，一样可以达到和你同样的水平。在这个意义上，我经常把更多的机会给那些善于学习、有进取精神的人，而不是那些自恃聪明的人。在我眼中，学习能力和勤奋精神远比大学和专业出身重要得多。

新东方总裁俞敏洪先生在一次演讲中说："你未来的成功和你上什么大学没有什么联系，只不过以后出国就业更加容易一点。一辈子能不能走出精彩，大学为你奠定了基础，但不能决定你的一生。""生命总有这样的现象，有的人年轻的时候有作为，有的人中年时候有作为，有的人老年时候有作为。花儿总是在不同的季节开放，如果所有的鲜花都在春天开放完毕了，到了夏天、秋天、冬天，没有任何的花儿开放，你还会觉得这个自然界是如此的美丽动人吗?"

因此，就业市场上，完全论"出身"的时代就要过去。专科、普通学校本科的学生，完全不必自惭形秽，因为大家各有各的优势。

从目前情况来看，有些二本学校有超过一本学校的趋势，有些三本学校有赶上甚至超过公办学校的趋势。就民办学校来说，可以预计，只要国家政策公平，不远的将来，将有一批民办学校、中外合作办学学校在教学质量和学生就业上超过公办的学校。为什么？因为他们深知自己的"民办"地位，"出身"不好，有强烈的危机感和发展意识，有超脱意识，所以有的管理很严格，对教学管理、学生管理、就业安排很多都比公办学校"敬业"，不少民办学校在较短的办学经历以后，就已经获得了良好的社会声誉。也许有那么一天，在中国的名牌大学里，将有这些民办学校的身影，名校都是公办学校的历史将会打破，中国的"哈佛大学"、"牛津大学"将会产生。而这些年来将眼睛盯在"评估、升格、合并"这些外在"包装"上的公办学校的危机感明显不如一些民办学校。看一看现在很多公办学校的教学、管理情况就知道了。

（2）"四流学校"也有优秀学生

我认识一位被称为四流学校的"专修学院"的学生，给我的感觉是，他一点都不自卑，完全有一种积极向上的心态，据了解，他不但在校积极参与、策划各种活动，生活多姿多彩，有声有色，而且自己主动出击，利用周六、周日为两家饭店代理记账，经济上不仅自食其力，还略有节余，学习能力也很强，三年自考本科两年拿下（比普通本科生整整节省了两年），同时报考会计师、注册会计师，利用一切机会积极与用人单位接触，形象也很阳光。如果他不告诉你他是专修学院的学生，你不可能想象得到他竟然来自一所名不见经传的专修学校，他一下子改变了我此前对专修学院学生的想象和看法。

当然，专修学院的学生并不都是这样，但我敢说名牌院校的学生一定有很多不如他。据我了解，他还没有毕业，除了兼职“代账”以外，就已经有两个单位约他去上班工作。他想考研，老板也一直挽留他。可是，发生在名牌院校学生身上的事例也有。去年十月我们单位在网上招聘“审计助理”时，有几位名牌学校学生的简历让人看了以后哭笑不得。其中一位在简历的突出位置写道：“本人没有工作经验，因此，要求工作经验的单位请不要阅读本人简历。”另一位写道“我认为，我可以在一家优秀企业担任领导职务。到目前为止，我有成功的经验，而且我相信自己已经掌握了足够的技能，可以为企业做出显著的贡献。我的目标是能够负责很多项目，并且管理很多人。”还有一位学生干部的求职意向上赫然列出“财务总监、审计总监、行政总监、营销总监”一串高管职务。——要么“反正我是人才，用我是你有眼光，不用我你就是‘白痴’”，要么“我学了很多很多的知识，我无所不能”，这种心态实在不敢让人恭维。

6.2 大专生们的命运

6.2.1 徐小平：为大专生设计的成功公式

这是新东方徐小平老师博客中的一篇文章，题目是《从中专到沃顿的故事》。在这篇博客里，他给大专、中专等低学历者总结了一个成功的公式，简明易懂，但意义深远，特向同学们推荐，并向徐老师致谢。

我从来没有贬低过学历的重要性，但我一直也在强调工作经历和能力的重要性。我的基本思想就是：有时候，请大家注意我是说“有时候”，与其拼学历，还不如拼经历、拼能力，同时，保持不断学习、继续学习、终生学习的努力，人人都能攀登到属于他的顶峰。

我在《邮箱里的灯光》这本职业意识启蒙著作里，曾经就过分重视学历而不重视实践经验的大学生群体提出了一个公式：S = E + E，即“成功是学历与经历的平衡”。在这里，针对以大专为主的“低学历”青年，让我再为大家设计一个成功公式，来说明我的咨询思想。记住，这个公式，主要针对低学历青年：L + E + C = S。L 代表 Low，指的是低学历。E 代表 Experience，指的是工作经历。C 代表 Continuing education，指的在职学习、终生教育。S 代表 Success，就是成功。这个公式的中文是：低学历 + 工作经历 + 在职学习 = 成功。

这个公式，主要适用于大专和中专这两个特定学历阶层，当然也适用于所有认为自己学历不够的朋友们。

在我们这个太注重学历的社会，绝大多数“低学历”青年，往往眼睛里只有L，即低学历，而忘记了还可以先经过E再经过C从而到达S——成功。我在新东方十几年来呕心沥血呼吁的，不过就是告诉大家，除了卧薪尝胆拔高学历之外，还有另外一条成功之路！

6.2.2 大专生要学会走自己的路

最近在应届生求职网上看到一篇文章《大学只做四件事，毕业求职对我来说非常容易》，这篇文章的作者（姓名不详）是一名大专生，虽然他是学中文的，但他在校期间的学习和求职经历对于我们广大会计类专业的同学来讲非常有启迪意义。下面就是这篇文章的原文。

我是1999年从重庆一个县城考入重庆教育学院中文系的。重庆教育学院是一所面向基础教育的师范院校，牌子不硬，而我又是专科生，心里那些酸楚是没有几个人能理解。

对于未来，我当时有两个选择：一是努力学习课堂的知识，三年后，回到那生我养我的乡镇然后做一辈子的老师；二是另寻出路，留在城市。

我选择了后者。现在盘算，大学我只做过4件事情。

第一件事情是，我对自己说，再也不想回到那小山村了，我既然来到了重庆，就一定要留下来。这件事情，如果用职业规划的术语就可以称作“树立目标”吧。

第二件事情是，我重新审视了一次自己，我发现，我的长项和爱好并不在于教书，相反，比较喜欢搞一些文字工作，比如写新闻。这件事情用职业规划的术语可以称为“认识自己”。

第三件事情就是“角色定位”，我思量了自己未来会扮演一个什么样的角色。在一个大家都在往老师这条道路上行走的高校里，搞新闻工作，我想一定会引起重视，同时学校的院报、广播台等很多资源都可以被我利用。有很多时候，我们的职业定位都是从自己出发的，但是如果不把自己放到社会的大环境中，看自己会扮演一个什么样的角色，也不一定能成功，比如有人认为自己对开拖拉机很有心得，但是社会早已不需要这样的人才，你往开拖拉机这条职业道路发展，那必然失败。

第四件事情就是，做了一次早起的鸟儿。都说“早起的鸟儿有虫吃”，但是真正有多少人愿意做这早起的鸟儿呢？我是从大一开始去报社实习的。我读了三年大学，实习了五次。有大学生会问，你怎么去联系实习单位啊？我是那直接去敲总编辑的门的人，因为对我这样从农村出来的孩子，是没有一点社会关系的，我只能靠我自己。通过几次实习，我积累了大量的人脉资源，他们甚至直接影响到我找工作；同时，我获得了新闻实战的经验。

第一份工作为什么那么容易？

很多大学生都认为找工作特别难，特别是第一份工作。但是大学做的四件事情，却让我顺理成章地找到了工作。

2001 年 10 月，我通过以前实习时带我的老师的帮助顺利进入《重庆商报》实习，这是我第一次进入主流媒体实习，此前我为了节约费用都是在当地的小报实习的。这次实习的机会，我非常重视，自然工作也非常努力。那是重庆的三伏天，为了找新闻，我经常是早上 6 点起床，一直在大街上跑到下午。有时候汽车开过的热浪会把我打晕，而最舒服的日子，就是到商场去乘凉。

不过努力没有白费。不久，《重庆法制报》招聘，我就被我的实习老师推荐过去了，而当时直接领导我的《重庆法制报》的负责人，也是我原来实习时的老师。

有这些关系的存在，再加上我的努力，我在《重庆法制报》的见习记者生涯过得非常顺利，记得我第一个月的稿费就是 800 多元，比许多老员工的稿费还多呢。

有人总说专科生会非常不自信。我不这么认为。人们的自信都是来自于比较，我作为一个专科生能做得那么好，而那些老员工，甚至是名牌大学的本科生，还没有我做得好，你说我有自信吗？

一个需要注意的背景是，我当时离毕业还有半年。

新企业还是老企业？

很多大学生对于就业时选择什么样的企业是存在困惑的，比如是选择一家老企业，还是选择一家新兴的企业呢？

2002年5月，即将签约《重庆法制报》的时候，我辞职到了《21世纪人才报》。

我当时是这样平衡自己的选择的。《重庆法制报》是一个老报社。它和所有成熟的企业一样，它的优势在于，工作压力不大，不需要太多的创新，同时收入相对稳定。但是他们也有共同的问题，比如，已经形成了自己的企业文化或者叫行为准则，新人更多的是去适应，难有机会出头，如果新人很优秀，往往会成为老员工的眼中钉。而当时的《21世纪人才报》是一个新型的企业，这样的企业还没有定型，对于新人来说，可以有更大的发挥空间。

看过招聘信息，我就给《21世纪人才报》发了简历，不久就接到了报到的通知。其实当时前去应聘的不乏名牌大学的学生，至于为什么会选择我这个专科生，我至今没有搞明白，也许是我发过那么多的稿子证明了什么吧。

到《21世纪人才报》上了一个月班以后，我才从重庆教育学院毕业。

6.3 客观看待高学历

6.3.1 提高学历是应该的

现在的招聘动不动就是成千上万的大军投简历，对于人力资源部门来说，哪有那么多精力一项一项地挑简历？他们采用的简便而有效率的方法就是：第一，看字体，字体是否认真、整洁、好看、"顺眼"？因为这直接代表着你的态度。这一条不符合，直接就“枪毙”了。第二，看学历、看证书，这是两个门槛，是表明你能否胜任岗位的基本。显然，不管你无论如何有能力，这两轮下来，有一项不符合就被刷下去了。假如你在简历上说“我有能力，不信请让我试试”，你连简历关都过不去，就别提面试关了。你能死乞白赖地央求对方网开一面吗？

因此，从这个角度看，追求高一些的学历也是应该的，最起码它帮助你解决了尴尬的门槛问题，提高了自己被关注的机会。当然，有真本事是最重要的，但是能力往往是在“进门”之后体现出来的。

正如桌上摆了很多新奇的糖，你会吃哪颗？在没有品尝的情况下，一定是挑最好看的那颗。招聘者短时间内无法了解千军万马，于是只能先看态度，先看学历，先看证书，由高到低。况且现在招一个高学历者成本也不是很高。

所以，如果一个人有能力而被低学历所困，那就只好赶快弄学历，好好“包装”一下自己，与其苦苦等候奇迹，不如增加自己被关注的概率，那时才有秀出自己的舞台。

6.3.2 为什么不“弄个”高学历

经常可以看到一些公司或者政府机关的中高层领导的简历上“学历”一栏赫然写着“大专”字样（当然“弄了高学历”的也有很多）。那么，这些大专生为什么不“弄个”本科甚至研究生学历？

实际上，这是很多有经验的低学历人士十分无奈和郁闷的事情。比如，专升本途径很多，自考、函授、电大、远程教育都可以，但是，很多人反映，现行自考和成人考试的课程设计存在严重问题，很多工作若干年以后的会计人，应该说已经有相当的工作经验了，其中很多已经考取了相当过硬的职业资格证书，比如注册会计师、注册税务师、会计师等，但是在有些时候，在职业发展上想跨上一个更高的台阶就偏偏受制于“专科”

学历的限制。难怪经常听到那些参加自考或成人高考的学员牢骚满腹。其实，这些人工作中遇到的需要学习的知识和技能，通过工作间隙的勤奋自学随时就可比较好地解决了，很多人在专业水准上已经达到了相当高的程度，工作能力很强，很多教材所讲内容还没有他们已经掌握的知识更加全面、深厚和有用，他们远远超出了一些老师的水平，但是，专科要想"弄"个本科，你就得老老实实地去学那个编得不怎么样、毫无新意的专升本教材，听那个"比白开水还白"的课程；这还在其次，更让人不能接受的是外语和高数，这些人专科时所学外语和高数已经丢了很多年，况且这两门课程实际工作当中也几乎没有多大用处，但是，你要想弄个本科，对不起，你还得老老实实地坐在教室里学习外语和高数！假如外语和高数不能考试通过，对不起，你甭想拿到本科证书。因此，他们质疑，教育和学习到底是为了什么。是为实际服务，为工作实践服务，还是为考试服务？为拿证服务？那个与普通高校没有什么区别的陈旧、落后、死板、"系统"的课程体系就不能有所革新吗？

难怪现任国家发改委主任张平不"弄"个本科学历！难怪现任江苏省委常委、苏州市委书记蒋宏坤不"弄"个本科学历！据报道，这两位政府官员学历至今仍然一个是中专（安徽银行学校）、一个是在职大专（苏州大学）——这在很多单位的招聘条件里恐怕是连门槛也进不去的！其实，全国各行各业勤奋好学、经验丰富、能力出众、成就斐然的专业人士、管理人士何止这两位，这两位只是成千上万低学历者的光辉代表！

6.4 崛起在"三本"

目前，相对于一本、二本学生来讲，三本既是一个庞大的群体，更是一个自感“郁闷”的群体。三本学生真的不行，没有出路吗？请看下面这篇出自三本学生之手的文章《“厚积”在“三本”，“薄发”于港大》。

作为三本学校的学生，从这篇文章里，作者告诉我们：第一，要善于学习，善于思考，善于追求，要做自己事业的“有心人”。第二，作为三本学生，要有报考名牌学校研究生的勇气，要敢于追求，人的潜力是无限的。第三，要能够顶得住一些同学的冷嘲热讽，甘于寂寞和孤独，不可自我泄气、顺水漂流。其实，你必须相信自己你很优秀！作者的经历很值得我们广大的三本学校不甘现状的同学借鉴和学习。

很多人都羡慕我一个普通三本大学的学生同时获得西南大学和香港大学的研究生录取通知书，诧异我是如何做到的。其实我并没有特别令人艳羡的经历，我只想说：路是自己选择的，即使前路布满荆棘，即使是自己孤军奋战，也要咬紧牙关走下去。

考研宣讲会唤起我的上进心

自从高考失利后，我心中的阴霾始终挥之不去。看着昔日与我成绩不相上下的同窗一个个意气风发地走向理想中的大学殿堂，而自己却只能读一所普通三本大学的时候，我真恨不得找个地缝钻进去。在这种急于改变窘境的心情下，考研的种子在我心里渐渐萌芽了。

一个偶然的机会，我经过四川大学校园，看见很多学生在一间教室门口排队，一时好奇，跟着进去后才发现那里正举办一场考研宣讲会。所有学生都全神贯注，仔细记笔记，有的同学没有座位，甚至站在后排听完两个小时的讲座。从他们的眼神中，我读到了一种“认真”、“上进”的态度，而这种态度是我疏忽已久的。我心里忽然受到触动，一丝醒悟似乎被唤起了。

经过反复衡量、比较自己的实力和复习状态，最终将目标锁定在西南大学。我知道，路就在脚下，改变命运的只有自己。

报考名校让我陷入孤独境地

决定考研以后，曾经三天打鱼两天晒网的我，开始变得认真起来：进图书馆看书，浏览专业杂志，上课认真记笔记……扪心自问，我还是比较勤奋的，但奇怪的是，每次期末考试，我都考得不好，收效甚微。考研何其困难，可我连一个简简单单的期末考试都只能刚刚上80分，于是，我开始尝试着与学习好的同学交流，可谁知他们对我的态度很冷漠，原因只因为我报考的是本专业排名靠前的西南大学。

一提到考研，特别是一提到考西南大学，迎接我的必定是异样的眼光和质疑：“什么，考研？那么差的成绩你还想考西南大学？我们班前几名也只不过报个普通二本学校！”从下定决心考研以来，这样的冷嘲热讽我听得不少。

孤军奋战亦有“路”

一个偶然的机会，我在网络上搜寻历年专业课真题，无意中进入一个考研论坛。当时的我被深深震撼了，原来网络的天地如此神通广大，历年真题、辅导班音频资料、教材和大纲的电子书、报考指南等应有尽有。借助网络的优势，我掌握了大量有用高效的信息，有时其他同学还在为刚刚买到的一本新书欢呼雀跃，而我已经在几个星期前就从版主那里拷贝到电子版了。这种感觉使我在复习中逐渐自信起来，复习效率也越来越高。

热心的论坛版主还建立了考研群，考友之间互相打气、提醒，俨然是一个贴心的大家庭。随着混迹论坛的时间一长，我也从低段选手上升到高段考友了，偶尔也参与大家的讨论。巧合的是，我们讨论的问题很多都是考研的热点和难点，在以往考试中也不断露脸。当我走进考场，拆开密封的试卷袋，看到这些“老朋友”的时候，我的那种心情激动得简直无法言说，我握住颤抖的笔挥洒肆意。那一刻，我从心底感谢论坛，感谢那些一起讨论交流的好友。

考研与申请的“双保险”

就在我为考研紧张准备的时候，我得知香港的大学也在内地招收研究生，而且与内地的研究生入学考试时间并不冲突。我想，同样是读研究生，香港的教育资源相对丰富，国际化程度也更高，与欧美院校联系紧密，发展机会也相对较大，如果有机会可以到香港读研，我为何不尝试一番呢？经过和父母的商量，我决定做两手准备——一边准备考研，一边申请香港高校。

可让我万万没想到的是，申请过程就像是闯关游戏，需要不断地勇气，中途会有各种小意外发生。申请境外大学和考研在程序和准备工作上有很多不同的地方。比如，境外大学一般只接受雅思或者托福作为语言成绩，还需要准备个人陈述和简历，各种奖状、证书和成绩单等，而这些恰恰都是考研不需要的。如果处理得当，就会得不偿失。夹在两者之间的日子备受煎熬。

这样苦苦坚持一个月后，2009 年研究生入学考试终于落下帷幕，我来不及和朋友们庆祝，就继续投入到下一场战役——申请香港高校。由于学校期末不能充网费，我的电脑不幸欠费断网。几经周折后，我终于借到一位中文系同学的账号，趁他和寝室同学休息时使用，也就是每天凌晨 3 点至 5 点这段时间。那几个晚上，万籁俱寂，只有我在电脑荧幕前打字。我知道我在改变自己的命运！

最后，学校封寝室了，停水停电，我只有回家。可家里没有网络，关键时候爸爸站了出来，出面帮我借单位的电脑。看着爸爸 60 岁的人还要低声下气地跟单位的同事说好话，我的心里真不是滋味。两年前，从我第一次提出要考研起，爸爸就一直赞成；后来我提出“双保险”——考研和申请境外大学同时进行后，他也继续支持我。家里并不富裕，但是爸爸和妈妈一直都在学业上给予我最大的支持。亲情似一口老井，女儿浅浅的桶怎么能测量出它的深度？

在经历过 200 多个起早贪黑的复习日子后，2009 年成为我收获的一年。几乎就在收到西南大学复试通知书的同时，我也收到了三所香港高校的研究生 OFFER。如今，我最终如愿求学香港，我时常会想起考研那段孤军奋战的日子，我想一个人无论选择什么路，只要是自己选择的，并付出了努力，就一定会收获成功的果实。

（摘自《求学·考研》2010 年增刊，作者李静静）

七 会计实习，重要的就业演习

实习，是大学课程学习的继续，是大学专业学习的自然延伸，是从大学走向社会的一个缓冲平台，是大学毕业生们实现“软着陆”的最好契机。实习有几个方面的作用：第一，验证自己的所学是否符合岗位、工作、职业要求；第二，为正确的岗位、工作和职业选择提供借鉴；第三，为求职、就业、工作积累经验，填充空白，扩展眼界。从这个意义上来说，包括会计实习在内的所有大学实习（尤其是大三大四的实习）都是走上工作岗位之前的重要演习，都不可“蜻蜓点水”、敷衍了事。

7.1 会计实习，须考虑清楚的问题

7.1.1 实习三原则

实习是为职业选择、工作选择服务的。实习是课程学习的自然延伸，实习是大学学习的自然延伸。通过实习，一方面验证自己所学是否符合职业、工作、岗位要求，另一方面为职业、工作选择提供借鉴。因此，从这个意义上来说，实习的原则也就是职业选择的原则。一般来讲，实习原则有三个选项：兴趣首要原则，职业首要原则，兴趣与职业兼顾原则。

（1）兴趣首要原则

所谓兴趣首要原则，就是在选择实习项目和实习单位时，将兴趣作为自己的首要标准。在成功传奇中，那些忠于兴趣的人往往会是主角。比如，1977 年放弃父亲要求学习的法律专业而专心从事自己喜爱的软件开发的比尔·盖茨。同样，美国最优秀的投资家巴菲特在回答学生的问题时，总是说：“我和你没有差别。如果你一定要找一个差别，那可能就是我每天都有机会做我最喜爱的工作。”

但要做这种选择，你就必须弄清楚一个问题：你的兴趣究竟在哪里？北京外企人力资源服务有限公司人力资源部经理萝莉认为，我们应该鼓励发现自己的兴趣所在，但是，不应该过分把兴趣的定义简单化。真的想找寻自己职业兴趣的人就要花时间去了解每个行业里的各种工作，了解每个职位需要什么样的人。同时，有趣的未必就是自己的兴趣所在。比如，你喜欢网络游戏，并不等于你在网络游戏开发上有天赋和能力；你喜欢唱歌、跳舞、演小品，并不等于你在娱乐圈有施展的空间，能够出人头地。

(2) 职业首要原则

什么是“职业”？职，就是职位或者岗位，比如，会计岗位、审计专员岗位；业，就是行业或者领域，比如汽车制造行业、房地产开发行业。将这二者加在一起，就构成了完整的职业——职业=职位（岗位）+行业(领域)。比如，汽车制造企业的会计、房地产开发企业的审计专员。可见，职业选择的不仅是职位，也必然要考虑行业。

所谓职业首要原则，就是将职业理想作为自己选择实习的首要标准，基本上不考虑兴趣和爱好。只要这个职业符合我的要求，不管它暂时待遇如何，企业对个人兴趣、爱好的重视程度如何，管理风格如何，以及自己现有的兴趣、爱好在这个职业里面能否发挥，我都会选择（其实，对职业本身的选择也体现着个人的兴趣与爱好)。

实际上，由于每个人找工作都必须落实到一个单位上，而任何一个行业（或领域）都有着无数个大大小小或好或差的单位，因此，任何一个人的职业落脚点都必然是：

职业 = 行业（或领域） + 单位 + 职位（或岗位）

(3) 职业与兴趣兼顾原则

能够将职业与兴趣兼顾，职业为主，兴趣为辅，无论是实习还是就业，应该说，这都是最理想也是最现实不过的原则。比如，一个打算从事会计工作的人，有唱歌、跳舞、演小品的爱好和特长，而正好歌舞团招聘会计，那么，能够从事歌舞团的会计工作那就是再理想不过的了。再比如，一个人喜欢学校的工作环境和氛围，喜欢阅读和研究，但又想做会计，那么到一所高校从事会计工作就是很好的选择。

如果你还不知道自己喜欢的领域有哪些不同种类的工作，不知道这个岗位每天都会做些什么，不知道这个岗位自己是不是真正喜欢，有哪些乐趣、刺激和满足，又有哪些烦恼、困惑和辛苦，那就需要通过实习、打工等方式去了解，看它是不是自己的兴趣，符不符合自己长远的打算。现实世界中，人们总是对没有做过的事情有一种好奇和憧憬，所谓“围城效应”——城内的人想出来，城外的人想进去。但一时的冲动未必就是自己真正的兴趣。

7.1.2 会计类实习的“奔头”

整个大学阶段的实习，有些人向往憧憬得很，有些人却不以为然。由此，实习的方式多种多样，有的以多走走、多看看为主，有的以随便找一个单位打工挣钱来代替，有的则紧贴所学专业，实习单位和岗位都是自己用心寻找的；实习的目的也各不相同，有的同学图眼前利益，比如兴趣、工作环境、实习工资、凑满学分，而有的同学是奔着宝贵的经验来的，有的是直奔职业目标来的（来了就想留下来，不想走了），图的是长远利益。

（1）奔经历、奔经验、奔见识、奔眼界

你要尽可能地寻找一家规模较大或比较知名，并且与职业目标有关的单位去实习，可以不讲报酬，但一定要有事可做。在美国，即使公司不提供任何报酬，很多学生也愿意为一个宝贵的锻炼机会倒贴路费、住宿费，甚至花钱寻求合适的实习项目。哪怕不是规模大或知名的单位，只要与职业目标有关，都要认真对待。

在实习中，要重点体验行业中的角色，体会如何扮演好这个角色。要从细微、点滴之处感受工作氛围，感受企业的管理风格，感受企业文化和行事方法。要扎下去、沉到底，踏踏实实才能学到“真经”。要观察和学习工作流程、工作技巧和人际沟通、交往的方法，在日后的履历上就可以添上浓墨重彩的一笔。要在实习过程中，随时温习、研读学过的知识，使书本知识与实际结合起来，有一定的升华；要十分关注那些让你感到新奇、“开眼界”的地方；要勤奋努力，主动积极，不怕吃苦。实习结束时能够得到实习单位发自内心的好的评价，就足以说明你的实习效果很好。这就为你以后正式参加工作奠定了良好的基础。

（2）多了解真实的职场

很多同学不了解真实的职场，对工作想当然，想得比较简单，于是喊出不切实际的豪言壮语。在招聘中，经常可以看到一些应届毕业生的“求职意向”上来就是财务经理、财务总监；还有很多同学对职场有一种恐惧感，怕犯错误，不敢放开手脚；还有很多同学主动性不足，凡事等待别人来安排，或者抗压能力不足，吃不得苦，一心想做轻松的工作。针对实习生的表现，广州移动人力资源经理赵颖女士说：“实习生们习惯于你给他安排一切，所以一到正式工作就感觉承受了巨大压力。另外他们也不了解真实的职场，在工作中会提出很多希望公司照顾的要求，甚至计划‘三年要当经理，五年要当老总’，入职以后就会觉得很受挫折。”赵颖女士建议，学生在学校里应该培养社会力，更多地了解社会以及清楚自己适合什么工作；进入企业也要有生存力，能够承受来自真实职场的压力。因此，实习是了解真实职业状况、真实职场的有效途径，实习者当用心观察、用心体会。

（3）沉得住气做细小的工作

由于实习主要负责基础性工作，所以很多岗位的实习主要以电话、传真、收发邮件、文档处理（包括文字处理、表格制作、流程图制作、框架图制作等）、复印资料、文字校对、数据核对、资料整理以及其他日常行政事务处理（如跑腿）等为主，因此，不同岗位对实习生的要求区别不是很大。实习主要考验的是基本素质，实习工作琐碎、繁重，最易出错，也最锻炼人、考验人。实习过程中几乎不可能接触到多少核心工作，一方面要能够经受住考验，另一方面要充分发挥主观能动性，多听，多观察，多思考，多记录，多总结，这样才能收到实习的效果。以抵触的情绪去实习，以被动的心态去实习，以狭隘的视角去实习，必然不能有什么良好的收获，也得不到实习单位的肯定和青睐，你的实习就等于失败了。

拿安永·中国会计师事务所的审计实习来说。审计的忙季一般是每年的1~4月，而实习生在安永为期一个月的实习阶段中，就很难真正接触到太多核心的业务，也很难将理论知识加以实践，所学的更多在于了解行业情况和公司架构上。所以实习生不要以为会接触多么“大开大阖”的事情，更多只是帮助抽查凭证、归纳文档文件、复核报表、账簿数据等。可别小看了这些事情，你可以经常看到在这个行业工作的实习生在高校 BBS 上说他们如何为了对齐上下行，跟报告较了一两个小时的劲。

据《职场》杂志介绍，安永中国人力资源主管合伙人周昭媚记得自己刚进入事务所的时候，每天做的就是文件整理和校对工作。“但是，千万别小看这些简单的事情，如果你做得对做得好，说明你在用心。重要的东西未必复杂，看似简单的东西未必就能做得很好。其实，当你能够认真完成一件事情的时候就会发现，原来小事情也很重要。”

当你用心去做一件小事情，其实并不难发现一些小方法是可以帮助提高表现的。比如有的实习生核对表上数据的正确性时，习惯用目测在两张表之间切换来核对，如果发现不对就用红笔标注出来，而有的实习生将两张表中的数据都复制出来做成另外一张表，然后用公式去求差，既避免了人工误差的可能性，又提高了核对的速度。这让人想起另外一则细节中体现工作风格的例子。一个学技术出身的博士毕业生在一家公司实习，他负责人事工作，每天都在写通知、做召集开会之类的工作，这让他非常困惑，于是求教于导师。导师问：你怎么写通知的？他回答：我是照着别人的格式写的。于是导师只有说，如果一个博士写的通知跟别人没有任何差别，那么公司里的人只会这么想，原来博士也就那样。

（4）重视有效沟通

据《职场》杂志介绍，每一个进入安永的学生都渴望把自己在学校学到的东西能够在短时间内小试一把。不过，在周昭媚的眼里，单纯地把课本知识运用到实践中去并不是安永想传递给实习生的信息。“如何与人沟通是每个实习生最应该学习的。因为踏上工作岗位，你会发现沟通是有艺术的，有效地与同事、客户保持良好的沟通非常重要。工作中有了难题，就要问，问了才知道应该找谁、怎么解决。”

安永鼓励每个人学会新的思维方法，即凡事要比对方多想一步，多想几个方面。周补充说：“比如我是负责人力资源的，那我就要比对方先想到他会提什么样的要求，他提了我要怎样应对。对客户也是一样，不要等客户提了，你才想我该怎么办。东西是自己学回来的，不是坐在办公室里等它掉进自己的脑袋里。”

“沟通的能力其实可以反映出这个人是否具有领导能力。一件事情，你很想做好，却不会与人沟通，只是自己知道，别人都不知道是没有用的。”周小姐说，安永非常重视员工的沟通能力，因为在与客户的接触中，单单靠审计凭证、报表是不充分的。只有多和客户接触，了解其发展目标和经营理念，才能从根本中发现问题、解决问题。安永相信，有了这样和客户各个层面的沟通经验，员工的领导力也会渐渐浮出水面。

7.1.3 将实习作为自己的第一份工作

(1) 实习切忌“走过场”

有很多同学不把实习当回事，实习没几天，认为没意思，就不干了，然后找个熟人，在“实习鉴定”上写上几句漂亮的评语，敲个公章，就万事大吉了，纯粹把实习当成走过场，欺骗的实际是自己。其实，那些个实习经历，说起来是实习，其实质就是工作，并不是说实习是一回事，工作是另外一回事，工作环境、工作要求、工作程序等与正式工作都没有本质的区别，这些工作简单也好，复杂也好，单位大也好，单位小也好，能接触实质工作也好，不能接触实质性工作也好，只要把分配给你的事情踏踏实实、亲力亲为、尽心尽力地做好，只要留心观察，只要注意收集信息，总是能够得到不少收获，而这些收获都是非常宝贵的。因此，实习生要将实习作为自己的第一份工作来对待，要将自己作为企业的一名正式员工来要求，要通过自己的工作为企业带来些好处，这样的实习才是正确的实习。

有的同学认为，给他们打工，又没有报酬，工作又辛苦，还不如不干。有的同学实习完以后，体会和收获没有多少，抱怨倒是拿来“一箩筐”：什么破单位呀，瞎忙乎，也不赚钱！累死我了，也不给一点报酬！天天重复一样的工作，真是没意思！一上班就一大群人围着，问这问那，还电话不断，烦死了！纯粹是伺候人的工作，我以后再也不干了！……以这样的心态对待实习，真不知道你能学到什么！真不知道你理想中的工作是什么！你以为将来的工作就是像电视剧里那样，坐在漂亮的办公室里，听着音乐，喝着咖啡，谈着恋爱，随心所欲、轻松自在地“当白领”吗？社会上的人，除了那些大老板（投资者），谁不是在打工呢？即使那些做老板的就没有烦心的事儿、就不辛苦吗？所以，人们说，心态最为重要，心态决定一切。

（2）东西不是别人教的，而是自己学来的

关于实习，美国通用电器公司（GE）消费与工作产品集团亚太区人力资源经理 Richard O. Lambarth 的建议有很多，比如：作为实习生，不必担心自己没有社会经验，我当年进入公司也一样，所以我们强调学习能力的重要，你们应该会寻找身边的成功者，把他们当做自己的楷模。

学生选择实习公司的时候一定要多想、多听、多看。尤其要从自己的朋友、校友那里了解公司的声誉，这很重要。一家拥有良好声誉的公司，必然拥有善待员工的成熟的人力资源体系。你一定要明白自己想在这家公司得到什么。它真的是让我为之骄傲的吗？这些人是我愿意一起合作的吗？

在实习期间，要尽可能多地了解公司的文化，从薪资、福利、培训和今后的发展前景对工作做整体判断，从而验证自己选择的正确性。这种近距离的接触也会加深我们对职业的理解。

无论什么类型的工作，都需要踏实、认真。东西不是别人教的，而是自己学的，只有谦虚好学、尊重每个人、懂得合作的重要性并有良好自我意识的人，才能在未来工作中取得高于别人的成就。

(3) 大学生应怎样安排大学四年的实习

关于实习，群邑集团中国区人力资源总监李文海对大学生的建议是："我的想法与别人可能不太一样，我不建议大学生一二年级就进行很多实习。有能力和机会的话，多出去旅游，到处转一转，去了解我们的社会是怎么回事，国家是怎么回事。"

他说："我过去在博雅（即博雅公关公司，与群邑集团同属 WPP 旗下）做了 5 年亚太区人力资源总监的职位，对国际化人才有一些了解。说句心里话，国内的人才和国际化人才相比较，挑战一方面在于英文，另外一方面就在于视野是不是开阔。我曾经的英国同事在上大学的时候曾经坐火车、骑着自行车去广西溜了一圈，那还是上世纪 80 年代。我的另外一个美国同事曾经把大学毕业时间推后一年，去中国和印度。他们的视野，他们看待问题的方式真的很不一样。10 个学生去竞争一个职位，怎么才有优势呢？专业知识是一方面，另外就是你的视野、看问题的方法。不要着急找工作，当你觉得你已经学到了东西，找到好工作是自然的事情。"

7.2 会计实习的去处

7.2.1 抓住机会，尽情展示

有很多同学对寻找实习单位感到很为难。其实，在每年寒暑假来临的时候，都有一些单位面向大三、大四学生提供实习岗位，你只要多上网，多留意，实习的事情还是不难解决的。当然，一些名企挑选实习生的条件还是挺严格的，要想去他们那里实习，你就得提前了解其要求，做好相关准备，抓住实习机会，好好表现，说不定通过实习你的工作就解决了。

浙江天健会计师事务所高级经理张芹在谈到实习生招聘的时候说："我们在选择实习生的时候，最看重三个标准：第一个标准非常重要，它不是专业的知识能力，而是沟通能力。在一般的券商和律师事务所中，一两个人就可以承担下一个项目，但在会计师事务所中，会计师即使在做像中小板和创业板一般的项目时也至少需要组成5~6人的团队。这时，我们会看实习生在这个团队中有没有如鱼得水的感觉，能不能够融进我们的文化当中。如果说在这种情况下你跟团队当中的人都没有办法沟通和交流，那么，即使你的专业能力再强，我们也很难判断你在今后的工作中能否走得更远。第二个标准就是你有没有一个吃苦的心态，是否有一个放低自己身段的心态。在会计师事务所中，加班、出差是非常常见的，这时候我们会看出这个实习生有没有这个心态，愿不愿意从低做起。第三个标准就是专业技术。像CPA的资格、ACCA的资格等都是需要的。"

现举几个招募实习生的案例，希望你能对此在若干方面有所感悟。

例 6 -1. 上海讯实网络科技有限公司（民营企业）2010 年春招募“出纳行政”实习生的要求是：

职位描述：（1）办理现金收付；（2）办理银行结算，规范使用支票和相关银行票据，保管有关印章，登记注销支票；（3）日记账登记；（4）保管库存现金及有价证券；（5）盘点各项资产物资；（6）办公室行政人事事务。

职位要求：（1）了解、掌握财经法规及相关制度；（2）具备良好的职业道德修养；（3）上海户口，持有会计上岗证；（4）相关专业大专以上学历，大四学生。

例 6 -2. 中惠熙元房地产集团 2010 年寒假实习生招聘信息

目标高校：清华大学、北京大学、浙江大学、上海交通大学、南京大学、复旦大学、中山大学、中国人民大学、华中科技大学、武汉大学、西安交通大学、哈尔滨工业大学、南开大学、天津大学、同济大学、华南理工大学、重庆大学、西北工业大学、武汉理工大学、暨南大学。

需求岗位及专业：财务管理类要求专业为财务管理、会计学、金融学、财税等。另外岗位还有营销策划类、设计管理类、合约管理类、工程管理类、投资类、秘书、管理类。

招募标准：

（1）本次招募计划主要面向广东籍 2011 届本科生及硕士研究生；

（2）具有较强的团队合作精神、沟通协调能力、学习能力及适应能力，性格活泼开朗，积极主动；

（3）具有良好的敬业精神，致力于从公司基层做起，脚踏实地，能承受一定的工作压力，愿与企业共同成长；

（4）在校期间积极参与校内实践活动，动手能力较强，熟练应用各类办公软件；

（5）秘书类职位要求形象良好，气质佳，男身高 170cm 以上，女身高 160cm 以上；

(6) 知名高校精英学子，获校级奖学金一次以上（或班级排名前30%），获院级以上优秀学生干部或优秀团干，学生会、社团、班级等学生组织主要负责人优先考虑。

例6-3. 三一重型装备有限公司（上市公司）2010年阳光暑期实习生招聘计划

招聘目的：此次招募旨在帮助优秀学生了解知名企业，体验国际接轨的管理经验、工作流程与企业文化，获得宝贵的学习和工作经历。同时，拥有三一暑期实习生经历，除了个人获得能力的提高外，您将优先获得三一重装2011年校园招聘职位。

需求类别及专业：管理类，财务、会计、金融、MBA、中文、经济等专业，本科、硕士共10人。

要求说明：(1) 2011年应届本科、硕士毕业生；(2) 富有热情，积极主动，有责任感；(3) 成绩优良，具备扎实的专业知识及技能；(4) 良好的英文听说读写能力；(5) 出色的沟通技巧及团队合作精神；(6) 一定的领导及组织协调能力。

例6-4. 中国粮油控股有限公司招聘暑期实习生信息

审计实习生报名条件：大学本科及以上，审计、会计、财务管理、企业管理、民用建筑、工程造价及相关专业。

岗位要求：(1) 协助对公司及下属各子公司内部控制制度的有效性及执行情况进行审计监督；(2) 协助对公司及下属企业风险管理过程的充分性和有效性进行评价，对风险策略的实施和内部控制的运行进行评价；(3) 协助完成公司及下属各子公司基本建设项目的工程审计；(4) 协助完成其他专项审计工作。

例6-5. 立信会计师事务所浙江管理总部2010年暑假实习生招聘信息

实习岗位：审计助理。

招聘对象：会计、审计、国际会计、财务管理、金融、财政、应用数学等相关专业第一批录取的学生；2011年即将毕业的本科、研究生或博士毕业生。

优先条件：（1）注册会计师考试通过1门及1门以上者；（2）在班级或学校社团担任领导职务；（3）学习成绩排名在班级前50%；（4）积极参加社会活动及体育活动，身体素质好；（5）浙江籍。

7.2.2　不要荒废了你的假期

如前所述，对于会计类专业大学生来说，建议在大二或大三暑假找一家企业或会计师事务所认认真真地实习一次，这样，你就会得到一些学校学不到的无论是经验还是教训的知识。在实习中，书面知识会得到深入地理解和升华，再回到课堂上感觉就会不一样，学习重点会更加明确，职业努力的方向会更加清晰。

下面这篇登载于《财务与会计》2007年第7期的文章《走，我们一起前行——大学二年级暑期实习体会》（作者安徽合肥工业大学管理学院学生王婷），将对你有很好的启发。

所谓生命，就是一个逐渐支出时间的过程。有些人需要地位，就用自己的时间去换取权力；有些人需要财富，就把时间换成金钱；有些人需要智慧，就把它一点一点换成知识；有些人需要闲散，于是就无所事事地度过自己的时日……

转眼大二又结束了，我的象牙塔生活已经过了一半，而真正学到的专业知识却少得可怜，并且没有一点实践经验，真不知道自己毕业时拿什么作为竞争的资本。回到家，自己的迷惑全写在脸上。妈妈及时地出主意：既然没经验那就积累经验。于是我捏着社会实践推荐表，带着我少得可怜的专业知识敲响了一家会计师事务所的门。

正式实习的第一天，一个比我略长几岁的“同事”叮嘱我一些简单的事项，例如帮客户保守秘密的职业道德，工作时间不要处理私人事务等。我就像小鸡啄米一样不断地点头，心里有一种从未感受过的兴奋。我带齐了装备：记事本、钢笔、计算器、直尺……准备开始我的实习生涯。正当我还在疑惑我该坐在哪里“办公”时，刚才那个小同事又来了，他说我今天开始不用再到所里来了。看着满脸问号的我，他解释道，我从现在开始到市政公司的审计项目组，因为是实地审计，所以工作地点就在市政公司，我由项目负责人管理。然后他告诉了我地点和工作时间。长舒一口气后，我马上动身。

正式开始工作，我分配到的只是一些简单的复印凭证、整理资料以及向被审计单位索要审计需要的资料的工作，虽然我有心理准备要做一些基础工作，但是真正经历时还是有少许的失落。我的工作简单，工作量小，所以很快就完成了。接下来的时间我开始坐立不安。没事可做？不，这不是我的作风。帮几位“老师”添了茶水，把工作室的东西整理了一遍，我就到被审计单位的财务部门询问一些公司的基本情况，像基本的业务种类，主要的工程项目的实施阶段，各分公司的成立年限等，并且了解了各部门会计负责的工程项目，以便能直接找到负责人索要审计证据，同时小心地做好笔记。

在生活中，懊悔能促使我们反思，帮助我们总结，但是懊悔也能消耗我们的精神，磨灭我们的意志。着眼于“下次”的懊悔是必要的懊悔，沉湎于既往的懊悔是无谓的浪费。

几天下来，我不断重复着简单工作，渐渐产生了厌倦的感觉——如果实习只是这样的话，我宁愿回去看书，也许会学到更多。我向组长说了我的想法，没想到他竟然当做没听见，继续着自己的工作。又是几天过去，就当我要放弃实习时，组长意外地让我开始往电脑里录入数据，交给我一些账目要求我抄写明细，核对账本与报表之间总计是否一致，分析往来账项账龄，并教我如何填写往来账项的询证函和银行询证函，如何进行会计报表往来账的调整，所有工作要求我三天内完成。我接到工作后忙得不亦乐乎，连午饭都顾不上去吃，居然在一天内就完成了大大小小四十多家分公司和独立工程的试算平衡表和明细账，填写了七十多份询证函。我兴高采烈地交上我完成的任务，以为这次肯定会受到称赞，可是组长只是面无表情地接过，一句话都没说。

第二天，我照常上班，组长到得很早，并且交给我一沓资料。我以为是新的工作，可是仔细一看才知道是我昨天交上去的作业，我不解。组长这才说，他前一天晚上花了大半夜的工夫帮我检查，发现电脑里每一张试算平衡表虽然结果栏都是零，但是有的数据却张冠李戴，明细账上借贷之间竟然会有几百万的出入。我顿时觉得无地自容。没想到组长居然没有生气，反而语重心长地说，审计其实没有想象的那么精彩，很多时候都是做一些非常枯燥的基础性工作。做事必须戒骄戒躁，面对千篇一律的工作内容和不同组合的数据，只有耐心、认真、一丝不苟，才能保证有效地完成工作。

组长的话不多，但毫无疑问给我上了生动而又深刻的一课。我为自己的浮躁感到惭愧，同时也对审计这份工作有了更深的理解。思想总是在经历和压力中成熟起来的。从这个角度而言，在实习刚开始的时候就受到这样一次"打击"对我来说未尝不是件好事。它让我有些膨胀的头脑迅速冷静下来。接下来的几天，我踏踏实实地坐在办公室，从头开始将所有的工作全部返工，还不厌其烦地反复核对，直到万无一失。

心里有一个春天就往前走吧。如果谁的内心的春光与大地上第一抹草色连成一片了，那就把步子迈得再大些，这样的步子每一落地都会铿锵作响；路旁的花蕾呢，也将应声怒放。

渐渐地，通过接触凭证、账本乃至报表，我结合学过的知识了解了每一笔账的流转过程、登记原则，书本上的原理一点点被印证，加上之前对该公司基本情况的调查，我已经能掌握账面上一些典型资金流动的来龙去脉。组长也肯定了我的进步，开始让我单独负责所有的函证，也就是从账本上筛选出需要函证的单位和银行，填写询证函，发函，回函核对。一系列的程序都要求精准无误。难以想象我这样一个尚未出师的小毛头肩负"重责"的压力。为了节省时间，我开始在市里奔波于各单位和银行间，按照对方单位的办公手续投递询证函。虽然有时饿得眼前发黑，累得双腿发软，可是一点都不觉得辛苦，因为在其中我感到快乐，我得到的收获远比付出的多，我了解到不同类型公司的运作程序，了解到各公司间的经济往来，了解到不同业务的会计处理原则和惯例……

实践是检验真理的唯一标准，也是催促成长的最佳手段。短短四个星期的实习，我接受了一轮挑战的洗礼，无论是专业知识的应用还是沟通应变的能力都得到了锻炼和提高，心智也渐渐成熟。实习结束的时候，组长在实习评语中对我的表现给予了充分肯定，这也算是给我的实习生活画上了一个圆满的句号吧。

梦，一个富有诗情画意的美丽字眼。有人说梦只是一种虚幻，而我却说梦是真实的，它往往是对美好生活的期盼。理想是石，敲出星星之火；理想是火，点燃熄灭之灯；理想是灯，照亮夜行之路；理想是路，引你走向黎明。

与周围很多同学一样，以前的我对于前途常常觉得非常迷茫，不知道自己努力的方向，对于将来可能存在的种种困难也会心生畏惧。经历过实习，我对自己的理想和目标开始有了更多的思考，并且明确了努力的方向。在考研和工作之间，我毫不犹豫地选择工作，选择做一名会计师。为了实现这个目标，现在我能做的就是不断地学习专业知识，积累实践经验，了解市场环境，增加自身价值。毕业后争取到会计师事务所工作，了解不同的公司文化及运作机制，熟悉业务，提高能力，同时在工作中不断学习，进一步拓宽知识。我相信，从一开始就脚踏实地，每一步都向着自己的目标坚定、从容地迈出去，我的人生一定会有收获。

记得席慕蓉有一句话："每一条走过来的路，都有不得不这样跋涉的理由；每一条要走下去的路，都有不得不这样选择的方向。"而在这"走过来"与"走下去"的转折路口，待我以最充溢的信心和活力，去感受灵魂舞蹈如花之绰约，待我用最坚实的心灵和意念，去创造人生灿烂如霞之辉煌。

八 胜利大逃亡：考研与留学

考研与留学，为什么说是“胜利大逃亡”呢？因为寒窗苦读，与书本和习题战斗了十几年，如今终于到头了，胜利了，理应以胜利者的姿态走向企业、单位，走向社会，投入新的、收获的战场，将十几年“投资”的收益回馈父母，回馈学校，回馈社会。可是，这些人没有，而是继续整理行囊，投入新的与书本和习题的战斗。从一定意义上说，这是一种投资的浪费，一种教育的浪费，一种现实情况下的无奈之举。这是典型的“胜利大逃亡”。

可能是考虑到就业市场的不太景气吧，国家对大学毕业生考研十分支持，一种表现就是研究生年年扩招。在留学方面，很多大学生毕业后，又马不停蹄地走进外语培训机构，走进“预科”，然后收拾行囊，备足干粮，怀着十分复杂的心情远走他国异乡。

那么，是考研还是出国留学，你考虑好了吗？

XIULIAN NIDE DUDAO ZHICHU

8.1 会计类毕业生为什么考研或留学

8.1.1 会计类毕业生为什么考研

现在各高校考研与考公务员一样，有一种攀比之风，好像别人考了，自己不考就落后了，就属于没有理想和志向；好像毕业了不考研就没有出路；好像只有考研了，拿到硕士文凭了，将来才更好找工作，职业前景才更好。实际上这是社会上各种不正当舆论宣传的结果，是“文凭决定一切论”的必然结果。

事实上，是否考研，主要取决于以下几个方面：

（1）现有文凭是否能适应初次就业的需要。比如，立志于从事高等教育、科研工作，打算到中等专业学校以上学校当老师者，应选择考研，不仅考硕士，考博也有必要。因为文凭是进入的门槛，本科文凭远远不能适应这个需要。再比如，金融学专业一般本科（二本、三本）毕业的学生也可以考研，因为金融单位对毕业生的学校、学历、知识有着更高的要求。除此之外，不必为了满足一些“特殊需求”而考研，对于那些在招聘时非研究生以上学历不予考虑的职业或单位，要具体情况具体分析，看其需要量，看其是否经常招聘，不必专门为了进这些单位而去考研，不必对此过于“倾心”。这些单位往往是一些国有企事业单位或者垄断行业的单位，往往招聘一个“会计员”就要求硕士以上学位、英语六级以上水平等。你的思路大可不必受这些单位的干扰，因为你即使具备博士学位，各种条件都符合要求也不一定能进得去，这是我们的“国情”所决定的。

（2）是否对本科专业实在不感兴趣，有一种强烈的想通过考研重新选择专业的愿望，并且对新专业以及将来要从事的职业认识比较清晰。新东方徐小平老师说："任何学历都有它的意义和特定价值。但你追求这个学历时，必须确认这是否符合你的人生和职业计划。考研对有些人有用。但还有许多人，明知考研对他没有什么好处，却还是要考，造成了很大的资源和人才浪费。这就是当代为害很深的盲目考研。"

（3）是否不论将来前景如何，你都必须尽快拥有研究生的头衔，拿到研究生学历的愿望和现实需要十分强烈。比如有的家长给孩子提前找好了工作，而这个工作要求必须具有研究生学历；再比如，有的同学谈对象，对方要求必须具有研究生学历才考虑结婚，否则免谈等。

（4）考虑清楚你是为了"明确的就业（或职业）目标"而考研还是为了"多学习些知识"而考研。在与毕业生交谈中，我感到有很多同学认为本科知识没有学好，为了掌握更系统、更扎实的知识而读研究生。我敢说，如果纯粹为了多学习些知识而去读研，是最傻不过的，是愚昧至极。如果该掌握的知识没有掌握好，那么你现在立马就可以采取 N 个措施去补上这些知识，怎么可以寄希望于读研呢？知识是永远也学不完的，事实上，从小学到大学所学的很多知识都是无甚用处的，是人生前行的包袱和累赘。人生走得好不好，不全在于懂得多少知识，而主要在于"行"和"悟"。读书的终极目的只有一个，那就是更好地收获和生活，通过不断地"行"和"悟"来达到这一目标。况且很多学校的研究生教育也未必能让你学到满意的、更有用的知识，最后只是拿个文凭而已。

（5）职业要发展，考研可能是必需的，但是，"必须现在就考吗？"可以说，从大学本科毕业直接读研，如果心态、方法和认识没有"大觉醒"的话，无异于大学本科多上了三年。因为从学校到学校，"死的知识"没有经过社会和实践的"活的应用和检验"，在此基础上又叠加新的，所谓更加系统、更加深入的知识，你对这些知识的认识却难以取得应有的升华，结果只能是囫囵吞枣。实际上，就从事会计、审计实务工作或者相关工作来讲，工作几年以后，有了一定的工作感触和对职业的进一步认识以后，根据自己的情况，再选择某个专业读一个好一点的学校的研究生（在职或脱产），或者读一个 MPAcc（会计专业硕士）、MBA（工商管理硕士）、EMBA（高级工商管理硕士），效果远比毕业后直接读研要好得多。“实践出真知”，在实践的基础上再读研，效果自然不一样。

（6）你打算报考的专业所对应的职业社会需求量如何？毕业后主要去向是什么地方？或者说主要是哪些单位有这种需求？这些单位、职业你喜欢吗？如果这些你感到都比较清晰，回答也很肯定，那就但考无妨。

（7）你将来硕士毕业后将比本科生拥有哪些优势？同时这三年你又会失去哪些东西？即读研的机会成本、机会收益你权衡过吗？这三年你将如何更有意义、更有价值地度过，思量过吗？如果实在难以决定是否考研，那就考察一下你想考的学校这个专业里近几年研究生的出路，并与本科生的出路比较。假如考研的出路好过本科生，那就考；否则就不要考！

8.1.2 考研、读研要量力而行

（1）你的外语水平、数学水平以及专业知识掌握得好吗？你会学习吗？即你的智力是否允许考研？这是考研者首先需要面对、需要掂量清楚的问题。它直接决定着你是否能够如愿以偿考个好学校、好专业。可能很多人经过努力最后考了个“不怎么样”的学校。依我看，很多二三流学校的研究生不读也罢了，就目前情况来说，可以断定在这些学校你将付出几年的宝贵时光而“多打不了多少粮食”。

（2）你喜欢学习吗？即你的情感是否允许考研？这是考研和将来读研都必须面对的问题。如果不喜欢学习，不会学习，考研和读研将是一件十分痛苦的事情。因此，必须冷静地比较求职、工作和考研、读研哪个是你喜欢的，是你需要的，是你最有信心和最为期待的。

（3）你有考研的强烈愿望吗？即你的内心是否同意考研？你是不是发自内心地要考研，要考理想的学校？考研，是你独立思考的结果，还是未作深入思考而随大流？

(4) 你具有考研和读研所具备的经济实力吗？即你的钱包是否允许考研？从读小学到大学毕业，十几年的光阴不仅仅是时间的付出，你现在需要的就是收获，通过你的工作付出、工作收获来回报亲爱的家长和社会。如果家庭经济条件有限，最好不要再在读研的事情上让家长为你“垫支”，也不要为了读研而放弃应该从事的工作、应该取得的经济回报。一句话，不要为了理想而过得太苦。2009 年 11 月 26 日发生的上海海事大学研究生杨元元因经济压力过大，生活不堪重负而自杀的事件，让很多人感到唏嘘不已，思虑良多。其实，据媒体报道，她为了实现读名牌大学研究生的理想，为了实现到大城市工作的理想，本科毕业后曾两次放弃已到手的到小城市担任公务员的机会。考研者、读研者应引以为戒！

(5) 假如你已谈了恋爱，那么，你的男（女）朋友同意吗？这在一定程度上也影响着你的决策。你远走高飞了，他（她）放心得下吗？

(6) 考研与你的职业规划一致吗？考研是你职业生涯规划中的一步“棋子”，是必走不可，还是“摸着石头过河”的决定？即你的人生战略是否支持考研？是否考研要根据你自己渴望的职业前途来决定，而不要受其他任何东西的影响。

8.2 考研政策早知道

8.2.1　全日制专业学位研究生成为培养重点

为了积极发展符合我国产业结构特点的专业学位，更好地适应国家经济建设和社会发展对高层次应用型专门人才的迫切需要，国家教育部决定从2009年起进一步调整和优化我国研究生教育结构，扩大招收以应届本科毕业生为主的全日制硕士专业学位范围，在2009年扩招5万名全日制专业学位研究生的基础上，2010年国家又一次性从应届本科毕业生中增招3.8万名专业硕士，实行全日制培养。

2009年9月29日，教育部下发了《关于做好2010年招收攻读硕士学位研究生工作的通知》，对2010年的全日制专业学位招生考试工作进行了明确部署。该通知指出：(1) 要积极稳妥地推动我国硕士研究生教育从以培养学术型人才为主，向以培养应用型人才为主的战略性转变。(2) 2010年凡经国务院学位委员会批准设立的专业学位类别和领域均可安排招生；新增招生计划主要用于全日制专业学位研究生招生；各具有专业学位授权的招生单位应以2009年为基数按5%～10%减少学术型招生人数，调减出的部分全部用于增加专业学位研究生招生。(3) 从2010年起实行推荐优秀应届本科毕业生攻读专业学位研究生的制度，逐步增加专业学位推免生的数量和比例，鼓励、引导优秀生源攻读专业学位研究生。(4) 要加速建立完善符合专业学位研究生教育特点奖励和资助制度。各研究生招生单位对专业学位研究生的在校管理、学生权益、就业服务等政策措施上要与学术型研究生同等对待。

按照《2010年招收攻读硕士学位研究生管理规定》，除三类人员（工商管理硕士、公共管理硕士、工程硕士中的项目管理、教育硕士中的教育管理、体育硕士中的竞赛组织专业规定报考人员应为大学本科毕业后有3年或3年以上工作经验的人员；获得国家承认的高职高专毕业学历后，经5年或5年以上，达到与大学本科毕业生同等学力的人员；已获硕士学位或博士学位并有2年或2年以上工作经验的人员）外，其余专业学位均接受应届本科毕业生报考。

8.2.2 现行硕士研究生招生政策

根据《关于做好2010年招收攻读硕士学位研究生工作的通知》精神，我国硕士研究生的招生政策主要有以下若干方面。

(1) 硕士研究生的分类

硕士生按培养目标不同分为学术型硕士学位研究生和专业硕士学位研究生。学术型硕士生培养目标是掌握本学科坚实的基础理论和系统的专业知识，具有创新精神和从事科学研究、教学、管理等工作能力的高层次学术型专门人才；专业型硕士生培养目标是掌握本学科坚实的基础理论和系统的专业知识，具有较强的解决实际问题的能力、能够承担专业技术或管理工作、具有良好职业素养的高层次应用型专门人才。专业学位教育的突出特点是学术性与职业性紧密结合，获得专业学位的人，主要不是从事学术研究，而是从事具有明显职业背景的工作，如会计师、评估师、律师等。

硕士研究生按其学习方式不同分为全日制硕士生和非全日制硕士生两种。

(2) 招生对象

硕士研究生招生对象主要为国家承认学历的应届本科毕业生、本科毕业的人员，以及具有与本科毕业生同等学力的人员等。

(3) 报名条件

①报名参加学术型研究生招生全国统一考试的人员，须符合下列条件：A. 中华人民共和国公民。B. 拥护中国共产党的领导，愿为社会主义现代化建设服务，品德良好，遵纪守法。C. 考生的学历必须符合下列条件之一：国家承认学历的应届本科毕业生；具有国家承认的大学本科毕业学历的人员；获得国家承认的高职高专毕业学历后，经2年或2年以上，达到与大学本科毕业生同等学力，且符合招生单位根据本单位的培养目标对

考生提出的具体业务要求的人员；国家承认学历的本科结业生和成人高校应届本科毕业生，按本科毕业生同等学力身份报考；已获硕士、博士学位的人员。自考生和网络教育学生须在报名现场确认截止日期前取得国家承认的大学本科毕业证书方可报考。在校研究生报考须在报名前征得所在培养单位同意。D. 年龄一般不超过40周岁，报考委托培养和自筹经费的考生年龄不限。E. 身体健康状况符合国家和招生单位规定的体检要求。

②专业学位研究生全国统一考试的报考条件按下列规定执行：报名参加除法律硕士（非法学）、法律硕士（法学）、工商管理硕士、公共管理硕士、工程硕士中的项目管理、教育硕士中的教育管理、体育硕士中的竞赛组织外的其他专业学位研究生招生考试的人员，须符合①中的各项要求。

（4）报名时间及报名程序

全日制攻读硕士专业学位报名工作大约在每年10月开始（应届本科毕业生可以在9月中旬先行报名），先在“中国研究生招生信息网”（http：//yz. chsi. com. cn/）上进行网上报名，再于11月中旬左右到报考点进行资格审核和现场确认，通过后报名即成功。非全日制攻读硕士专业学位报名工作略。

（5）初试

硕士生入学考试分初试和复试两个阶段进行。

初试分为全国统一考试、联合考试、单独考试以及推荐免试。全国统一考试中部分考试科目由教育部统一组织命题。初试时间为每年1月。联合考试是教育部批准的特定学科（类别）、专业（领域）的部分考试科目由全国统一（或联合）命题的考试。单独考试是经教育部批准的部分招生单位，为符合特定报名条件的在职人员单独组织命题而进行的考试。推荐免试是部分高等学校按教育部规定推荐本校优秀应届本科毕业生，确认其免初试资格，由招生单位进行复试的选拔方式。

学术型研究生招生初试一般为四个单元。即思想政治理论、外国语、基础课和专业基础课，满分分别为100分、100分、150分、150分。

专业学位研究生招生初试科目一般为思想政治理论、外国语、基础课和专业基础课四个单元，满分分别为100分、100分、150分、150分（会计硕士各考试科目满分分别为100分、100分、200分、100分）。

（6）复试及体检

复试是对考生的专业能力和专业能力倾向、创新精神和创新能力以及综合素质等方面的考查。拟录取的考生，招生单位均应对其进行复试，复试应采取差额形式，差额比例一般按照120%左右掌握，生源充足的招生单位，可以适度扩大差额复试比例。

教育部制定并公布考生进入复试的基本分数要求（经教育部批准的自行确定复试分数线的高校另行规定）。

招生单位对拟接收的推免生必须在2009年10月25日前完成复试及接收手续。复试工作由招生单位按照《教育部关于加强硕士生招生复试工作的指导意见》实施。

对同等学力考生，除复试外，还必须加试至少两门本科主干课程。加试科目不得与初试科目相同。加试方式为笔试。

各高校一般于每年3月在网上公布复试分数线及复试科目，考生在网上查询是否进入复试名单，并自行从网上下载复试通知书，凭复试通知书、准考证、有效期内的身份证、学历证书、学位证书原件到学校指定地点参加复试。复试内容包括：英语口语和听力、专业知识。

应届考生复试时应提交下列材料：大学课程学习成绩单原件、学生证原件（要求每学期均注册）。一般规定复试时参加学校统一组织的体检。

（7）调剂

报考学术型和报考专业学位研究生之间的相互调剂政策，待初试结束后，视第一志愿生源上线情况而定。调剂工作的具体要求和程序由招生单位按教育部录取政策确定并公布。

（8）录取

各高校根据2010年全国研究生招生事业计划，依据考生初试和复试的成绩，并结合其平时学习成绩和思想政治表现、业务素质以及身体健康状况择优拟定录取名单。少量被录取的新生，经考生本人申请和招生单位同意后可以保留入学资格，工作1~2年，再入学学习。

8.3 就业与读研：优劣分析

8.3.1 各有利弊，可能殊途同归

学历也好，经验（资历或能力）也好，应该说都是实力的表现，没有绝对的好坏、优劣、强弱之分，他们对工作和职业的作用常常与“天时、地利、人和”等因素有着密切的关系。在同等条件下，有时学历发挥作用大一些，有时经验或资历发挥作用大一些。

可以说，先取得高学历的人是以学历赢得空间，易于跨过较高的职业门槛，获得机遇的垂青，或者起点较高，从一定程度上说，不再受学历问题的干扰和掣肘，可以“一劳永逸”，职业发展的文凭基础更扎实一些。而先就业的人是以经验（资历）赢得空间，对现实把握的确定性比考研要大一些。在一般企业，从事会计、审计实务工作，大专、本科学历就绰绰有余。但在一些大型国企、上市公司、外企，或者说职业生涯走到一定阶段，往往要求更高的学历，会遇到学历的“瓶颈”问题。此时，拥有大专、本科学历的人就只有通过报考MBA、EMBA或者MPAcc来解决了。大学生就业毕竟处于职业的起步和探索阶段，早工作的人易于抢占先机，先到先得。

从长远来看，二者可能殊途同归。早就业者可能几年后要弥补学历

“短板”，早考研者则必须尽快弥补经验“短板”，二者各有各的“坎”。

8.3.2 会计类毕业生，考研如何选专业

会计类毕业生考研应该选什么专业，一是看个人职业选择及其发展方向。比如，同样都是会计，但又有实业企业会计、金融企业会计、行政单位会计、事业单位会计、法务会计、环境会计等之分，所选专业应当尽可能贴近职业理想和职业选择。二是看以该专业为主导的相关职业发展现状及其前景。三是看个人性格、兴趣和爱好。以上三者的关系是：个人性格、兴趣和爱好一般决定着职业选择和职业成就，职业选择及其发展方向最好与所选择职业的发展现状及其前景（包括就业现状和前景以及职业现状和前景）联系起来，同时根据个人的性格和爱好来确定。就会计类毕业生来讲，考研是否继续选择本科所学专业，从总体上来讲要看：

第一，你是否喜欢本科所学专业以及该专业所主要对应的职业。比如，本科为会计专业，那就看你是否喜欢该专业以及相应的会计职业，如果喜欢，可以继续学习该专业，也可以选择相近的专业。由于会计实务工作属于经济管理性质的工作，也可以选择 MBA（工商管理硕士）等管理类专业学习，目标指向高级财务管理甚至综合管理。

第二，你打算从事的职业。比如，你打算将来从事金融行业的工作，那就可以选择金融学相关专业学习。再比如，你打算将来到高校从事会计教学工作，一般来讲，你应当继续学习本科所学专业。因为很多高校招聘教师时都强调，读研专业必须与本科专业一致。

总之，读研要与职业定位和职业发展紧密联系起来，与就业联系起来，指向性要明确。越是明确，你读研的效果可能越好，就业越顺畅，职业发展越好，否则，读研无非是大学本科的延续。即使一时得到了其他的好处，也不会长久，因为与你的发展目标和方向不一致。

8.4 会计相关专业硕士介绍

专业学位是相对于学术性学位而言的学位类型，其目的是培养具有扎实理论基础并适应特定行业或职业实际工作需要的应用型高层次专门人才。获得专业学位的人，主要不是从事学术研究，而是从事具有明显职业背景的工作，如会计工作、税务工作、金融工作、评估工作等。我国自1991年开始实行专业学位教育制度以来，经过十几年的建设，到2009年，国务院学位委员会已批准设置了会计硕士、金融硕士、资产评估硕士、法律硕士、教育硕士、工商管理硕士、公共管理硕士等38种专业学位，其中已经开展试点的研究生专业学位类别有19种，具有研究生专业学位授予权的培养单位已达476所，累计招收硕士专业学位研究生85万人。

8.4.1 会计硕士专业学位（MPAcc）

（1）设置目的：为了适应社会主义市场经济发展和经济全球化的需要，健全和完善国家高层次会计人才培养体系，建设高素质、应用型的会计人才队伍，国务院学位委员会于2003年年底决定设置会计硕士专业学位。

（2）培养目标：培养高层次、应用型会计专门人才，其招生对象、课程设置、培养方式以及知识和能力结构等应遵循面向会计职业的原则。

（3）学习方式及年限：全日制学习，学制一般为2年。

（4）初试科目：思想政治理论、英语二、管理类联考综合能力、会计学。初试每科考试时间一般为3小时，笔试。

（5）课程设置：课程设置要学以致用，教学方法采用课堂讲授、研讨、模拟训练、案例分析、社会调查和实习等多种形式。

（6）学位论文：选题应紧密结合会计实务。论文形式可以是研究报告、调研报告或案例分析报告等。论文应体现学生运用会计学科及相关学科的理论、知识、方法等分析与解决会计实际问题的能力。

（7）学位证书及学位授予：由国务院学位委员会办公室统一印制，修满规定学分并通过论文答辩者，授予会计硕士专业学位。

8.4.2　税务硕士（MT）

（1）设置目的：为适应我国现代税务事业发展对税务专门人才的迫切需求，完善税务人才培养体系，创新税务人才培养模式，提高税务人才培养质量，特设置税务硕士专业学位。

（2）培养目标：面向税务机关、企业、中介机构及司法部门等相关职业，培养具备良好的政治思想素质和职业道德素养，系统掌握税收理论与政策、税收制度、税务管理以及相关领域的知识和技能，充分了解税务稽查、税务筹划以及税务代理等高级税收实务并熟练掌握其分析方法与操作技能，具有解决实际涉税问题能力的高层次、应用型专门人才。

（3）培养特点：培养过程须突出税务实践导向，加强实践教学，实践教学时间不少于半年。

（4）课程设置：要充分反映税务实践领域对专门人才的知识与素质要求，注重分析能力和创造性解决实际问题能力的培养。教学方法要重视运用团队学习、案例分析、现场研究、模拟训练等方法。

（5）导师要求：专任教师须具有较强的专业实践能力和教育教学水平。重视吸收来自税务实践领域的专业人员承担专业课程教学，构建“双师型”的师资结构。

（6）学位论文：须与税务实践紧密结合，体现学生运用税务及相关学科理论、知识和方法分析、解决工程税务实际问题的能力。论文类型可以是理论研究、调研报告、案例分析、毕业设计等。学位论文答辩形式可多种多样，答辩成员中须有税务实践领域具有专业技术职务的专家。

（7）学位证书及学位授予：由国务院学位委员会办公室统一印制，修满规定学分、完成税务专业实习并通过论文答辩者，授予税务硕士专业学位。

（8）其他：积极推进税务硕士专业学位与税务类职业资格考试的有效衔接。

8.4.3 资产评估硕士（MV）

（1）设置目的：为了适应我国社会主义市场经济发展对资产评估专门人才的迫切需求，完善资产评估人才培养体系，创新资产评估人才培养模式，提高资产评估人才培养质量，特设置资产评估硕士专业学位。

（2）培养目标：面向资产评估行业，培养具备良好的政治思想素质和职业道德，系统掌握资产评估基本原理，具备从事资产评估职业所要求的知识和技能，对资产评估实务有充分的了解，具有很强的解决实际问题能力的高层次、应用型的资产评估专门人才。

（3）培养特点：培养过程须突出资产评估实践导向，加强实践教学，实践教学时间不少于半年。

（4）课程设置：要充分反映资产评估实践领域对专门人才的知识与素质要求，注重分析能力和创造性解决实际问题能力的培养。教学方法要重视运用团队学习、案例分析、现场研究、模拟训练等方法。

（5）导师要求：专任教师须具有较强的专业实践能力和教育教学水平。重视吸收来自资产评估实践领域的专业人员承担专业课程教学，构建“双师型”的师资结构。

（6）学位论文：须与资产评估实践紧密结合，体现学生运用资产评估及相关学科理论、知识和方法分析、解决资产评估实际问题的能力。论文类型可以是理论研究、调研报告、案例分析、毕业设计等。学位论文答辩形式可多种多样，答辩成员中须有资产评估实践领域具有专业技术职务的专家。

（7）学位证书及学位授予：学位证书由国务院学位委员会办公室统一印制，修满规定学分、完成资产评估专业实习并通过论文答辩者，授予资产评估硕士专业学位。

（8）其他：积极推进资产评估硕士专业学位与资产评估类职业资格考试的有效衔接。

8.4.4 金融硕士（MF）

（1）设置目的：为适应我国社会主义市场经济对金融专门人才的迫切需求，完善金融人才培养体系，创新金融人才培养模式，提高金融人才培养质量，特设置金融硕士专业学位。

（2）培养目标：培养具备良好的政治思想素质和职业道德素养，充分了解金融理论与实务，系统掌握投融资管理技能、金融交易技术与操作、金融产品设计与定价、财务分析、金融风险管理以及相关领域的知识和技能，具有很强的解决金融实际问题能力的高层次、应用型金融专门人才。

（3）培养特点：培养过程须突出金融实践导向，加强实践教学，实践教学时间不少于半年。

（4）课程设置：要充分反映金融实践领域对专门人才的知识与素质要求，注重分析能力和创造性解决实际问题能力的培养。教学方法要重视运用团队学习、案例分析、现场研究、模拟训练等方法。

（5）导师要求：专任教师须具有较强的专业实践能力和教育教学水平。重视吸收来自金融实践领域的专业人员承担专业课程教学，构建“双师型”的师资结构。

（6）学位论文：须与金融实践紧密结合，体现学生运用金融及相关学科理论、知识和方法分析、解决工程金融实际问题的能力。论文可以是理论研究、调研报告、案例分析、毕业设计等。学位论文答辩形式可多种多样，答辩成员中须有金融实践领域具有专业技术职务的专家。

（7）学位证书及学位授予：由国务院学位委员会办公室统一印制，修满规定学分、完成金融硕士专业实习并通过论文答辩者，授予金融硕士专业学位。

（8）其他：积极推进金融硕士专业学位与金融类职业资格考试的有效衔接。

8.5 会计类大学生出国留学参考

8.5.1 到美国留学，会计专业选择有讲究

据有关媒体报道，在美国，会计的就读方向较广，包括公共会计、企业会计、政府财务、教育财务以及非营利机构或组织财务等，学生必须事先做好权衡，根据自己今后欲从事的领域来选择细分的会计专业方向。

对于大四毕业生赴美求学会计，有如下建议：在求学期间尽量获取高学分，因为学分通常被雇主认为是衡量个人对财务专业知识的掌握程度以及个人工作道德操守的标准；通过参加学生社团来提高自己的领导能力、交流沟通能力、分析问题和解决问题的能力，同时培养团队合作精神；通过实习使自己提前拥有会计工作经验；努力提高计算机尤其是计算机软件的使用能力，同时努力获取美国国际内部审计师协会和美国管理会计师协会的一些认证。

专家还介绍，在美国，会计领域的工作总体上还是比较好找的，刚毕业的会计行业从业人员的平均年薪在4.5万美元至5万美元之间。当然，是否选择会计专业，首先还要与自己的兴趣与专长相结合。

8.5.2 中国会计在美国的痛与乐

中国会计同行在外国做会计会怎样？与在国内有什么异同？在不同的文化环境中，他们有哪些有趣的经历，他们能适应吗？《中国会计报》2000年9月26日登载了署名为黎文的一篇文章，应能让我们了解一二：

女孩子的热门择业

邹远在美国开始做会计的时候是21世纪初，那时候在美国做会计的感觉很像20世纪90年代在中国从事IT业，形势特别好，找工作特别容易。

“当时，在美国提到会计，最直接的感觉就是起点收入低但是很稳定，但在当时很多人是很看不起这个专业的，认为就是记账，对于数学头脑很灵活的中国学生来说，颇有一种大材小用的感觉，这个工作能干一辈子，但是一辈子也就这样了。”邹远在提到中国人在美国做会计的时候，特别强调了中国学生的数学优势。

在大学毕业后，邹远选择了在底特律某公司做会计，负责公司账务处理，没有考注册会计师，也没有转行。在没有太大的经济压力的情况下，在美国公司当会计，对女孩子来说是一个非常好的选择，因为平时不忙，只有月底才忙些，虽然收入相对低一些，但是有很多自由的时间可以支配，婚后会有很多时间照顾家庭和孩子。

当“菜鸟”的酸甜苦辣

邹远的男朋友Sam，没有选择做公司会计，毕业后考上了四大会计师事务所之一的毕马威。“去四大除了实力还需要点小运气。刚开始我们打算好了，如果他不能进入四大，那就先去小事务所做。因为在小事务所干一到两年，再转去四大就会变得容易很多。即使转不成，只要有了几年在事务所工作的经验，找份更好的工作并不难。”邹远说。

在美国，无论是在四大做会计，还是做普通的公共会计，刚开始的初级审计员的工资都不高。虽然起薪低，但是升职比较快，一般两年后就可以升到高级会计。只是做公共会计非常辛苦，尤其在大的事务所，周末加班是家常便饭，遇到项目急的更是没日没夜。

Sam 在入行不久后，就体会到了在事务所的辛苦，压力很大。与在投资银行工作的金融“菜鸟”一样，刚进入大型会计师事务所的毕业生，经常会跑到洗手间痛哭一场，然后回到座位上继续干活。“但是当你熬过了那几年，把简历在各大招工网站上一贴，就会发现你的价值增长得非常多，是你开始想象不到的。”Sam 笑笑说。

遭遇异域文化

2006 年年末，秦齐到了美国，不出 3 个月就找到了一份会计工作。虽然中国对外开放的脚步越走越快，但是秦齐的到来还是给这个平静的部门带去了一点小小的新鲜感。在上班第一天和新同事见过面后，大家听说秦齐刚到美国 3 个月就找到了这份工作时都感到很惊讶，并且有几个同事表示希望和她学习中文，多听一些关于中国的事情。

在秦齐工作的财务部人并不多，大家都很热心地帮助她熟悉美国的会计准则和软件。国内的会计准则和美国差不多，所以秦齐在工作中上手很快。在熟悉公司的财务软件时，秦齐发现一本使用手册，写得非常清查明白。“那本手册真是帮了我的大忙，后来才知道，手册是我们部门里一位同事编的，真的太让我佩服了！”秦齐说。

在美国，英语当然很重要，但是文化更重要。秦齐学英文的学习班里，班上 99% 都是华人，剩下的 1% 里还有可能 50% 是从印度或其他国家来的。所以，平时秦齐选择多看电视，多听新闻，尽量全面了解美国社会发生的事情，以及当地人对问题的看法和角度，加强对本地文化的认同感。“做到这点不是很容易，我经常看到美国人在看电视剧《辛普森的一家》时笑得前仰后合，但我却一点都不觉得好笑，要不就是在我发笑的时候，他们莫名其妙地看着我。”秦齐非常喜欢美国公司的文化，上班时间投入工作，各司其职，并且没有尊卑之分。

虽然在国外做会计的生活辛苦，但是邹远和秦齐都表示他们时刻有一种连接东西方文化的感觉，虽然没有人为他们封号，但他们已然把自己当作了中国与美国民间文化沟通交流的大使，忙碌并快乐着。

8.5.3　留美会计毕业生就业神话破灭

会计，无论过去，还是现在，无论国内，还是国外，都是热门职业之一。那么，作为国外的“会计人”们，最近的就业状况如何呢？这里选取《中国会计报》登载的一篇文章，作者陈蓬是美国某会计师事务所的一名员工，身处“现场”，感受至深，希望能够为我们打算去美国留学、就业的同学们提供一些参考。

会计仍然被媒体评为美国的热门职业之一。只不过在会计新生蜂拥而入的背后，是一个像没头苍蝇一样到处找工作的群体。此时的美国会计就业市场，已然形成了一个大焖锅，这头撞门都出不去，那头却疯狂闯进来。

上个星期，在纽约市找会计工作的李瑞接到了一个电话，本来心情就不好的他变得更加郁闷了。电话是原来学校的朋友打来的，说今年的毕业生们准备“杀”下来找工作了，到时会有更多竞争者挤在这个大都市里找“饭碗”，形势越来越严峻。

留学生被“自动过滤”

李瑞毕业于纽约一所名声还不错的州立大学，去年6月就开始找工作，眼看一年时间快过去了，手握会计硕士学位的他仍然一筹莫展。无独有偶，同班的吴凡毕业后随爱人到了高科技企业密集的加州，稍作安顿就开始向外发简历，虽然有几个面试的机会，但还是僧多粥少，招人的公司更倾向于要前一时期因为金融危机被别的企业解雇的财会人员。这令缺乏经验的吴凡很难和他人竞争。

其实，李瑞和吴凡从3年前入校的第一天起，就开始为找工作做准备了。在开学第一周的新生培训中，商学院就业辅导中心的主任就专门来谈如何准备找工作，并要求学生们尽早准备简历。在念大学的两年时间里，他们参加了4次招聘会，并不断地在网上递交简历。不过随着毕业日期的临近，美国整体的经济环境越来越不乐观。李瑞清楚地记得，入学时，美国的失业率不到5%，而毕业时，已经冲向10%了。

李瑞学校的就业中心设有专门的网站发布招聘单位和职位，尽管列出的会计职位相比其他专业要多些，但当李瑞输入留学身份后，经网站自动过滤出来的招收外籍员工的公司就寥寥无几了。

这两位毕业生的尴尬经历，也是目前整个中国留学生群体在北美会计职场的缩影。在北美留学生聚集的"未名空间"网站上，会计社区已经再难找到曾经讨论的热门话题：如何准备面试，如何办理工作身份，如何和公司就工资谈判等。取而代之的是，大家在同唱一首歌："会计工作好难找！"

两大拦路虎：高昂的签证费和付不起的工资

根据美国移民局4月15日公布的数据，本年度的工作签证（H1－B）申请只有19000件。H1－B是美国公司为新雇佣外籍员工申请的工作签证，每年4月1日开始申请。该签证有配额限制，近几年的配额数是每年85 000个。在经济景气的年头，每年4月的头一两天，移民局的案头就会堆满申请者的表格，数量往往是限额的两倍。

为此，移民局不得不采取抽签的方式来决定合格申请人的命运。为缓解这一矛盾，像微软这样的大公司，常常向国会施压，要求增加配额的数目。

然而从去年起，局面完全变了。去年4月第一周，移民局只收到42 000件申请，全年度的配额直到去年年底才用完。而今年第一周的申请数量，更是创了新低。为此，多位为华人办理签证的律师都向媒体表示：

美国企业雇佣外籍员工的意愿大减。

会计行业雇佣外籍员工的情况也不例外。“四大”一直是雇佣外籍员工的主要公司，雇佣的数量一直都排在全美前50名。过去10年的数据显示，安永共为7888名外籍员工申请了工作签证。其中在2008年和2009年，每年都新雇佣上千名外籍员工，而今年只为14名外籍员工申请了工作签证。德勤在2008年和2009年新雇佣的外籍员工分别在五六百人左右，今年却只有16件申请。

尽管“四大”仍然热衷于参加很多大学的招聘会，但很大程度是为了宣传效果。据笔者所知，最近两年，多所大学的中国毕业生都没有进入“四大”的机会，即使一些同学从经验和成绩上看都出类拔萃。

偶尔被录用的，也是进入目前“四大”设立在中国的项目，即先在美工作两三年，然后按合同回中国。

与此同时，美国很多中小公司也收紧了雇佣外籍员工的政策。其原因，一是伴随这一轮的经济衰退，很多公司自身经营陷入困境。二是为外籍员工申请签证需要交一笔费用，其中包括申请费和员工培训费。按规定，如果公司规模在25人以上，员工培训费为1500美元，25人以下为750美元。此外，申请手续也费工费时。三是公司必须按法律规定付给外籍员工不低于平均水平的工资。比如在纽约地区，办理会计工作签证的工资要求为年薪5万美元左右。而一般中小公司能给新人开出的工资也就三四万美元。

会计新生仍成批涌入

尽管如此，美国留学生中选择会计专业的人数还是在不断攀升。

美国国际教育协会去年发布的《2009年门户开放》报告称，在美国选择商业和管理为专业的留学生人数比2008年度增加了24.9%，其中包括了会计专业。会计专业招生门槛低，曾一度是很多来美留学生陪读亲属的热门专业。这几年，随着IT行业的降温，人文社科及生物、理化专业的就业难度加大，许多留美的中国学生纷纷“跳槽”换专业，会计和统计成了最主要的两个转行专业。

一个鲜活的例子是，前面提到的“未名空间”网站上，原来只有商学院社区，由于会计专业学生逐渐增多，前两年该网站单独设立了会计社区，使得商学院社区人气大减。

如今，在美国很多商学院的会计专业里，华人面孔很多，有的甚至占了半壁江山。在供求两个方向的不利夹击下，众多像李瑞这样的中国留学生在美国很难就业。为了增加自身的“砝码”，他们中一部分人申请了税务专业继续就读，一部分人努力找与商业管理有关的其他工作，还有的在家准备 CPA 考试。毕竟，会计是一门实践性很强的职业，大家都希望能在北美积累些经验，将来回国就业也更有把握。

会计经常被媒体评为美国的热门职业之一，美国劳工部发布的《职业前瞻报告》预测：2008 年至 2018 年间，会计和审计的人数将增加 22%，这个增量将大大高于其他行业的平均数。不过，对新毕业的外籍学生来说，他们更需要的是公司对工作签证的支持，需要的是积累经验的第一个机会，而不是远处的一幅美好图景。

九 会计，并非十全十美

客观地讲，世界上没有十全十美的职业，会计也是一样。可是，针对会计类职业来说，在校的会计学子们不但要学习知识，掌握技能，更要尽早了解这个职业的全部，既包括光彩亮丽、优越美好的一面，也包括阴暗复杂、风险丛生的一面。如果大学几年一味地学啊学，考啊考，对这些状况一无所知，那必将是幼稚和天真的；如果尽管对这种状况有所了解，以后却疑虑重重、不知所措，也不利于我们的职业发展。“凡事预则立，不预则废”，早有思考和对策，并体现在将来的求职选择之中，才是智者的行为。

无论如何，思想上客观看待会计类专业和职业，行动上慎重对待会计类工作和职业，心怀理想，正视现实，这都是必需的！

KIULIAN NIDE DUDAO ZHICHU

9.1 “会计人”的烦恼

9.1.1 会计24字“白描”

（1）循规蹈矩

会计法、会计准则、会计条例、财经法令、上级通知，税法、税收条例、税收法令，审计准则、审计条令，管理法规，内控制度……一切财经法令，只要与数字、核算有联系的，都是会计人应当遵守、照办的“框框”和规矩。虽然当代会计不再是“算盘、眼镜、驼背、毡帽”的账房先生形象，但会计的“本职”没变，每一个会计人都是在循规蹈矩、谨小慎微、战战兢兢中成长起来的，因此，绝大多数会计人的特征是胆小、保守、听话、中规中矩、与世无争。

（2）谨小慎微

由于有“借”“贷”符号的约定，有“平衡关系”的限制，有“账账核对、账证核对、账实核对、账表核对”的要求，有准则的刚性，有税法的“强制”，有内控的严密，有小数点后两位的精细，因此，做会计由不得你才情横溢、天马行空、恣意妄为，由不得你标新立异、开拓创新。会计人在规则中成长，在原则中前行，在精细中生活，在中庸和正直中为人。因此，会计人的思维往往是严密的，会计人的判断往往是准确的，会计人的承诺往往是郑重的，会计人的行动往往是稳健的，会计人的“爱”、“情”往往是真实的，会计人的家庭往往是甜蜜的。

（3）默默耕耘

会计人总是处于忙忙碌碌的状态，算来算去是会计人的本职，加班加点是会计人的常事儿，好像有永远也干不完的活计，好像有永远也理不清的资金。等到逢年过节，人们都在消遣娱乐、置办年货、张灯结彩的时候，你可能还在为了那份报表的逻辑、数字的精细、分析的严密而“挑灯夜战”。虽然强度不高，但往往“韧”度明显；虽然忙忙碌碌，但成就往往并不明显；虽然兢兢业业，但数字的“疏忽”仍然不可避免。

（4）压力突出

这个压力来自于利润，来自于税收，来自于融资，来自于并购，来自于“管控”，来自于审计，来自于老板，来自于“准则”，来自于分析的深度，来自于政策的把握，来自于财务运作的机敏，来自于税务筹划的“艺术”。既要对企业负责，又要对国家负责；既要对良心负责，又要对“公信”负责；既要对自己负责，又要对家庭负责；既要对现在负责，又要对将来负责。会计人面临的压力突出。

（5）风险潜在

因为涉及利润、税收、贷款、投资、指标、资质、生存、“饭碗”，在这样一个假发票满天飞、“假”字无孔不入、“包装”无所不在的年代，任何一项虚假的运作都会成为隐藏在很多企业里面的“定时炸弹”，一旦有一天任何一个方面出了问题，作为信息核算、反映、监督者的会计都逃脱不了干系，轻者老板拿你是问，让你做“替罪羊”、“保帅卒”，重者“法律问责”。尽管《会计法》说老板是会计事项的第一责任人，但财会人员也逃脱不了“连带责任”。常在河边走，难得不湿鞋！

（6）不停学习

选择了会计，就选择了学习；选择了会计，就选择了“考证”。法规常常改，准则常常变；税法常“解释”，税则常“通知”；“考纲”常常新，教材年年变；天天自主学习，年年后续教育。学习、学习、再学习，进步、进步、再进步，这是会计人职业学习生涯的真实写照。

正如网上的一篇文章《会计职业——想说爱你不容易》中所说：有这样一种职业，看起来特美：你可以穿着得体的时装享受着白领的优雅；做起来特爽：舒适的环境让你免受雨淋劳累奔波之苦；听上去特润：整日大把大把的钞票从你的指尖滑过，让你有富足天下的美感；想起来挺刺激：常常有千百万的财富在你脑海中盘旋、流动、组合，时时熏陶着你敏感的小康神经；说起来特有成就感：你时不时要参与一些跌宕起伏的运作，比如重组、兼并、投资、上市等，还有机会与金融、证券、审计、评估、法律等精英人士合作。同样也是这样一种职业，资质考试特多：从初级、中级、高级，到评估、税务、注册；工作作息特怪：年年年初逢年尾，无“年”无“节”少“休息”；工作难度特高：除了专业本身方面的，还要协调和处理对内上级、下级、平级的关系以及对外方方面面的关系和问题；执业风险特大：一项原则的放弃或忽视就可能换来囹圄人生。这是怎样的一个职业，以至于让几千年前的孔仲尼先生日而习之，澳门前特首何厚铧先生爱而趋之，就连备受今人爱戴的晚清词人李清照女士也在先夫去世后，顶着来自社会和家庭的重重压力，毅然决然地嫁给了一个军中账房人张汝舟先生。这就是我们的职业——会计，一个让人欢喜，让人烦忧的职业。（本书引用时有增删）

9.1.2　会计人的烦恼情节

会计职业的麻烦：会计工作常常很难开展，上下左右，方方面面，政策的、制度的、外部的、内部的都不得有误，否则责任都是自己的……

会计职业的烦恼：为坚持原则得罪人而烦恼；为不断变化的制度准则而烦恼；为繁多的考试而烦恼；为要考试没时间看书而烦恼……

会计职业的风险：迫不得已地接受假发票，迫不得已地提供假报表，迫不得已地发生偷税、漏税，迫不得已地欺骗银行、股民，迫不得已地"助纣为虐"……

除此以外，还会有方方面面的烦恼，这里略举几例。

（1）财会人员易成办公室"孤儿"

所谓办公室"孤儿"，就是那种在办公室里面不受同事们欢迎而被孤立的人。从客观上来说，办公室"孤儿"跟职业属性有关。跟别的职业比起来，金融、财会人员在工作上多是独立完成的，更加容易成为办公室"孤儿"。但也有专家指出，在办公室里要想变成受同事们欢迎的人，关键还是要看自己。人品、态度、形象都是自己创造出来的，也就是要积极、主动地和同事打成一片。另外，办公室"孤儿"之所以游离在群体之外，主要源于"办公室文化"。当然，成为办公室"孤儿"并不见得就是不好，关键是要知道自己在干什么。进入了职场就好比进入了第二个家庭，要试着在这个家庭里重新长大一次。

（2）女性财会人员要适时释放压力

偏爱一丝不苟、不爱发火的财会人员、中小学老师、文秘和办公室管理人员，是女性中的癌症高危人群。据一项研究显示，在我国城市女性癌症患者中，70%属于人们眼中的"好女人"！"从事这些职业的女性，通常比较较真儿，工作压力较大；无法及时自我释放或转化压力；大多从事低控制力的工作，必须服从安排；同时性格比较内向，在社会生活中容易感到孤独。"中华医学会心身医学分会主任委员、上海中医药大学博士生导师何裕民表示，不良的精神心理，是癌症的"催化剂"。

对此，何裕民提出了“女性防癌四步曲”。这四步包括优化个性，走出抑郁，释放压力，稳定心理。不要将生活局限在家庭和工作中，要多结交朋友，取得有效的“社会支持”。还要善于及时表达情感、宣泄郁闷，同时要培养多种兴趣爱好，以释放压力和压抑。最后，何裕民指出，“癌症高危女人”要多参加户外活动，保持平和的心态，注意休息，多喝绿茶，多吃坚果。

（3）六成会计人怀疑自己患有强迫症

茶余饭后，一场关于“工作改变性格”的争论开始。《中国会计报》记者曾经采用论坛、QQ群、电话等方式对100位具有3年以上会计工作经验的会计人进行了一次小调查，结果发现，90%以上的被访者认为会计工作极大地改变了他们原来的性格，更有60%以上的被访者怀疑自己患有“强迫症”。

（4）内外账，会计人过不去的坎

所谓“内外账”，就是指的多套账，其中有真账、有假账，分别用来“对付”不同的主顾，分别用来实现不同的目的。据新华社等媒体报道，2010年6月23日，国家审计署审计长刘家义在向十一届全国人大常委会第十五次会议作的《关于2009年度中央预算执行和其他财政收支的审计工作报告》中披露，14个中央部门本级和33个所属单位瞒报各项收入和资产等近5.91亿元，未在法定账簿内核算；审计署抽查56个中央部门已报销的29 363张可疑发票中，有5170张为虚假发票，列支金额为1.42亿元等。这是什么行为呢？说白了，这都是典型的假账。作为“监管”和“教育”别人的政府部门都敢如此“嚣张”，那其他的单位和部门呢？不容置疑，这些作假现象都与“会计人”脱不了干系。但是，问题的根源在哪里？“会计人”愿意做假么？“会计人”本身有那么胆大包天么（据我感知，绝大部分会计人都“胆小如鼠”，属于典型的弱势群体，注册会计师也是一样）？这一直都是“会计人”挥之不去的无奈和困惑。我只能说，有关部门不能总强调“会计人”要如何如何，更要大张旗鼓地、无比严肃地强调“领导”要如何如何，这才是问题的根本！《中华人民共和国会计法》明确指出：“单位负责人对本单位的会计工作和会计资料的真实性、完整性负责。”

早在2001年，国务院前总理朱镕基同志就针对日益泛滥的“假账”现象，先后三次题词，而且一次比一次更严肃，一次比一次更“沉甸甸”，最后一次的题词是“诚信为本、操守为重、坚持准则、不做假账”，体现了一个大国总理对“会计”的重视和担忧。时间已经过去了将近十年，“假账”问题还在加重和蔓延，谁之过？会计人应该怎么办？会计学子们应该怎么办？

为了让同学们了解一下会计人“做账”工作的真实情况，这里谨选用《中国会计报》的一篇文章（作者为该报记者李一硕），标题原为《年关至，会计人混战“内外账”》。这篇文章以真实的事例，描述了会计人员所身处环境的复杂和恶劣，会计工作选择与担当的不易，道出了会计工作的沉重和辛酸，读来让人思虑万千，难以平静。对会计类学子们来说，当是一篇很好的职业启蒙教育素材。

9.2 会计的风险

9.2.1 谁来拯救会计

这是摘自《中国会计报》的一篇文章，作者晏鹊。这篇文章通过会计窦某的惨痛遭遇对会计学子们敲响了一个警钟，也提出了一个个深刻的质疑。学会计、干会计的人全国数以千万计，可以说他们多多少少、大大小小都受到过"会计风险"的威胁和困扰，很多人为此而主动远离了财会工作岗位。这里我只能说，同学们谨记，会计风险不是书本上那几句不痛不痒的教导，它是实实在在存在的，不是闹着玩的！

北京会计窦某为她的盲从付出了惨痛的代价。

日前，因在银行开设隐匿账户，协助本公司经理偷逃税款2190万元，北京光辉纪元贸易有限公司会计窦某获偷税罪，被判有期徒刑两年半，并处罚金500万元。

善良的人们在为法律的胜利而欢呼时，一定没有想过，该会计的一生恐怕就要在500万元负债中度过了。

一辈子能赚几个500万

正如一名网友所说："会计有这么多钱罚吗？有这么多钱还做会计？"虽是愤懑之言，但却道出了一个残酷的现实。

让我们给这位窦会计算笔账：2004—2009年，她连续5年为光辉纪元工作，换取了500万元罚金和入狱两年半的"免费"生活。

且不说两年半的牢狱生活将给窦某增加多大的成本，仅就罚金500万而言，这对窦某意味着什么呢？我们无法对窦某的经济状况下断言。如果她坐拥千万家产，又或者从公司逃税中捞取了大量好处费，自然另当别论。不过，按一般情况，目前北京市会计薪酬不过每月几千元而已，就算按高薪1万元计，她这辈子工作30年，也只能赚到360万元。500万，这相当于给窦某判了无期徒刑，足以摧毁她后半生的生活。

但这似乎给了法律执行者以坚定的信心——严罚会计是杜绝企业犯罪的好办法！窦某该不该罚？当然该罚！对此，我国《会计法》也有规定，会计人员协同造假，要承担刑事责任。

可会计就真的"其罪当诛"了吗？

无奈的犯罪

业内人士都知道，在目前的会计行业，偷逃税款已经成为不少企业的常态。而会计，除非另觅高就，否则就只能成为从犯。

可是，在当前的人才市场上，普通会计却是供过于求。对企业而言，他们不怕找不到会计。自然，也有一些会计，会为了保住饭碗而成为公司老板口头上的“管家婆”、实际上的挡箭牌。而真正管家的那些人，却可以一边拿着巨额薪酬付罚金，一边换个新的所谓“管家婆”。

难怪有会计人哀叹：“会计—— 弱者的代名词！”如此高风险低收益的配比，只能让会计人进退维谷，而无法真正杜绝企业犯罪。

说到底，会计也不过是个打工仔。

在企业，薪酬不见得比别人高，风险却比别人高了一大截！执业环境如此恶劣，长此以往，谁还愿入会计这一行？

行业的救赎

谁能来拯救会计？首先，会计人员当然要加强自律。

为此，日前厦门率先立法管理会计人员，很多会计人也并不反对。但重要的是，这种立法还需要相关的配套措施来协助，才能真正达到立法的目的。

要从根源上减少公司违法违规，真正要重罚的该是企业和企业控制人，该判他们“无期徒刑”，而不是让企业通过更换会计来获取违法的“差价”。

据悉，北京光辉纪元贸易有限公司目前仅被判处罚金3000 万元。对于2003—2007 年通过隐匿账户结算1.3 亿元货款的公司来说，这一处罚显然无法与窦会计的“无期徒刑”相提并论！试想，如果重罚企业和控制人的规定已经出台，他们在动这种歪心思之前自然会前思后想，违法的概率也就会小得多。

我们不反对处罚会计，但是，请不要只对会计太苛刻！

9.2.2 造假小会计悲情录

斟酌再三，我还是决定再次引用《中国会计报》的一篇文章《造假小会计悲情录》（作者为该报记者骆伟琼），一是这篇文章写得实在是好；二是借此再次提醒在校的同学们牢固树立“风险”观念，不要为了“五斗米”而助纣为虐；三是借此再次呼吁财政部（中国会计人的“娘家”）等有关部门切实关心、体贴一下会计、审计这些亲爱的“孩子们”，调查一下一线“会计”的处境，体验一下一线“会计”的感受，不要总是强调会计人要“学这学那、考这考那”，提高不完的素质和水平；不要总是搞那些不疼不痒、形而上学、对象错乱、治标不治本的检查；不要出了事儿总是拿会计人“开刀”、“说事儿”！也更应该下点工夫，想点办法，优化一下会计人的工作环境，解除一下会计人的工作“羁绊”，排除一下会计人身边的“地雷和炸弹”，让会计人真正挺起腰杆，坚持原则，遵守准则，客观公正。因为会计人说：我们学的“会计”，我们也知道有风险，但是“家家单位”都造假，我们不干“会计”去干什么呢？

几天前，李珊珊黯然离开了已经待了三年之久的厦门某外贸公司。

金融风暴最“猖獗”时，这位平凡的小会计都顶过去了，然而，在风暴将要过去时，她却被几张“华丽”的报表打倒了。

“最近1个月来，领导接连谈了几家银行，每次他都会让我按照银行要求‘修正’报表数据。”李珊珊告诉《中国会计报》记者，这段时间自己的心情就跟厦门的台风天气一样，极不平静。

从妥协到出走

李珊珊所在公司规模不大，会计就只有她一名。刚到公司不久，她发现总经理偶尔会让她制作一份“特别”的报表，“据我所知，刚开始公司只跟一家关系较好的银行这样合作，所以我没太当回事。”但去年下半年的一场金融风暴，让李珊珊所在的外贸公司严重受损，用她的话说，“公司已经处于亏损边缘”。

慢慢地，李珊珊感觉不对劲了，因为公司找的银行越来越多，一份谎称公司“每个月赚几十万元”的报表常常被同时送到好几家银行。“可怕的是，每家银行都给了公司一定的贷款额度。”“肝有点颤!”其实，李珊珊时刻都没有忘记我国《会计法》中的一条规定，即会计人员协同作假，要承担刑事责任。“我不能冒这样的风险!”李珊珊一遍遍地告诫自己，最终她提心吊胆地走了。

讲原则的代价

其实，会计人迫于“造假”压力而离职的现象并不新鲜，只不过在这种经济“非常时期”，企业尤其是中小企业急需钱却又偏偏更难筹到钱，这样一来，制作“华丽”的报表以便于融资似乎变得“简单好使”。

但对于会计人来说，即使躲过了“暴风雨”的侵袭，也难以躲过新一轮“阴云”的笼罩。所以，李珊珊绝对不是个案。

3个月前，哈尔滨的沈浩在刚刚发现公司有这个苗头时，就毅然提出了辞职。而那个阶段，正是大多数人都把工作当做“救命稻草”的时候。因为这个难以言说的苦衷，沈浩还和父母闹了一阵子别扭，直到现在，他还在寻找一家能让自己满意的企业。“我刚参加工作不久，没必要为自己以后的职业生涯留下污点。”沈浩向记者表示，不造假是他的底线。

与沈浩的做法不同，另一些会计人还在做苦苦煎熬的“忍者”。

“好不容易躲过了裁员危机，暂时不能说服自己主动离职。”一位已经“拖家带口”的会计人悄悄地告诉记者，他们目前确实承受不起为找工作要付出的高昂成本。

避免成为“两院院士”

对于目前这种处境下的中小企业会计人，有人戏称他们是“两院院士”：做得好的进医院，做得不好的进法院。如此高的职业风险，显然与他们那点微薄收入不成正比。

于是有人问了，中小企业确实融资难，但是一定要以“牺牲”会计人为代价吗？“其实，他们可以尝试一些新的融资方法。目前，我就发现一种专门针对中小企业的‘打包融资’政策，它既能解决中小企业贷款难问题，同时也能有效化解银行贷款风险，而且效果很明显。”信永中和会计师事务所合伙人郭晋龙表示。

也有财务部门负责人支招，财务报表是很重要，但这不是参与银行授信评级的全部要素，如果让会计人全面参与到企业的融资中去，和银行相关人员进行有效沟通，企业不是没有机会。

当然，还有一些退而求其次的办法，即法人承诺，也就是让法人亲笔签字并盖上公章，证明其所提供的数据无误，并为此承担法律责任，这在一定程度上可以让会计人远离“是非”。

“如果企业也可以试着保护会计，那就更好了！”沈浩道出了许多普通会计人共同的心声。

图书在版编目(CIP)数据

修炼你的独到之处:大学会计,应该怎样学/韦新安主编.—成都:
西南财经大学出版社,2010.10
ISBN 978-7-81138-934-0

Ⅰ.①修… Ⅱ.①韦… Ⅲ.①会计学—自学参考资料
Ⅳ.①F230

中国版本图书馆CIP数据核字(2010)第198812号

修炼你的独到之处——大学会计,应该怎样学

韦新安 著

责任编辑:张 婕 魏 昭
封面设计:墨创文化
责任印制:封俊川

出版发行	西南财经大学出版社(四川省成都市光华村街55号)
网 址	http://www.bookcj.com
电子邮件	bookcj@foxmail.com
邮政编码	610074
电 话	028-87353785 87352368
印 刷	四川森林印务有限责任公司
成品尺寸	148mm×210mm
印 张	8.375
字 数	230千字
版 次	2011年1月第1版
印 次	2011年1月第1次印刷
印 数	1—3000册
书 号	ISBN 978-7-81138-934-0
定 价	25.00元